웹 3.0 라이브씬

웹 3.0 라이브씬 연구원

박미현
신문방송학과를 졸업하고 「여성동아」, 「리빙센스」 등에서 기자로 일했다. 『AI 퍼스트』(더블북) 리서치 팀원이었으며, 저서로는 『날마다 미니멀라이프』(조선앤북), 『한국의 SNS 부자들』(더블북), 『마이데스크』(시공사) 등이 있다.

이지혜
대학에서 수학과 전공(경영학 부전공)하고 중국에서 교환학생으로 유학 생활을 했다. 2011년 NH투자증권에 입사해 다수의 상장/비상장 기업탐방 및 투자를 담당하고 있다.

한효재
대학 시절 글로벌 금융과 소프트웨어를 전공했다. 시사교양프로그램 앵커로 근무하며 늘 새로운 것을 배우고 전달해왔다. NH투자증권 PB로 입사해 신성장 산업에 큰 관심을 두고 연구 중이다.

최진리
대학에서 식물생명공학을 전공했다. NH투자증권 입사해 신재생/ESG 리서치 작업 및 세상을 변화시키는 혁신 기업에 집중하며 커리어를 쌓고 있다.

* **일러두기** 본서는 가상자산과 디지털자산을 혼용해 쓰고 있습니다.

Web3 리딩 기업의 새로운 기회와 도전

웹 3.0 라이브씬

서재영 지음

더블북

웹 3.0 기업 현장에서 찾은
미래의 답

금융분야 특히 투자업계에 33년을 몸담았고 그중 15년 동안 마스터 PB자리를 놓치지 않았습니다. 자산관리 전문가로서 유망한 기업 투자는 필수 불가결한 요소입니다. 이를 위해 매일 같이 수많은 기업을 찾아 직접 발로 뛰고 눈으로 확인한 정보만을 투자 자산으로 삼았고, 모든 답은 항상 현장 속에서 찾을 수 있었습니다.

2021년 하반기 주식시장에 웹 3.0 분야의 P2E Play to earn가 주요 테마로 부상했고, 대표격인 위메이드 주가가 3개월 만에 기염을 토하며 10배 가까이 성장하는 모습을 보았습니다. 이를 계기로 웹 3.0 기업들에 심층 분석을 시작했고, 많은 기업들을 찾아가 생생한 현장의 목소리를 들으면서 웹 3.0이 이미 우리 가까이에 와 있다는 것을 실감했습니다.

웹 3.0 전환의 시대, 우리는 지금 시대의 변화 중심에 서 있습니다. 물론 웹 3.0에 대한 부정적인 시각이 많다는 걸 압니다. 하지만 그동안 1990년대 웹 1.0 시작으로 웹 2.0을 거쳐 모바일 기반의 플랫폼 서비스들로 웹은 꾸준히 진화해왔습니다. 이러한 웹의 발전은 단순히 기업의 마케팅 용도를 넘어 실제 생활의 편리를 불러왔고 새로운 일자리를 창출했으며 해외에는 아마존, 구글, 유튜브, 국내에는 네이버, 카카오와 같은 혁신 기업을 탄생시켰습니다.

웹 3.0도 이처럼 세상을 또 한 번 변화시킬 패러다임 시프트가 될 것입니다. 과거 닷컴 버블이나 국내 코스닥 버블처럼 거품이 사라지면 그 존재가 제대로 빛을 발할 것입니다. 웹 3.0은 이제 태동기이니 여러 차례 시행착오 끝에 진정한 웹 3.0이 자리할 거라고 생각합니다.

웹 3.0에 대한 의견이 분분하지만, 이미 국내 가상자산 투자자의 수가 1,000만 명이 넘습니다. 크립토의 겨울이 다시 찾아온다고 하지만, 겨울이 지나면 봄이 오듯 웹 3.0의 미래는 밝을 것입니다. 누구도 정확한 답을 내릴 수 없습니다. 우리가 웹 3.0을 어떻게 대비하고 만들어가느냐가 답이 될 뿐입니다. 저는 그 답을 웹 3.0 기업 현장 속에서 찾았습니다.

웹 3.0의 복잡한 이론이 아닌, 실제 웹 3.0 기술이 산업에서 어떻게 적용되고 발전되는지를 독자 여러분께 생생하게 전하려고 합니다. 『웹 3.0 라이브씬』에는 컴투스부터 레드브릭, 슈퍼트리, 코인플러그, 더샌드박스, NFT뱅크, 블록워터, 업라이즈, 체인파트너스, 블로코어, 갤러리스탠, 티몬 총 12개의 웹 3.0 기업 대표의 인터뷰를 상세히 담았습니다. 이들이 웹 3.0 분야를 시작하게 된 계기부터 현재 기술과 서비스 개발 정도, 이 과정에서 겪은 다양한 에피소드, 비전, 가까운 미래의 모습까지 현장의 생생함을 그대로 전달합니다. 기업들이 몸으로 직접 부딪쳐 만들어 낸 웹 3.0의 현실을 잘 참고하면 분명 미래가 보일 것입니다.

이 외에도 웹 3.0 산업을 제대로 이해할 수 있도록 웹의 발전 과정과 웹 3.0이 시작될 수밖에 없었던 이유, 그리고 꼭 알아야 할 주요 키워드까지 정리하여 소개했습니다. 더불어 해외 대표 웹 3.0 기업 소개와 웹 3.0 괴짜들이 실제 진행한 핑크프로그 NFT 발행 스토리까지 모두 아낌없이 담았습니다.

중재자가 아닌 개인이 스스로 산업 발전에 기여한 만큼 부를 창출하고, 그동안 잃어버린 개인 소유권이 보장되는 웹 3.0의 시대, 그런 공정한 세상이 되기를 희망하면서 독자 여러분의 많은 관심을 부탁드립니다.

웹 3.0은 이제 시작입니다. 미래를 꿈꾸는 학생들은 물론 취업 준비생과 기업 대표, 창업을 준비하는 예비 CEO, 그리고 직장인과 주부들까지 남녀노소 할 것 없이 국내 웹 3.0 산업에 관심을 가지길 바랍니다. 그리고 이 책이 그들에게, 웹 3.0 산업 발전에 큰 도움이 될 수 있기를 바랍니다. 2022년은 웹 3.0이 투자에도, 취업에도, 창업에도 모두 주요 화두가 될 것입니다.

2022년 6월, 서재영

차례

PART 1 · 웹 3.0 세상을 바꾸다

PART 2 · 웹 3.0 국내 리딩 기업들

PART 3 · 웹 3.0 해외 리딩 기업들

PART 4 · 핑크프로그 NFT 프로젝트

PART 01

웹 3.0
세상을 바꾸다

01

세상을 변화시킬
3번째 지각변동

2005년, 유튜브를 만든 3명의 창립자는 친구들에게 파티 영상을 배포하기 위해 '모두가 영상을 쉽고 빠르게 공유할 수 있는 기술'을 실제 구현했고 이것이 바로 유튜브의 시초가 됐다. 하지만 처음에는 그 누구도 유튜브가 지금처럼 일상이 되고 크리에이터라는 새로운 직업을 만들어낼 것이라고 예상하지 못했다. 유튜브와 넷플릭스와 같은 영상 콘텐츠 플랫폼은 기존 긴 역사를 지닌 TV 시장을 빠르게 잠식했을 뿐 아니라 앞으로는 이를 완전히 대체할 가능성도 크다. 이와 마찬가지로 웹 3.0도 유튜브처럼 우리의 일상을 변화시킬 무궁무진한 잠재력을 지녔다.

1990년 인터넷의 탄생으로 시작된 웹 1.0을 지나 2010년 전후로 모바일이 등장하면서 웹 2.0 시장이 활성화됐다. 이렇게 우리는 두 번의 지각변동을 경험했다. 이제 블록체인 기술의 발전으로 급물살을 타고 있는 웹 3.0이 또 한 번 세상을 바꿀 차례다.

중재자를 없앤 금융서비스 디파이, 개인 소유권 증명 도구 NFT, 소유와 경영의 권한을 모두 지닌 탈중앙화 자율조직 다오, 그리고 기여도에 따라 부를 얻을 수 있는 크립토이코노미 등 탈중앙화와 개인화로 대변되는 웹 3.0은 이미 시작됐다. 웹 3.0이 추구하는 탈중앙화와 개인 소유의 가치가 실현되는 세상은 우리가 반드시 가야 할 길이다.

웹 1.0에서 구글과 아마존이, 웹 2.0에서 유튜버와 페이스북이 탄생했듯 웹 3.0에서도 기존 웹 환경의 한계를 뛰어넘어 새로운 가치를 전하는 거대 글로벌 공룡기업이 탄생할 것이다. 국내도 흐름은 같다. 인터넷 초기 웹 1.0에서 네이버가 웹 2.0에서 카카오라는 기업이 성장했듯이 웹 3.0을 주도할 혁신 기업이 등장하리라 본다.

웹 3.0은 미국과 한국의 싸움이 될 것!

현재 미국 VC들의 투자 금액 가운데 웹 3.0 관련 투자 비중이 증가하고 미국 증시에도 상장되는 사례가 발생했다. 미국의 젊은 인재들 역시 골드만삭스나 JP모건 같은 금융회사 대신 실리콘밸리에 자리한 크립토 관련 기업들을 더 선호한다. 이를 보면 세계 자본과 사람의 흐름이 웹 2.0이 아닌 3.0으로 몰리고 있다는 것을 알 수 있다.

2021년 4월, 가상자산 거래소 최초로 코인베이스가 나스닥에 상장된 이후 비트코인 선물과 가상자산 관련 ETF가 미국 시장에 상장돼 거래되고 있다. 지난 2021년 3월, 메타버스 게임 플랫폼 로블록스의 나스닥 시장 상장으로 전 세계에 메타버스 열풍이 불었다. 미국은 웹 3.0 활성화 정책을 지원하고 육성하는 추세이며, 세계 가상자산 시가총액은 2021년 11월 2조 9,700억 달러2022년 5월, 1조 3,720억 달러까지 상승한 바 있다.

네이버, 카카오, 삼성, SK 등 한국 기업들의 웹 3.0 움직임도 활발하다. 3~5년 후 웹 3.0 시장은 미국이 주도권을 가질 것이라고 예상하지만, 국내 기업들 역시 발 빠른 기술 개발로 웹 3.0 세계 시장에서 경쟁력을 발휘하리라 생각한다. 특히 넷마블, 컴투스, 카카오게임즈, 엔씨소프트, 조이시티, NHN 등의 국내 게임 업계의 행보가 두드러진다. 2022년 P2E 시장 진출을 대거 예고한 가운데 각 회사는 자신들만의 사업 전략을 가지고 P2E 시장을 선점하겠다는 의지를 내비쳤다. 또한 중국이 가상자산 채굴을 금지하는 규제 정책을 펼침에 따라 한국이 미국의 대항마로 등극할 가능성이 더욱 커졌다.

웹 3.0 기업, 전 세계 부의 지도를 바꾸다!

투자 역시 웹 3.0이 대세가 될 것으로 보인다. 현재 메타버스와 NFT 시장은 날개를 펴는 초기 단계지만 디지털에 익숙한 젠지

GenZ(Generation Z), 2000년 이후 출생한 세대에게는 필수가 될 것이다.

2022년 4월 5일, 미국의 경제매체 「포브스」는 '2022년 세계에서 가장 부유한 가상자산 및 블록체인 억만장자The Richest Crypto And Blockchain Billionaires In The World 2022'를 선정했다. 1위는 650억 달러한화 약 79조 원의 자산 보유, 바이낸스 지분의 70%를 가진 것으로 알려진 세계 최대의 가상자산 거래소 '바이낸스'의 창펑 자오Changpeng Zhao, 가상자산 거래소 FTX의 최고 경영자 샘 뱅크맨-프라이드Sam Bankman-Fried는 240억 달러한화 약 29조 원로 2위를, 2021년 기업공개IPO에 성공한 코인베이스의 창업자이자 최고경영자 브라이언 암스트롱Brian Armstrong은 66억 달러한화 약 8조 원으로 3위를 차지했다. 이번 조사에서 한국 최초 가상자산 거래소 업비트를 설립한 두나무 송치형 회장 겸 이사회 의장은 자산 37억 달러한화 약 4조 5,000억 원로 8위에 이름을 올렸다. 이처럼 가상자산 업계에서 부를 창출한 큰손들이 속속 늘면서 전 세계를 비롯한 한국의 부자 순위에도 큰 영향을 미치고 있다.

「포브스」가 매년 발표하는 '대한민국 50대 부자'는 개인, 분석가, 정부기관, 증권거래소 등의 정보를 수집해 산출한다. 그동안 이 명단에는 전통 대기업 상속자들이 대부분이었다. 2021년부터 그 기세가 점점 꺾이기 시작하면서 2022년 대한민국 50대 부자 순위에 자수성가 신흥 부자가 10위 권 절반을 차지하는 놀라운 일이 벌어졌다.

지난해 4위에서 삼성 이재용 회장을 제치고 자산규모 96억 달러 자산 보유로 당당히 1위를 거머쥔 인물은 바로 김범수 카카오 창업자전 카카오 이사회 의장다. 2위는 92억 달러로 이재용 삼성전자 부회장이, 3위는 77억 달러로 김병주 MBK파트너스 회장이 차지했다. 특히 '2022년 세계에서 가장 부유한 가상자산 및 블록체인 억만장자'에도 선정된 송치형 두나무 회장은 올해 처음 대한민국 50대 부자에 이름을 올렸음에도 37억 달러로 10위 권 안으로 빠르게 진입했고, 김형년 두나무 공동창업자22위, 19억 5,000만 달러, 슈퍼 금융앱 토스를 이끄는 이승건 비바리퍼블리카 대표36위, 12억 달러도 부자 목록에 이름을 올리면서 큰 주목을 받았다.

이는 전통 기업에서는 볼 수 없는 새로운 IT기업들의 현재 수준과 상황을 대변한다고 생각한다. 웹 3.0으로 가속도가 붙은 성장세 속에서 2023년에는 또 어떤 새로운 부자가 등장할지 궁금해진다.

블록체인 스타트업에 벤처캐피털이 모인다!

2022년 5월, 테라·루나 폭락으로 전 세계 가상자산 업계가 큰 타격을 입었지만, 오히려 벤처캐피털VC의 웹 3.0 투자 규모는 빠르게 증가하는 반대 양상을 보이고 있다. 가상자산 시장에서 거품을 걷어내는 건강한 시행착오를 겪고 있는 것이라는 의견이 강세인 것이다. 국내외로 든든한 기술력을 보유한 블록체인 기업을 찾는 벤처캐피털의 투자가 늘고 있는 것이 이를 증명한다. 2022년 6월, 벤처캐피탈 정보 사이트 도브메트릭스에 따르면, 지난 5월, 가상자산 업계가 유치한 벤처투자 규모는 42억 1,900만 달러로 전달 68억 2,900만 달러 대비 38% 감소했지만, 이는 전년 동기 대비로는 89% 증가한 수치라고 밝혔다. 투자 분야로는 블록체인이 가장 높은 점유율을 차지했고 디파이, NFT가 뒤를 이었다.

테라 사태로 기술력의 중요성이 강조되면서 오히려 가능성을 성과로 입증하는 웹 3.0 기업들이 큰 주목을 받게 되는 좋은 기회가 되었다고 생각한다. 국내 주요 블록체인 벤처캐피탈 업계 역시 웹 3.0은 이제 가능성이 아닌 성과를 보여 줄 때가 왔다고 말한다.

국내 블록체인 전문 벤처투자사들도 좋은 웹 3.0 프로젝트를 개발하고 세계적인 프로토콜을 만들 수 있는 성공 사례를 적극 지원하기 위해 힘을 모으고 있다. 해시드는 창업투자회사 해시드벤처스를 설립하며 프로토콜 경제 스타트업을 적극 발굴 중이며, 블로코어 또한 블록체인 전문 벤처투자사로, 더샌드박스, 위메이드, 클레이튼, 플레이댑 등 50여 개의 블록체인 프로젝트에 투자를 진행하며 웹 3.0 산업 발전을 위해 총력을 다하고 있다.

웹 3.0 산업
핵심 키워드

웹 3.0 기업 소개에 앞서, 이를 이해하기 위해서는 시대별 웹의 흐름과 기본 철학, 핵심 용어를 미리 알아야 한다. 이 책은 웹 3.0 이론서가 아닌 실제 웹 3.0 기업들의 현장 이야기를 담았기에 꼭 알아야 할 주요 키워드만 간략하게 정리했다. 참고로 정부가 2021년 3월 개정한 특정금융정보법에 따라 암호화폐의 명칭을 **'가상자산'**으로 통일했다. 이때 정부가 규정한 가상자산의 정의는 '경제적 가치를 지닌 것으로서, 전자적으로 거래 또는 이전될 수 있는 전자적 증표'다.

정적, 동적, 지능적 탈중앙화 가치로 진화한 웹의 흐름

웹 3.0 개념 정의는 다양하다. 하지만 공통점은 '탈중앙화', '개인 소유'의 가치를 실현하는 차세대 웹이라는 것이다. 먼저 웹 3.0을 제대로 이해하기 위해서는 웹이 발전해 온 흐름을 알아야 한다.

먼저 웹 1.0은 인터넷이 처음 보급되던 1990년대 기술로, 신문이나 TV처럼 웹페이지에서 일방적으로 콘텐츠를 제공하는 서비스였다. 사용자는 원하는 정보를 읽고 소비만 하는 수준이었다. 웹 1.0 시기에 생겨난 대표 해외 기업은 야후, 아마존, 구글, 이베이 등이다. 국내 기업으로는 하이텔, 천리안, 나우누리와 같은 PC통신을 기반으로 한 기업이다. 구글과 아마존은 웹 1.0에서 시작해 웹 2.0 전환의 시기에 잘 편승해 현재까지도 웹 2.0 시대를 주도하고 있다.

웹 1.0이 서버에 저장된 자료를 불러내 읽기만 했다면 웹 2.0은 이런 한계를 극복해 사용자가 글과 영상을 생산해 쌍방향으로 주고받는 동적인 환경으로 발전했다. 모바일의 등장은 웹 2.0 시대를 더욱 가속화했으며 페이스북, 유튜브, 트위터 등의 플랫폼 기업이 사

	웹 1.0	웹 2.0	웹 3.0
전달방식	읽기	읽기+쓰기	읽기+쓰기+소유
시기	1990~2000년 중반	2000년 중반 ~2020년 중반	2020년 중반~
환경	정적	동적	지능적
매체	텍스트	상호 콘텐츠	가상경제
주체	기업	플랫폼	사용자
인프라	PC	모바일 클라우드	블록체인
권한	중앙화	중앙집중화	탈중앙화
대표 기업	야후, 천리안, 나우누리	아마존, 구글, 페이스북, 유튜브	?

용자의 데이터와 소통 확대에 불을 지피면서 웹 2.0의 주도권을 갖게 됐다. 하지만 문제는 여기서 시작됐다. 웹 2.0으로 넘어오면서 사용자가 생성하고 움직이는 데이터가 기하급수적으로 증가했는데, 이 데이터의 부가가치는 사용자가 아닌 웹 2.0 기업에 온전히 돌아갔다. 기업들은 사용자의 데이터를 그들의 중앙 서버에 저장하고 이를 바탕으로 맞춤형 광고를 진행해 큰 수익을 낸다. 이 과정에서 사용자는 어떤 의견도 제시할 수 없으며 오히려 기업 정책에 따라 접근이 통제된다. 대표적으로 페이스북의 2021년 1분기 매출 97%가 광고 수익이다. 이로 인해 페이스북 창업자인 마크 저커버그는 미국 의회에서 열린 청문회에서 사용자 개인 데이터를 확보해 광고 시장에서 영향력을 높이고 기업 수익을 극대화한 혐의로 큰 비판을 받았고 이를 계기로 데이터 중앙독점권에 대한 문제가 전 세계적으로 떠올랐다. 이처럼 사용자 데이터를 이용해 연간 수백억 원의 수익을 내고 사용자는 한 푼도 벌지 못한 경제 불균형은 비단 페이스북만의 문제가 아니다. 구글이나 아마존과 같은 거대 IT 기업들도 마찬가지다. 은행이나 증권사, 보험사, 통신사 같은 각 산업의 거대한 중재자들 역시 개인 데이터를 갖고 막대한 부와 권력을 누린다.

이런 중앙집권적 경제 시스템에 대한 불만은 웹 2.0 시대 전에도 존재했지만, 2010년 중반부터 탈중앙화 가치를 실현하고자 개발된 블록체인 기술이 크게 발전하며 급물살을 타고 웹 3.0 시대로 움직이기 시작했다. 웹 3.0은 이렇게 플랫폼 기업과 같은 중재자를 없애는 '탈중앙화' 철학으로 탄생됐다. 웹 3.0의 핵심은 생산, 공유를 넘어 데이터의 주도권을 사용자 개인이 소유한다는 것이다. 이를 가능하게 한 기술이 바로 블록체인이며, 웹 3.0은 블록체인 기반으로 한 경제 시스템으로 운영돼야 진정한 웹 3.0이라고 할 수 있다. 웹 3.0은 워낙 방대한 기술을 포함하고 있지만 대표적으로 이더리움 스마트콘트랙트 운영 방식을 알면 생태계를 한 눈에 이해하기 쉽다.

이더리움은 블록체인 기술 기반으로 스마트 계약 기능을 구현하기 위한 분산 컴퓨팅 플랫폼이자 자체 통화명이다. 예를들어 생산자와 소비자가 특정 상품에 대한 계약 조건을 미리 이더리움 스마트콘트랙트에 설정한 뒤, 이 조건이 달성되면 디지털 신호를 받아 이더리움이 생산자에게 전달된다. 두 사람이 미리 설정한 조건이 충족되면 거래가 이뤄지기에 어떠한 중재자 개입 없이도 가능하며 분쟁이 일어날 여지가 없다. 이더리움이 가지고 있는 또 하나의 특징은 각각의 경제 주체들이 토큰을 손쉽게 발행할 수 있다는 것이다. 토큰은 가상자산으로의 가치가 있으며 기업이 성장해서 토큰의 가치가 오르면 마치 주식처럼 참여자들이 이익을 함께 공유할 수 있다.

시대별 기업의 탄생 과정

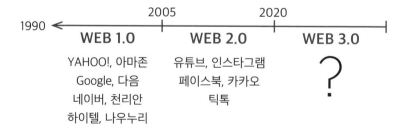

이것이 바로 웹 3.0이 바꿀 우리 미래의 모습이다. 웹 3.0이 추구하는 탈중앙화, 개인 소유의 가치와 철학을 이해한다면 앞으로 웹 3.0이 세상을 어떻게 바꿀지 계속 관심을 가지고 지켜봐야 할 것이다.

웹 3.0 기업 대표들이 말하는 웹 3.0 정의

"웹 1.0은 운영체계가 정적인 환경이었다면, 웹 2.0은 동적으로 반응하는 환경으로 발전했고 웹 3.0은 탈중앙화된 웹 서버가 사용자 개인을 중심으로 모든 걸 판단하고 추론하는 **지능을 가진 웹**으로 진화했습니다." - 슈퍼트리 최성원 대표

"웹 2.0이 웹 1.0과 다른 차별화는 참여, 공유, 개방 이 세 가지 키워드가 핵심으로 작용해 웹 2.0 시대가 도래했고 웹 3.0은 웹 2.0의 중앙화를 벗어난 **탈중앙화 가치를 구현하는 블록체인 기술**이 새로운 핵심 기술입니다." - 체인파트너스 표철민 대표

"웹 2.0이 웹 1.0을 이겼듯이 웹 3.0이 웹 2.0을 구조상 이길 수밖에 없다고 생각합니다. 웹 3.0의 프로토콜 경제에서 프로컨슈머들은 당연히 수수료만 받는 웹 2.0 플랫폼보다는 **주식처럼 토큰을 부여받는 웹 3.0 플랫폼**이 더 가치가 있기 때문이죠." - 컴투스 송재준 대표

"웹 2.0 시대의 주도권은 페이스북, 구글, 아마존과 같은 플랫폼 기업이 차지했습니다. 결국 사용자가 플랫폼을 벗어나지 못하도록 가두리 비즈니스를 하면서 엄청난 부의 성장을 이뤄낸 것이죠. 웹 3.0은 탈중앙화에서 출발합니다. 기존 플랫폼 기업이 아닌 **커뮤니티에 운영되는 공공의 네트워크** 방식입니다. 소유권 개념이 기업에서 개인으로 이동했고 이를 가능하게 만든 것이 바로 웹 3.0 블록체인 기술이라고 생각합니다." - 코인플러그 어준선 대표

웹 3.0을 이루는 필수 구성 요소

인프라	통화	디지털자산	어플리케이션
블록체인	가상자산	NFT	메타버스 디파이, P2E 등

웹 3.0 산업을 이해하기 위해 꼭 알아야 할 주요 키워드

키워드	개념
블록체인 Block Chain	'블록(Block)'을 잇따라 '연결(Chain)'한 모음. 누구나 열람이 가능한 디지털 장부에 거래 내역을 투명하게 기록하고, 여러 대의 컴퓨터에 이를 복제·저장하는 분산형 데이터 저장기술을 말한다.
비트코인 Bitcoin	데이터를 나타내는 최소 단위인 비트(bit)와 주화(coin)의 합성어. 2008년 나카모토 사토시라는 익명의 암호학자가 중재자를 거치지 않고 개인과 개인이 직접 돈을 주고받을 수 있도록 블록체인 기술을 기반으로 만든 최초의 가상자산이다.

비트코인 Bitcoin	기존 화폐와 달리 정부, 중앙은행, 또는 금융기관의 개입 없이 알고리즘에 의해 발행되며, 거래 내역은 P2P(Peer to Peer, 개인 간의 거래) 네트워크에 참여한 사용자들에 의해 검증되고 관리된다. 높은 보안성과 제한된 발행량 덕분에 대표적인 1세대 가상자산으로 자리잡았다.
이더리움 Ethereum	블록체인 기술 기반으로 스마트 계약 기능을 구현하기 위한 분산 컴퓨팅 플랫폼이자 자체 통화명. 러시아 출신 캐나다인 비탈리크 부테린(Vitalik Buterin)이 2014년 블록체인 기술을 여러 분야에 접목할 수 있도록 개발했다. 비트코인이 블록체인 기술을 금융거래에 접목한 시스템이라면 이더리움은 금융거래 이외의 모든 분야로 확장해 다양한 비즈니스 분야에 블록체인 기술을 접목할 수 있게 됐다.
스마트콘트랙트 Smart Contract	계약 당사자가 사전에 협의한 내용을 미리 프로그래밍해 전자 계약서 문서에 넣어 놓고, 계약 조건이 충족되면 자동으로 계약 내용이 실행되는 시스템. 이더리움이 스마트콘트랙트를 도입하면서 '블록체인 2.0' 세대를 열었다고 평가 받는다.
NFT Non-Fungible Token	대체 불가능한 토큰. 블록체인 기술을 이용해 게임, 예술 등 디지털 자산의 소유주를 증명하는 가상의 토큰을 말한다. 소유권과 판매 이력 등의 관련 정보가 모두 블록체인에 저장되며 별도의 고유한 인식 값을 지녀 서로 교환할 수 없다는 특징이 있다. 비트코인 1개당 가격은 동일하지만 NFT가 적용될 경우 하나의 코인은 다른 코인과 대체 불가능한 별도의 인식 값을 갖는다. 최근 디지털 아트와 게임 아이템 거래 등을 중심으로 영향력이 높아졌다.
P2E Play to Earn	게임을 하면서 돈을 버는 방식. 게임에서 획득한 재화나 아이템을 자산으로 활용하는 새로운 수익 모델이다.
메타버스 Metaverse	현실 세계를 뜻하는 'Universe(유니버스)'와 '가공, 추상'을 의미하는 'Meta(메타)'의 합성어. 아바타를 통해 일상 활동과 경제 생활을 영위하는 3D 기반의 가상 세계를 말한다.

디파이(Defi) decentralized finance	블록체인 기반으로 조성되는 탈중앙화 금융. 금융회사 없이 결제, 송금, 예금, 대출, 투자 등 모든 금융거래를 가능하게 하는 것이 목표다. 디파이 서비스는 블록체인 기반의 스마트콘트랙트에 의해 코인을 거래하고, 예금 넣듯 코인을 맡기거나 대출을 받는 서비스다.
디앱(DApp) Decentralized Application	중앙 서버 없이 네트워크상에 정보를 분산해 저장 및 구동하는 탈중앙화 어플리케이션을 말한다.
다오(DAO) Decentralized Autonomous Organization	탈중앙화된 자율 조직을 뜻한다.
거버넌스 Governance	웹 3.0 생태계에서 공동의 목표를 달성하기 위해 모든 이해 당사자들이 책임감을 가지고 투명하게 의사 결정을 수행하는 제반 장치다.
덱스(DEX) Decentralized Exchange	서버-클라이언트 방식의 중앙화된 거래소와 달리 P2P(개인 간의 거래) 방식으로 운영되는 탈중앙화된 분산형 가상자산 거래소를 말한다.
ICO Initial Coin Offering	가상자산공개를 뜻한다. ICO 백서를 공개한 후 신규 가상자산을 발행해 투자자들로부터 사업 자금을 모집하는 방식이다. 토큰 발행자는 주로 스타트업이며, 투자 설명서인 백서를 배포해 투자자를 모집하고 토큰 판매가 이뤄진다.
월렛 Wallet	가상자산지갑을 뜻한다. 디지털 자산을 보관하는 블록체인 기반의 지갑으로 소유자의 정체성을 드러내며 개인 신원 인증 도구로도 쓰인다.
프로토콜 경제 Protocol Economy	탈중앙화를 통해 여러 경제 주체를 연결하는 새로운 형태의 경제 모델. 웹 2.0 플랫폼 경제의 대안으로 제시된다.

03

본격적인 웹 3.0 시대 돌입

국내 대기업 웹 3.0 산업으로 거침없이 진격하다!

과거 마이크로소프트, 구글 등 해외 기업은 인터넷에서 모바일로의 변화 신호를 빠르게 읽고 선제 대응으로 웹 2.0 시대에 무사히 안착했다. 2007년 6월 애플사에서 아이폰이 출시되면서 스마트폰 혁명이 일어나자 미리 모바일 중심의 콘텐츠를 준비한 기업들은 웹 2.0 시장의 비즈니스 모델을 빠르게 확장했다. 반면, 노키아, 모토로라, 야후처럼 시대 변화의 흐름을 감지하지 못하고 기존 방식을 고수했던 기업들은 웹 2.0 모바일 산업에서 크게 뒤처졌다.

지금 또다시 블록체인 기반 경제로 패러다임이 바뀌고 있다. 국내 대기업의 움직임 역시 전과 다르다. 새롭게 맞이한 시대에 도태되지 않고 웹 3.0 시대를 발 빠르게 선점하기 위해 적극 노력 중이다.

삼성전자, 미래의 먹거리 웹 3.0
블록체인 산업 전반에 집중 투자를 단행하다!

삼성전자는 기업주도형 벤처캐피탈 삼성넥스트를 주축으로 블록체인 관련 기업 24곳에 적극적으로 투자하며 웹 3.0 산업에 활발히 참여하고 있다. 우선 메타버스 분야는 미국 「타임」이 '2022년 세계에서 가장 영향력 있는 100대 기업'으로 선정한 NFT 메타버스 플랫폼 '더 샌드박스'가 대표적이다. 2021년 11월 진행된 시리즈 B 투자 라운드에 LG테크놀로지벤처스, 컴투스 등과 함께 투자를 추진했다. 이어 2021년 12월, 메타전 페이스북 출신 엔지니어들이 설립한 웹 3.0 인프라 스타트업 '미스틴랩스Mysten Labs'도 삼성전자에서 적극적으로 투자했다.

미스틴랩스는 메타의 가상자산 지갑 '노비'의 엔지니어들이 퇴사 후 창업해 초기부터 화제를 모은 곳이다. 웹 3.0 인프라 개발 외에도 2022년 차세대 메타버스용 NFT 플랫폼 출시를 앞두고 있으며, 삼성넥스트는 시리즈 A 단계에서 약 425억 원 투자를 집행했다. 같은 달, '레디 플레이어 미Ready Player Me'의 시리즈 A 라운드 투자에도 약 150억 원을 출자했다. 2021년 설립된 '레디 플레이어 미'는 아바타를 이용해 900여 개의 메타버스에서 활동할 수 있는 서비스를 개발하는 회사다. 워너브라더스, 디올, 뉴발란스 등 1,000여 개 회사와 파트너쉽을 맺고 있다.

2022년 3월에는 탈중앙화 애플리케이션디앱, Dapp 램퍼Ramper에 약 36억 원의 시드 투자사로 참여했다. 램퍼는 별도의 가상자산 지갑 설치 필요 없이 간편 로그인과 같이 친숙한 방식으로 웹 3.0 서비스를 이용할 수 있는 기술을 개발하는 회사다.

2022년 6월은 구글, 페이스북, 우버 등 글로벌 IT기업 출신 경영진들이 2017년 설립한 블록체인 기술 회사 '머신파이랩MachineFiLab'에 투자했다. 미국 블록체인 스타트업 '아이오텍스IoTex'가 출범한 회사로, 2021년 플랫폼 개발 가속화를 위해 별도 조직인 머신파이랩을 신설했다. 삼성넥스트 외에 한화, 위메이드 등 국내 기업이 투자에 참여했으며, 머신파이랩의 기업가치는 약 1억 달러한화 약 1,284억 원로 평가받았다.

이 밖에도 웹 3.0 개발자 플랫폼 개발 스타트업 '사가'2022년 5월 기준, 기업가치 약 1,654억 9,000만 원, 글로벌 가상자산 거래소 'FTX', 가상자산 개발자 플랫폼 '알케미Alchemy', 가상자산 지갑 개발업체 '젠고ZenGo', 밈 NFT 마켓 플레이스 '댕크뱅크Dank Bank', 글로벌 NFT 프로젝트 지루한 원숭이들의 요트클럽Bored Ape Yacht Club, BAYC 의 개발사 '유가랩스' 등에도 투자를 진행하며 웹 3.0과 가상자산을 미래 먹거리로 삼고 있다.

SK그룹, 웹 3.0 시대를 주도할
넥스트 플랫폼에 올인하다

SK그룹 투자 전문 지주사 SK스퀘어가 블록체인, 메타버스 등 미래 ICT정보산업기술 혁신을 이끌 기업에 집중 투자했다. 가상자산 거래소 '코빗'에 900억 원지분 35%, 2대 주주을, 디지털휴먼 개발사인 '온마인드'에 80억 원지분 39.9%, 2대 주주, 국내 최대 농업혁신 기업 '그린랩스'에 350억 원, 글로벌 게임사 '해긴'에 250억 원을 각각 빠르게 투자하며 웹 3.0으로 도약하기 위한 발판을 마련했다.

SK스퀘어는 2021년 11월 29일 상장 첫날, 가상자산과 메타버스 기업을 집중적으로 투자하며 정보통신기술 투자전문기업으로 발돋움할 것이라는 방향성을 제시했다.

이에 SK텔레콤의 자체 메타버스 플랫폼 이프랜드ifriend의 캐릭터와 작품을 이용해 NFT를 제작하고 코빗 가상자산 플랫폼 코빗 타운과 연동해 사용자가 가상자산을 손쉽게 구매하거나 거래할 수 있도록 할 계획이다.

SK스퀘어가 투자한 온마인드는 3D디지털휴먼 수아SUA를 제작해 최고 수준의 기술력을 입증했으며 메타버스 캐릭터 분야에서 이프랜드, 플로, 웨이브 등과 함께 시너지를 창출할 것으로 예상된다. 온마인드는 SK스퀘어에서 80억 원 투자 유치 후 1년 만에 지분가치가 4배로 상승했다. 온마인드 최대 주주는 카카오게임즈 계열사인 넵튠이며, 2대 주주는 39.9%를 소유한 SK스퀘어다.

이러한 대규모 투자는 가상자산시장에 신뢰성과 보안 기술을 제공해 안정적 성장 기반을 확보할 방침이다. SK스퀘어는 앞으로 3년간 2조 원 이상의 자체 재원을 확보해 반도체, 블록체인 등에도 적극적인 투자를 감행하며 '넥스트 플랫폼' 영역에서 미래 혁신 산업을 선점한다는 전략이다.

또 SK플래닛을 통해 4대그룹 첫 가장자산을 발행할 것이라고 밝혔다. 2022년 2분기 내 가상자산 백서 공개와 3분기 발행을 계획 했으나 루나 사태로 시장이 어려워져 잠시 연기하기로 했다. 하지만 준비는 모두 끝난 상태로 공개 시점을 신중히 보고 있다. 상장되면 SKT 메타버스 이프랜드 내 NFT를 활성화 할 계획이다.

LG전자, 웹 3.0 가상자산 비즈니스를 추진하다!

LG전자는 주주총회를 통해 사업목적에 '블록체인 기반 소프트 웨어의 개발 및 판매, 암호화 자산의 매매 및 중개업'을 추가했다. 본격적으로 웹 3.0 시대의 가상자산 사업화 의지를 드러낸 것이 다. 이를 위해 2020년부터 조직개편으로 최고기술책임자CTO 직속 의 아이랩iLab을 신설하고 블록체인과 NFT 사업을 개발했다. 카카 오의 블록체인 기술 자회사 그라운드X와 함께 스마트TV에서 NFT 아트를 감상할 수 있는 전용 앱 '드롭스갤러리'도 내놨다. 최근 서 울옥션블루의 자회사인 XXBLUE와 예술 분야 NFT 콘텐츠 사업 을 공동으로 추진한다. XXBLUE가 진행하는 NFT 작품 경매와 전 시에 참여하는 고객은 LG 올레드 TV의 화질로 예술 작품을 만날 수 있다.

카카오, '카카오 유니버스'로
전 세계를 하나로 연결하다!

카카오는 2018년 그라운드X 자회사를 설립해 블록체인 기반 플랫폼 '클레이튼Klaytn' 사업을 본격화했다. 클레이튼은 비트코인처럼 하나의 코인이 아닌 이더리움과 같은 분산 어플리케이션인 디앱DApp을 위한 블록체인 개발 플랫폼이다. 클레이튼 플랫폼의 기축통화인 클레이KLAY 코인은 2021년 세계 최대 가상자산 거래소인 바이낸스에 코인을 상장한 데 이어 후오비글로벌에도 상장됐다.

NFT 거래 플랫폼인 '클립드롭스Klip Drops'도 출시해 웹 3.0 생태계를 확장하고 있다. 클립드롭스는 미술 작품, 굿즈 등 다양한 디지털 작품을 전시하고 유통하는 NFT 서비스다. 그라운드X와 사전 협의를 거친 아티스트와 크리에이터들은 자신의 작품을 그라운드X가 자체 개발한 퍼블릭 블록체인 플랫폼 클레이튼에 기록해 한정판 디지털 NFT 작품으로 만들 수 있다.

NFT 관련 성과로 카카오엔터테인먼트 웹툰 「나 혼자만 레벨업」 메인 작품 NFT 100개개당 500클레이, 약 85만 원 한정판이 1분 만에 모두 판매됐다. 2차 마켓에서는 100만 클레이2022년 1월 기준, 1Klay당 1,500원 총약 15억 원 이상의 거래액을 달성했다. 서브 작품으로 발행한 172화 명장면 NFT 200개개당 100클레이 약 16만 원도 비슷한 시간에 매진됐다.

카카오의 미래 10년 핵심 키워드인 '비욘드 코리아', '비욘드 모바일'에 집중하기 위해 글로벌 시장 진출의 다양한 방법을 모색 중이다. 먼저 카카오 메타버스 '오픈링크' 서비스를 준비한다. 카카오톡 오픈채팅 기반으로 제공되는 오픈링크는 취미, 장소, 인물 등 공통의 관심사를 가진 이용자들이 모여 소통하고 즐길 수 있는 서비스다. 지인 기반 소통을 넘어 비지인 간의 커뮤니케이션 공간으로 영역을 확장해 나간다. 2023년 상반기 내에 국내 이용자 대상으로 출시를 목표로 하며 앞으로 다양한 글로벌 서비스들과 연계해 전 세계 사람들이 시공간의 제약 없이 소통할 수 있도록 발전시켜 나갈 계획이다.

카카오 계열사인 '넵튠'은 2021년 투자한 메타버스 개발사인 '컬러버스'와 함께 3D 가상공간 기술을 활용한 오픈형 메타버스 플랫폼 '컬러버스' 서비스를 선보인다. 컬러버스는 웹스트리밍 기술을 활용해 2D와 3D간 아무런 제약 없이 넘나들 수 있는 메타버스다. 카카오 친구 리스트에서 별도의 앱 설치 없이 바로 3D메타버스로 진입이 가능한 점이 특징이다. 사용자는 아이템, 아바타, 랜드와 같은 컬러버스 내 콘텐츠를 직접 제작해 판매도 할 수 있다. 크리에이터가 만든 콘텐츠는 마켓 플레이스를 통해 판매되고 그 콘텐츠를 구매한 사용자는 이를 가공해 재판매도 가능하다. 이런 시스템은 무한 창작을 가능하게 하며 탈중앙화 조직 다오DAO로 발전해 경제활동까지도 같이 할 수 있는 진정한 웹 3.0의 미래를 보여줄 것이라 기대된다.

네이버, 웹 3.0 관련 스타트업에
국내 최대 규모 1,000억 원을 투자하다!

네이버가 블록체인 기반 웹 3.0 관련 스타트업에 1,000억 원 투자를 추진 중이다. 투자가 확정되면 네이버가 국내 벤처펀드에 투자한 금액 중 최대 규모가 된다.

네이버와 라인네이버와 일본소프트뱅크 그룹 소유 회사은 계열사 '라인넥스트'를 통해 블록체인 관련 사업을 진행 중이다. 라인넥스트는 NFT 거래와 사용자 간 소통을 동시에 지원하는 가상자산 지갑 '도시월렛'을 선보였다. 도시월렛 공식 웹사이트dosi.world에서 라인, 페이스북, 구글 소셜 계정을 통해 손쉽게 가입 및 로그인 할 수 있고, 거래 기능은 추후 '도시'가 정식 출시될 때 활성화된다.

글로벌 NFT 플랫폼 '도시DOSI'도 개발해 더욱 친근하고 편리한 NFT 경험을 제공하겠다는 계획이다. '도시'에서는 NFT 제작 및 글로벌 마케팅 프로그램이 제공돼 다양한 국적의 기업과 창작자들이 손쉽게 NFT 브랜드 스토어와 커뮤니티를 구축할 수 있다.

라인은 웹 3.0 산업으로의 도약을 위해 블록체인 기술을 플랫폼에 도입해 디지털 세계에서 가치를 공유하며 경제를 토큰화하기 위해 링크를 만들었다. 디앱 링크는 라인의 서비스의 기본 디지털 토큰이다. 라인은 디앱dApp 구현에 최적화된 토큰 이코노미 기술 플랫폼을 구축해 보상형 인터넷 플랫폼으로 선도하는 것을 목표로 한다. 이를 위해 라인 블록체인 사업을 통해 정보의 생산자이자 소비자인 플랫폼 라인 사용자에게 적절한 보상과 블록체인 기술이 실생활에 적용되는 것을 체감할 수 있도록 기술 개발에 매진하고 있다.

웹 3.0을 둘러싼 업계의 기대감을 놓고 지금의 상황이 1990년대 닷컴 버블과 닮았다는 의견도 강하다. 닷컴 버블이 남긴 광케이블 인프라는 오늘날 빅테크 산업을 이끈 원동력이었다. 이처럼 블록체인 역시 웹 3.0 시대의 IT기업들을 성장시킬 핵심 역할을 할 것이다.

미국 자산운용사 그레이스케일은 2021년 3분기 기준 웹 3.0 분야에 몰린 투자 자금이 18억 달러한화 약 2조 2,927억 원에 달한다고 밝혔다. 영국 「파이낸셜타임스」는 탈중앙화된 네트워크가 그동안 온라인 생태계에 없던 새로운 틀을 제시한다면 블록체인은 반드시 미래의 핵심 기술로 자리 잡을 것이라고 전했다.

아직 웹 3.0이 막연한 청사진만 있을 뿐 실체가 없다는 지적도 많다. 그런데도 글로벌 빅테크기업과 국내 대기업 모두 웹 3.0 산업에 적극적으로 뛰어들고 있다. 이런 움직임은 웹 3.0의 가능성이 분명 존재한다는 것을 의미한다. 현재 웹 3.0 기술의 실체는 전혀 모호하지 않다. 1492년 이탈리아 탐험가 크리스토퍼 콜럼버스가 숱한 도전 끝에 아메리카 대륙을 발견한 것처럼, 국내 대기업들의 웹 3.0을 향한 발걸음은 디지털 신대륙을 반드시 발굴할 것이다.

웹 3.0 사업 추진 중인 국내 기업

분류	기업명	진 행 사 업
대기업	포스코	• ICT 통해 블록체인 및 메타버스 연계 신사업 추진 • 2022 블록체인·메타버스 등에 투자 계획
	두산	• 두산 디지털이노베이션(DDI) 메타버스 '두버스(DOO-VERSE)' 출시, NFT 거래 가능한 마켓 플레이스 오픈 • 대퍼랩스, 안체인과 협력해 NFT 사업 론칭 • 두산베어스 선수 사진과 경기 영상을 활용한 최초의 NFT 발행
	GS	• 블록체인 스타트업 투자 본격화 • GS홈쇼핑 블록체인 기반 품질이력관리 솔루션 및 명품 구매 플랫폼 '구하다' 투자
	한화	• 한화시스템 블록체인 사업 추진 • 블록체인 자회사 '엔터프라이즈블록체인' 설립 • 베트남 소비자 대상 통합 멤버쉽 서비스 e-월렛 제공 위해 '바닐라스튜디오' 설립 • 가상자산 발행 및 거래 기술 기업과 협력 강화 예정
	현대자동차	• 메타콩즈와 PFP NFT 30개 발행 • 자사 NFT 세계관 '메타모빌리티 유니버스'에서 사용될 별똥별 NFT 1만 개 한정 발행 • 가상세계 스토리에 따라 모빌리티 관련 NFT 발행, 2023년 구현될 메타버스 세계에 이를 연계 예정
	신세계	• 1초 완판 '푸빌라 NFT' 흥행으로 '신세계 유니버스' 관심 집중(5년간 20조 원 규모 투자 계획) 오픈시에서 클레이튼으로 판매, 1, 2회차 가격(250클레이, 한화 약 11만 원), 3회차(300클레이, 한화 약 13만 원) NFT 소지자 등급에 따라 신세계백화점 혜택 차등 제공 • 한글과컴퓨터와 메타버스 공동 산업 업무 협약 체결, 독자적인 메타버스 플랫폼 개발 예정 • 온오프라인 통합 백화점 출시 예정 • 신세계아이앤씨 헥슬란트와 협업해 NFT 기반 디지털 보증서 사업 진행 • 2021년 8월 이마트24 편의점 SSG랜더스 야구단 창단 기념 순금메달 NFT 발행

대기업	신세계	• 2021년 10월 온라인 커머스 SSG닷컴 'SSG개런티' 서비스 출시(명품 정품 인증 활용), 상품정보, 구매이력, 보증기간, 보안 정보 등 내용 담아 블록체인 네트워크 기록, 위변조 불가 • 신세계인터내셔널, 아마존 웹서비스와 블록체인 기반 디지털보증서 서비스 오픈 • 병행수입 제품과 위조품 유통 방지 및 자체 경쟁력 강화 프로필 이미지에 옷을 입힐 수 있는 웨어러블 NFT 서비스 준비
	롯데	• 롯데정보통신, NFT랩 조직 신설. 2021년 7월 인수한 메타버스기업 칼리버스와 NFT거래 플랫폼 개발 중 • 계열사와 협업해 리얼리티 극대화한 차세대 VR기술, '버추얼스토어(롯데하이마트)', '버추얼피팅룸(롯데면세점)', '버추얼시어터(롯데시네마)', '버추얼콘서트', '버추얼 홈' 구상 중
건설	현대건설	• 샌드박스(MCN)와 NFT 발행 • '메타 토이 드래곤즈' 홀더 참여, 메토드 NFT 45개 구매 • 샌드박스 NFT 로드맵, 메타버스 플랫폼 협업 방안 모색
유통	현대백화점	• 업계 최초 NFT 전자지갑 도입
	현대백화점 면세점	• 세계 최대 NFT 거래 플랫폼 오픈시에 서울 주제로 NFT 아트 255개 발행
	롯데홈쇼핑	• '메타버스 원팀' 출범 • 모바일 앱을 통해 NFT마켓플레이스 런칭 준비 중 • 기상모델, 가상패션 등 지식재산권을 활용한 NFT 콘텐츠 실물 상품과 연계 NFT 시장 본격 진출 예정
	LF	• 헤지스 가상 인플루언서 캐릭터 '해수' NFT 출시
	LG생활건강	• 화장품 브랜드 빌리프 업계 최초 NFT 발행
식품	롯데제과	• 전문 아티스트 작가와 협업 '빼빼로 프렌즈' NFT 작품 제작, 각 작품마다 11개씩 총 121개 NFT 판매 예정
	파리바게뜨	• '제주마음샌드' NFT 500개 한정 발행
	BHC치킨	• 캐릭터 '뿌찌' 활용 한정판 NFT 제작 • KB국민카드 통합자산관리 플랫폼 리브메이트 이용자 대상 무료 증정 이벤트 진행

게임	위메이드	• 2022년 7월 메인넷 '위믹스3.0' 공개 예정, 위믹스 플랫폼 연내 100개 게임 온보딩 목표 • 위믹스 발행 P2E게임 '미르4' 출시(미르4 글로벌의 최고 동시접속자 수 140만 명, 운영 중인 서버 229개) • '위믹스달러' 발행계획, 100% 담보 스테이블코인(위믹스3.0 생태계 가치 저장, 회계 단위, 교환 수단이 되는 기축통화) • P2E 게임파이 플랫폼 프로요게임스 투자 진행
	조이시티	• P2E게임, 2022년 2월, 건쉽배틀 출시, 2주 만에 글로벌 동시접속자 수 10만 명 돌파 • 2022년 5월 '크립토볼Z on WIMIX' 출시(헤르코 토큰 접목) • 2022년 4월, 크립토볼Z의 '소라' 캐릭터 NFT 프리 세일: NFT 시초가의 100배 달성, 상한가 낙찰 • 블록체인 일본 게임사 갈라게임즈, 조이시티 '프로젝트 LD' 퍼블리싱 계약 체결
	넥슨	• '메이플스토리' 블록체인 게임 개발 발표 • 첫 블록체인 게임으로 '메이플스토리 N' 준비 • NFT 중심 생태계 '메이플스토리 유니버스' 설계 중 • 메이플스토리 N 모바일, 메이플스토리 N SDK(NFT 기반 여러 앱을 만들 수 있는 제작 툴) • 블록체인 게임 제작 샌드박스 플랫폼 'MOD N(미정)' 등 출시 예정
	엔씨소프트	• '리니지W'에 NFT 도입 계획(P2E북미·유럽 버전만 적용)
	넷마블	• 블록체인 전문 자회사 마브렉스를 통해 자체 기축통화 기반 블록체인 생태계 'MBX'와 'MBX월렛' 서비스 정식 출시, DEX(탈중앙화된 분산형 암호화폐 거래소) 기능 추가 • P2E 글로벌 게임 출시, A3:스틸얼라이브, '제2의 나라:크로스 월드', 이 외 P2E 게임, 골든브로스, 몬스터 길들이기, 모두의 마블 등 다양한 게임 토큰 접목 예정 • 토큰 발행 MBX(마브렉스) • 자회사 넷마블F&C 기축통화 발행, 큐브(간편결제 시스템 및 바이낸스 커넥트 생태계 도입)

게 임	크래프톤	• 웹 3.0 사업 확장 공식 발표 • 사용자 제작형 메타버스 플랫폼, 메타버스 프로젝트 '미글루' 개발 중 • '크리에이트 투 언(C2E)' 창작자에게 경제 이익이 돌아가는 생태계 구축
	카카오 게임즈	• 직접 개발한 블록체인 콘텐츠 '보라(BORA)' 중심 웹 3.0 사업 진행
	컴투스	• 2022년 하반기 오피스, 커머셜, 테마파크, 커뮤니티 기능을 담은 메타버스 • '컴투버스' 서비스 출시 예정 • 'KRX', 'C2X' 토큰 발행 • '크리티카 글로벌' P2O(Play to Own) 액션 RPG 블록체인 C2X에 탑재
엔 터	하이브	• 두나무 합작법인 레벨스 LA 설립 예정, 해외 사업 본격화 • 팬덤을 위한 아티스트 콘텐츠 NFT 사업 진행 예정
	에프에스엔 (FSN)	• PFP NFT 프로젝트 '선미야클럽' 발행 • FSN-자회사 핸드스튜디오 자사의 블록체인 연구소 '핑거랩스' 통해 론칭(공동참여 메타콩즈 개발사 '멋쟁이사자처럼') • 올해 NFT 3개 완판, '선미야클럽', '해피어타운', '스마일미야클럽'
	SM엔터 테인먼트	• 더샌드박스와 협업 샌드박스 K-Verse에서 가상 부동산 구입, SM타운랜드 테마파크 건설 중
	카카오엔터	• 멜론 '톱100' 추천 인증서 NFT 진행 • '멜론뮤직어워드(MMA) NFT' 한정 발행, 홀더 연말 개최 예정 K팝 페스티벌 겸 시상식 MMA2022 현장 관람 가능
금 융	우리은행	• 2021년 7월. 디커스터디(DiCustody) 설립 • 고객 NFT 파일 및 전자지갑 보관, 볼트(안전금고) 등의 수탁 사업과 디파이(DeFi) 상품에 대한 투자 운용 서비스 지원 • 게임, 예술품 등의 NFT와 증권형 토큰 연계
	신한은행	• 2021년 1월, 가상자산 수탁 업체 KDAC 지분 투자 • KDAC은 NXC, 알파자산운용 등 가상자산 수탁 진행

금융	신한카드	• '마이NFT' 출시 • 카카오의 블록체인 플랫폼 클레이튼 기반, NFT 보관, 조회 서비스 진행
	현대카드	• 메타콩즈 협업 NFT 거래소 신설 예정
	다날	• 2018년 '페이프로토콜' 출시 디지털 자산인 페이코인을 발행(블록체인 기반 결제 네트워크), 페이코인 발행 및 유통, 직접 결제 서비스에 활용 그 외 다양한 디지털 자산의 결제 연계 지원 역할
보안	라온 화이트햇	• 중앙대와 위변조가 불가능한 NFT 학생증 발행
예술	간송미술관	• 훈민정음 해례본과 고려창자 NFT 판매 예정
스포츠	한국 여자 프로골프 (KLPGA)	• 정상급 선수인 박현경과 임희정의 NFT 출시 • 해당 NFT 소유자 실제 경기장에서 선수와 동반 라운드 제공

글·이지혜(웹 3.0 라이브씬 연구원)

PART 02

웹 3.0
국내 리딩 기업들

01

웹 3.0 메타버스를 선도할 글로벌 대장주!

오픈 메타버스 게이밍 플랫폼,
더샌드박스

전 세계적으로 메타버스 열풍이 거세다. 미국의 주요 통신사 「블룸버그」 산하 연구소 블룸버그 인텔리전스는 메타버스의 전 세계 시장 규모는 2021년 4,787억 달러한화 약 564조 원에서 2024년 7,833억 달러한화 약 923조 원가 될 것으로 예측했다. 글로벌 투자은행 모건스탠리 역시 미래 시장 규모가 최대 8조 달러한화 약 9,434조 원까지 성장하고 다가올 10년 안에 세상을 변화시킬 새로운 웨이브가 될 것으로 전망했다. 그렇다면, 전 세계가 주목한 메타버스 업계에서 웹 3.0 시대를 주도할 옥석은 어떻게 가려낼 수 있을까? 이를 위해서는 먼저 답을 찾기 전, 메타버스 개념부터 정확히 이해해야 한다. 진정한 메타버스는 퍼블릭 블록체인 기반의 디지털 자산으로 움직인다. 그래야만 웹 3.0의 핵심인 '탈중앙화' 가치가 비로소 이뤄진다. 퍼블릭 블록체인 기반이 아닌 메타버스는 태생적으로 오래 갈 수 없다.

대표적으로 로블록스, 제페토는 퍼블릭 블록체인 기반이 아니기에 웹 3.0 시대의 메타버스가 될 수 없다.

수많은 메타버스 플랫폼 중, 소프트뱅크 손정의 회장이 미래 가능성을 확신하고 공격적인 투자를 추진한 곳이 있다. 바로 오픈 메타버스 게이밍 플랫폼, 더샌드박스The Sandbox다. 이더리움 블록체인 기반으로 개발된 더샌드박스는 300만 명2022년 5월 기준의 사용자가 메타버스 플랫폼에서 게임과 아이템 등의 콘텐츠를 직접 창작하고 판매한다. 거래는 자체 가상자산 토큰인 '샌드SAND'를 이용하고, 이를 통해 가상 부동산 '랜드LAND'까지 구매할 수 있다. 지난 2021년 11월, 소프트뱅크가 주도한 시리즈 B 투자 라운드로 9,300만 달러한화 약 1,100억 원를 유치했다. 2019년 기업 가치 60억 원에서 2021년 기업 가치 6,000억 원으로 2년 만에 100배가 상승했다. 여기는 국내 대기업인 삼성넥스트, LG벤처스, 가상화폐, 리버티시티 벤처스 등도 앞다퉈 투자자로 참여했다. 최근 4억 달러한화 약 4,960억 원 규모의 추가 투자 라운드를 준비 중이다. 이번 투자 라운드를 통해 플랫폼 가치를 40억 달러한화 약 4조 9,600억 원 이상의 평가를 기대하고 있다.

**모바일 다음의 뉴 패러다임,
모바일 게임에서 블록체인 게임으로 주도권을 선점하다!**

더샌드박스는 아서 마드리드Arthur Madrid, 세바스찬 보르제Sebastien Borget 두 명의 프랑스인 창업자가 2011년, 아르헨티나 부에노스 아이레스에 설립한 픽스올pixowl 게임 스튜디오로 첫발을 내디뎠다.

2012년 5월, 애플 IOS에 더샌드박스 프랜차이즈를 론칭해 첫 2D 모바일 픽셀 게임을 출시했고, 그해 '앱스토어 최고의 게임'에 선정되며 성공적인 신고식을 치렀다. 이후 전 세계적으로 약 4,000만 누적 다운로드를 달성하며 매달 100만 명이 넘은 사용자가 접속해 7,000만 개의 사용자 제작 콘텐츠를 출시하는 글로벌 게임 회사로 우뚝 섰다. 이렇게 더샌드박스는 7여 년간 꾸준히 경험과 노하우를 단단히 쌓으며 급성장했지만, 게임 업계가 넘지 못하는 한계가 분명히 보였다.

더샌드박스의 한국 사업 개발 총괄을 맡은 이요한 이사는 2018년경, 게임 시장의 성장이 한계에 다다른 주요 원인은 중앙화된 시스템이라고 말했다.

"사용자 제작 콘텐츠UGC, User-Generated Content 플랫폼의 성공은 사용자들이 플랫폼 안에서 양질의 콘텐츠를 얼마나 많이 만드느냐가 관건입니다. 디샌드박스 성공에 실질적 역할을 한 것도 바로 사용자들이었죠. 하지만 사용자들이 갖는 보상이나 몫이 없었습니다. 그들의 성과로 성장한 건 게임 회사였습니다. 더샌드박스 역시 이런 중앙화된 시스템으로는 더는 크리에이터와 함께 상생할 수 없다는 한계에 부딪혔죠. 이를 극복하기 위해서는 앞으로 게임 시장이 게임 회사만 배를 불리는 중앙화에서 벗어나 탈중앙화로 갈 것이라 확신했고 2D 모바일 픽셀 게임 플랫폼에서 3D 오픈 메타버스 게이밍 플랫폼으로 사업 방향을 빠르게 전환했습니다."

2017년 캐나다 블록체인 회사 대퍼랩스Dapper Labs가 글로벌 최초로 블록체인 기반의 NFT 게임인 '크립토키티CryptoKitties'를 내놓으며 세계를 뒤흔든 사건이 발생했다. 2017년 10월 테스트 버전을 공개하고 12월에 정식 서비스를 출시했는데 2017년 말, 크립토키티 고양이 NFT가 11만 달러한화 약 1억 2,000만 원에 거래되는 탈중앙적인 변화가 실제로 펼쳐졌다.

더샌드박스는 이를 계기로 블록체인 기반의 메타버스 플랫폼에서 사용자가 직접 만든 콘텐츠로 수익을 창출하고 가상자산을 활용한 유기적 순환 경제 시스템을 구축해 진정한 메타버스를 실현하게 한다는 비전을 새롭게 설정했다. 그리고 2018년 말, 사업 확장 본격화를 위해 애니모카 브랜즈Animoca Brands에 인수되면서 글로벌 3D 오픈 메타버스 게이밍 플랫폼으로의 항해를 시작했다.

전 세계 블록체인 산업을 주도하는 애니모카 브랜즈는 누구보다 일찍 블록체인과 NFT를 활용한 게임과 콘텐츠 가치를 알아본 홍콩 기업이다. 2014년 창업 후, 크립토키티를 개발한 대퍼랩스, 세계 최대 NFT 거래소 오픈시, 필리핀 P2E 열풍을 일으킨 엑시인피니티 개발사 스카이마비스 등 블록체인과 NFT 관련 기업 170여 곳에 투자해 46억 달러한화 약 6조 원의 자산 규모를 확보했다.

"2019년, 세계 블록체인 업계 VCVenture Capital, 벤처캐피탈 사이에서는 블록체인 대중화가 주요 테마였습니다. 앞으로 세상은 블록체인 생태계로 갈 것이고 그 대중화를 블록체인 게임이 이뤄낼 것이라 내

다봤죠. 컴퓨터를 대중화한 것도 게임, 인터넷을 대중화한 것도 게임, 모바일을 대중화한 것도 결국 게임의 역할이 컸기 때문입니다."

과거 패러다임 전환은 컴퓨터, 인터넷, 모바일 순으로 일어났고 그 중심에는 항상 게임이 있었다. 특히 10여 년 전, 인터넷에서 모바일로 넘어가는 초창기는 모바일로 빠르게 탑승한 게임 회사들이 소위 대박을 쳤다. 모바일 게임의 시초라 불리며 30억 회가 넘는 다운로드를 기록한 로비오의 앵그리버드가 그 예다.

모바일에서 블록체인으로 패러다임이 바뀌는 지금 이 시기 역시 블록체인 기술을 빨리 접목한 게임 회사들이 앞으로 5년, 10년 후 세계를 주도할 기업이 될 것이다. 이 점이 바로 글로벌 블록체인 투자 회사들이 블록체인 게임 분야에 대형 자본을 앞다퉈 투자하는 이유다.

이더리움 블록체인 기반의
오픈 메타버스 게이밍 플랫폼을 구축하다!

더샌드박스가 웹 3.0시대의 진정한 메타버스로 주목받는 이유는 블록체인을 기반으로 탈중앙화된 메타버스 플랫폼을 구축했기 때문이다. 더샌드박스에서는 누구나 자체 제작툴 '복스에딧'과 '게임 메이커'를 사용해 코딩 없이 다양한 콘텐츠를 창작할 수 있다. 크리에이터의 자체 제작 콘텐츠는 NFT로 소유권이 증명되며 거래를 통

더샌드박스의 가상자산을 소개하기 전, 먼저 코인과 토큰의 차이에 대해 알아보자. 코인은 메인넷 자체 블록체인을 가져야만 한다. 비트코인은 비트코인 체인, 이더리움은 이더리움 체인처럼 자체 블록체인을 보유하면 코인이라 부른다. 솔라나Solana, SOL, 테라Terra, LUNA는 각자 고유의 블록체인을 갖은 코인이다. 반면, 자체 블록체인 없이 이미 존재하는 다른 블록체인 위에 만든 가상자산이 바로 '토큰'이다. 더샌드박스에서 사용되는 샌드는 이더리움 블록체인을 기반으로 한 가상자산이기에 토큰에 해당한다.

그렇다면 비트코인, 이더리움 등 코인의 종류가 여러 가지인 이유는 뭘까? 비트코인 블록체인은 말 그대로 가치 저장의 수단 역할만 한다. 이더리움 블록체인은 저장뿐 아니라 스마트콘트랙트Smart Contract, 계약 조건을 블록체인에 기록하고 조건이 충족됐을 때 자동으로 계약이 실행되는 시스템 기능까지 구현하기 위해 새롭게 개발됐다. 여기에 속도를 개선하는 등 각자가 생각하는 가상자산의 비전이 적용되면서 다양한 코인들이 우후죽순으로 생겨난 것이다.

해 수익도 창출한다. 이런 개방화된 탈중앙화 경제 시스템을 위해 이더리움 블록체인을 기반으로 한 자체 토큰 '샌드SAND'를 발행했다.

"메타버스가 지속 가능하기 위해서는 어떤 블록체인 기반의 토큰을 사용하느냐가 중요합니다. 블록체인 기업마다 신뢰도가 다른데, 어떤 체인이 가장 개발자나 크리에이터 커뮤니티가 활성화돼 있는지가 선택의 기준이 됩니다. 2022년 5월 기준, NFT 시장의 60~70%는 이더리움 체인에서 발생하고 있습니다. 이더리움이 블록

체인 생태계를 키우는 데 가장 안전하다고 보고 있는 거죠. NFT 역시 성격이 조금씩 다르지만, 이처럼 NFT를 안정적으로 지원하는 체인으로 이더리움을 꼽는 것 역시 이더리움에서 개발자들의 활동이 활발하다는 점입니다. 또 블록체인 기업이 얼마만큼 NFT 프로젝트를 지원할 의사가 있는지도 핵심으로 작용합니다. 이들이 각자의 블록체인 생태계를 키우기 위해 사람들을 유치하는 전략 중 하나가 바로 지원금 지급, 또는 투자자로 나서는 것이기 때문이죠."

더샌드박스도 블록체인 기업과 같은 원리로 크리에이터를 유치한다. 검증된 양질의 크리에이터들을 대상으로 더샌드박스 복스에딧VoxEdit 툴을 사용해 게임 콘텐츠를 제작하면 콘텐츠에 따라 '크리에이터 펀드', '게임 메이커 펀드'라는 지원금을 조성해 자체 토큰인 샌드를 지급한다.

개인 외에 게임 스튜디오도 마찬가지다. 아예 처음부터 게임 스튜디오 창업을 돕는 엑셀러레이팅Accelerating 프로젝트도 진행한다. 한국의 경우, 팩브로스FacBros라는 게임 스튜디오를 창업까지 지원했다. 게임 스튜디오의 모든 직원 월급이 더샌드박스에서 집행되고 자체적으로 수익이 발생하면 독립적인 형태로 운영될 계획이다. 이렇게 더샌드박스에서 수익을 창출하는 복셀 아티스트는 전 세계적으로 약 1만 3,000명에 달한다. 게임 스튜디오도 60곳이 넘고 한국에는 5곳이 있다2022년 5월 기준.

2022년 초, 오픈 메타버스를 개발하는 스타트업에게 최대 3억 원을 지원하는 엑셀러레이터 프로그램도 론칭했다. 여기서 눈여겨 봐야 할 것은 더샌드박스가 지향하는 개방적이고 상호 호환까지 고려한 '오픈' 메타버스 생태계 구축이다.

"블록체인 기반의 게임에서 NFT의 혁신이라 불리는 가치는 소유권 확보, 희소성 등이 있지만 결과적으로 중요한 건 바로 메타버스 플랫폼 간의 '상호 호환성'입니다. 기존 메타버스 플랫폼들은 이를 고려하지 않아 호환성까지 접목하려면 많은 기술적 투자가 필요하죠. 더샌드박스는 애초부터 호환성을 고려한 메타버스 생태계를 꾸리는 것을 목표로 설정했고 이를 구현할 프로젝트들을 꾸준히 진행하고 있습니다."

크리에이터와 상생 위해
더샌드박스만의 선순환 경제 시스템을 구축하다!

더샌드박스의 비즈니스 모델은 크리에이터가 창작한 게임 아이템이나 랜드 등의 거래에서 발생하는 5%의 수수료다. 1차 판매뿐아니라 세계 최대 NFT 거래소 오픈시Opensea와 같은 2차 판매처에서 발생하는 모든 수수료의 5%도 회사 수익이다. 전체 수익의 50%는 더샌드박스 재단으로 들어가 크리에이터와 게임 스튜디오를 지원하는데 다시 쓰인다. 나머지 50%는 마케팅 비용으로 활용된다.

"웹 3.0 시대 크리에이터들은 보상이 많은 메타버스로 몰릴 것입니다. 웹 3.0이 웹 2.0을 이길 것이라고 확신하는 것도 사람들이 보상이 많은 곳으로 자연스럽게 모일 수밖에 없는 탈중앙화된 경제 시스템 때문이죠. 더샌드박스 크리에이터는 창작물의 수익률 100%를 가져갑니다. 회사가 갖는 거래 수수료 5%는 구매자가 지불합니다. 즉, 구매자가 수수료 포함 총 105%를 내는 것이죠. 그리고 그수수료 5%의 절반은 다시 크리에이터 성장 지원금으로 돌아가는 선순환 경제 시스템을 구축했습니다."

크리에이터 수익은 더샌드박스 거래소를 통해 블록체인에 업로드될 때, 스마트 계약에 기반한 NFT로 자동 변환된다. 그 NFT는 크리에이터의 소유이고 당연히 크리에이터에게 100% 수익이 돌아간다. 이는 더샌드박스가 크리에이터 확보를 위해 추구한 전략적 경제 시스템이며, 곧 웹 3.0 시대가 이루고자 하는 탈중앙적 경제 생태계다.

"2021년 NFT나 메타버스 붐이 일어난 건 단순한 우연이 아닙니다. 단기적인 결과로 비트코인과 블록체인을 거품이라 보는 시각이 늘면서 많은 사람들이 업계를 떠났지만 2018년부터 더샌드박스, 액시인피니티, 디센트럴랜드 등의 메타버스 플랫폼이 계속해서 블록체인 생태계를 열심히 꾸려왔습니다. 이런 노력의 결과물이 2021년 NFT와 메타버스 붐을 만들었다고 생각합니다."

이제 블록체인과 가상자산 업계도 대형 자본이 투자되면서 자본력을 든든하게 갖췄다. 자본이 모인 만큼 사람들을 모을 수 있는 모멘텀momentum, 물체가 한 방향으로 지속적으로 변동하려는 경향이 확실히 커졌다. 2021년부터는 블록체인 분야의 인재 풀도 급속히 증가했다. 블록체인 분야에 대해 이미 알고 도전하는 우수한 인재들이 스타트업에 취업하는 비율이 높아진 것이다. 이는 블록체인 시장의 성장 속도를 더욱 가속화하는 열쇠가 될 것이며 그러기에 앞으로 2~3년 후가 더욱 기대되는 것이다.

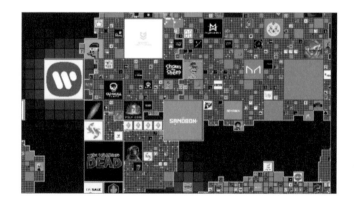

가상 부동산 '랜드'로 웹 3.0 기업다운
메타버스 비즈니스 모델을 다각화하다!

더샌드박스의 비즈니스 모델 중 하나는 땅을 제공하는 가상 부동산, 랜드LAND 판매다. 이 가상의 땅은 처음부터 16만 6,464개로 공급을 제한했다. 이 수는 늘거나 줄지도 않는 고정 값이다. 공급이 정해졌기에 샌드 가치나 랜드 수요가 높아질수록 가격이 오를 수밖에 없다. 이를 지난 3년간 더샌드박스가 증명했다.

"2019년 말부터 2020년 9월까지 초창기 랜드 분양가는 가장 작은 면적 단위인 1×1픽셀에 48달러한화 약 5만 7,200원이었습니다. 2020년 바이낸스에 샌드 코인 상장 이후 픽셀 당 고정가인 1,001샌드로 판매했고 샌드 가치가 오를수록 픽셀 가격도 덩달아 올랐죠. 2022년 2월, 오픈시에서 사용자들 간의 2차 거래 시 이더리움 3~5이더ETH로 거래됐습니다. 가장 낮게 잡아도 한화로 약 1,500만 원입니다. 정가 판매한 프리 세일 가격 대비 무려 300배가 올랐죠. 이렇다 보니 랜드 정기 판매 시 2~3초 만에 랜드가 매진되는 사태가 벌어졌고 랜드를 빠르게 구입하기 위한 클릭봇까지 등장할 정도로 광풍이 불었습니다."

현실 세계에서는 땅의 소유권을 입증하는 땅문서가 있다면 더샌드박스 랜드는 NFT가 이를 대신한다. NFT는 일종의 소유권 증명서 역할이다. 2022년 4월 기준, 더샌드박스는 약 1만 4,000명의 랜드 소유권자를 보유했으며 70%의 가상 부동산을 모두 판매했다.

더샌드박스 랜드 가치가 급상승한 데는 네 가지 요인이 작용했다.

첫 번째, 더샌드박스가 랜드 NFT의 유용성을 높이는 전략으로 활용처를 다양하게 기획했다. 가상의 땅 소유권자인 랜드 홀더는 랜드만 구매하고 끝나는 게 아니라 현실에서 땅을 사서 집을 짓는 것처럼 랜드 위에 콘텐츠를 만들 수 있고 다른 이에게 랜드를 임대할 수도 있다. 랜드를 예치하면 또 하나의 보너스 자산도 발생하는 것이다. 더샌드박스 랜드 소유는 하나의 멤버십으로도 작용한다. 랜드 홀더들에게 해외 유명 래퍼 스눕독이 개최하는 프라이빗 파티에 초대되는 권한을 주거나 알파 시즌에는 체험권을 우선 제공하는 등 소속감을 불러일으킬 혜택을 다양하게 제공한 것이다.

두 번째는 삼성, LG와 같은 국내 전통 대기업이 시리즈 B 투자자로 적극적으로 나선 점이다. 이런 대기업들이 더샌드박스 메타버스에 투자를 집행한 것 자체가 더샌드박스 프로젝트에 대한 신뢰도와 성장 가능성을 보여 준 증거다.

세 번째는 메타버스에 합류한 파트너들이다. 스눕독, 워너뮤직그룹, 큐브엔터테인먼트, 스컬 앤 쿤타, 데드마우스, 스티브 아오키, 리치 호틴, 시프트업, 유비소프트, 아타리, 아디다스, K리그, 제페토, 뽀로로, 워킹데드, 스머프, 케어베어, 크립토키티 등 게임 업체뿐만 아니라 엔터테인먼트, 스포츠, 아티스트를 포함한 국내외 200여 개 파트너가 더샌드박스 프로젝트에 참여해 메타버스 생태계를 확대했다.

마지막 네 번째는 2021년 11월 알파 시즌 출시 당시, 페이스북이 메타버스 출사표를 던지며 전 세계적으로 메타버스 열풍이 거세

진 시기와 잘 맞아떨어졌다.

이 네 가지가 모두 수레바퀴처럼 맞물려 랜드 가치 상승에 영향을 주었다. 물론 이는 더샌드박스가 미리 메타버스 생태계를 단단히 구축했기에 가능했다. 2022년 5월 기준, 더샌드박스 가입자는 300만 명에 도달했으며, 2022년 말까지 1,000만 명 유치가 목표다.

웹 3.0 메타버스를 이끄는 주역, 이요한 이사가 현장에서 터득한 NFT vs 인터넷 기반 콘텐츠의 차이!

더샌드박스의 핵심은 콘텐츠다. 사용자 제작 콘텐츠 플랫폼이기에 크리에이터 유치를 높이기 위해서는 NFT와 메타버스 개념에 대한 정확한 이해와 확산이 선행돼야 했다. 2019년 더샌드박스에 합류한 이요한 이사는 2021년 국내 시장에 메타버스 열풍이 불기 전인, 2020년 초부터 시장보다 두세 걸음 앞서 NFT와 메타버스를 국내에 전파하는 웹 3.0 선구자 역할을 도맡았다. 그리고 메타버스를

	NFT 기반 웹 3.0 콘텐츠	인터넷 기반 웹 2.0 콘텐츠
속성	• 디지털적으로 특수하며 복제될 수 없다.	• 모든 파일들이 원본과 동일하다.
소유권	• 모든 NFT는 소유자가 있다. • 기록이 개방돼 누구나 정보 확인이 가능하다.	• 디지털 아이템 소유권이 특정 기관의 서버에 기록돼 제3자가 관리, 소유한다.
권한	• NFT 콘텐츠 원작자 혹은 소유자는 자유롭게 자신의 NFT를 판매할 수 있다.	• 콘텐츠 원작자 혹은 소유자는 특정 플랫폼을 통해서만 유통할 수 있다. • 플랫폼의 이용약관과 규제 제한을 받는다.
수익	• NFT 콘텐츠 원작자 혹은 소유자는 판매한 NFT 수익을 온전히 가져간다.	• 콘텐츠 판매 시, 유통 플랫폼이 원작자에 비해 더 큰 수익을 가져간다.

출처: 『넥스트 NFT 레볼루션2』, 정재환, 이요한, 이선민, 더퀘스트, 2022

이끄는 글로벌 선두 기업의 리더답게 NFT 기반 웹 3.0 콘텐츠와 인터넷 기반 웹 2.0 콘텐츠의 차이를 비즈니스를 통해 직접 터득하고 이를 '속성', '소유권', '권한', '수익' 네 가지로 나눠 정리했다.

먼저 NFT 기반 웹 3.0 콘텐츠는 디지털적으로 특수하며 복제될 수 없다는 속성을 지닌다. NFT(Non-Fungible Token, 대체 불가능한 토큰)란 이름처럼 희소성을 갖는다. 반면 인터넷 기반 웹 2.0 콘텐츠는 모든 파일이 원본과 동일하다는 속성을 가진다. 진본이라는 것을 증명할 수 없으며 이로 인해 희소성의 가치도 매길 수 없다.

소유권 측면에서 보면 NFT 기반 웹 3.0 콘텐츠는 소유자가 존재하고 기록이 개방돼 누구나 소유권 이력을 확인할 수 있다. 인터넷 기반 웹 2.0 콘텐츠는 소유권이 특정 기관의 서버에 기록돼 제3자가 관리하고 소유한다.

NFT 콘텐츠의 원작자 혹은 소유자는 소유권이 보장돼 자유롭게 자신의 NFT를 거래할 수 있고 수익 또한 온전히 가져간다. 반면, 인터넷 기반 웹 2.0 콘텐츠는 원작자 혹은 소유자라 할지라도 특정 플랫폼을 통해서만 유통할 수 있다. 플랫폼의 이용약관과 규제 제한도 받는다. 수익 역시 유통 플랫폼이 원작자에 비해 훨씬 더 크다.

"NFT를 발행하고 거래한다는 건 웹 3.0이 지향하는 탈중앙화 운동에 참여하는 것과 같습니다. 단기적 투자나 신기루가 아니란 뜻이죠. 이렇게 NFT를 탈중앙화 비전에 참여하는 방식이라 생각하면 NFT의 장기적 가치를 더욱 깊고 넓게 발견할 수 있을 것입니다."

웹 2.0 시대를 주도한 중앙화된 기업이나 국가는 이런 탈중앙화된 웹 3.0 생태계가 달갑지 않을 것이다. 하지만 웹 3.0은 블록체인 속성 자체가 개인에 맞춰져 있기에 특정 국가의 통제가 어렵다는 것이 강점이다. 예를 들어 금은 유통 플랫폼이 제한적이기에 국가 규제로 막을 수 있다. 하지만 비트코인은 전 세계 거래소가 탈중앙적으로 이뤄졌다. 미국이 규제를 하더라도 다른 나라에서 허용하면 거래할 수 있다. 여기서 중요한 건 참여의 주체가 국가나 기관이 아니라 개인이라는 점이다. 블록체인의 시작은 탈중앙화와 자기 주권을 지키기 위함이었다. 이런 철학을 바탕으로 개인에게 지속적으로 소유권을 주고 이를 글로벌하게 확산하기 위해 끊임없이 노력하는 것이다.

순전히 한 몫을 얻기 위해 웹 3.0에 동참하는 기업들은 오래 가

지 못할 것이다. 장기적으로 탈중앙화 가치를 지속하는 곳만이 웹 3.0 시대에 살아남는 기업이 될 수 있다. 이요한 이사는 한국이 과연 블록체인 강국이 될 수 있는가를 묻는 건 의미가 없다고 말한다. 블록체인 시작이 특정 기관이나 국가의 강화가 아니기 때문이다. 블록체인 기술 강국은 좋은 캐치프레이즈가 될 수는 있지만, 본질은 그게 아니다. 누구나 어디서든 독점하지 않는 생태계를 이루는 것이 웹 3.0이 지향하는 개방화된 세상이며 블록체인은 이를 뒷받침할 중요한 기술이다.

더샌드박스 최종 목표, 개인 게임 IP의 시대를 이루다!

더샌드박스의 궁극적인 목표는 개인 게임 IP의 시대를 이루는 것이다. NFT이기에 가능한 비전이다. '개인 게임 IP의 시대'를 다르게 말하면 NFT와 사용자 제작 콘텐츠, 그리고 IP의 만남이다. 이

세 가지가 시너지가 생기면 개인이 자기만의 IP를 구축할 수 있는 시대가 오는 것이다.

"10년 전만 해도 유튜브에 수준 높은 영상 콘텐츠가 올라올 거라 예상하지 못했습니다. 처음에는 거의 홈비디오 수준에 불과했으니까요. 그런데 지금은 연예인들도 각자의 유튜브 채널을 운영합니다. 재미있는 콘텐츠들을 전문가가 아닌 일반인들이 만들고 있는 것이죠. 이처럼 앞으로 5년, 10년 후에는 개인이 만든 게임이 흥행하는 시대가 올 것이고 그 꿈을 펼칠 메타버스는 바로 더샌드박스가 될 것입니다."

메타버스는 크리에이터 임파워먼트empowerment, 역량 강화로 참여하는 사람들이 보상을 가져간다. 결국 자신이 기여하는 대로, 또 각자의 합의 하에 협력하는 대로 사회가 조성된다. 더샌드박스가 디지털 사회로 만드는 것이 아니다. 메타버스의 주체는 크리에이터, 게이머, 랜드 홀더와 같이 각자의 역할대로 콘텐츠를 창작하는 참여자들이다. 그래서 더샌드박스가 크리에이터 발굴과 유치에 적극적인 것이다.

그렇다면 이제 웹 3.0 시대에 올라타기 위해서는 어떤 준비를 해야 할까. 이요한 이사는 기존 사회에서 익숙한 시스템들에 반문하는 습관을 가지라고 조언했다. 이는 웹 3.0뿐만 아니라 사회 문제점을 발견하고 해결하는 스타트업 정신이기도 하다.

"웹 3.0 정신은 기존 사회에서 당연시한 것들에 대해 주권을 확보하는 것입니다. 웹 3.0 시대를 살아갈 우리에게 가장 중요한 정신이자 태도죠. 유튜브 채널을 운영하면서 플랫폼이 40% 수수료를 갖는 것이 당연하다고 생각할 수 있는데, 이게 왜 당연한지, 정당한 콘텐츠 소유권에 대해 반문할 수 있어야 합니다. 기존 생각은 모두 버리고 새로운 시각으로 웹 3.0을 바라봐야 합니다. 그러기 위해서는 현실에 순응하지 않는 자세가 중요합니다."

기존 시장은 기득권의 놀이터였기에 애초부터 일반인들이 투자에 참여할 방법 자체가 없었다. 웹 3.0 시장 역시 VC들의 놀이터라 생각할 수 있다. 하지만 웹 3.0 시장 자체가 초기 단계고, 물론 VC보다는 늦겠지만 일반인도 기존 시장보다는 빠르게 진입할 좋은 기회의 장이다.

이요한 이사 역시 이런 생각으로 웹 3.0 시장에 합류했다. 기존 시스템은 이미 정해진 가이드라인이 있어 이에 맞춰야 한다. 웹 3.0 시장은 다르다. 초기 산업이기에 내가 이끄는 방식이 새로운 가이드라인이 될 수 있었고 이런 높은 자율도가 큰 동기부여가 된다.

"지금의 기술로 웹 3.0 시대의 탈중앙화를 이룬다면, 현실의 탈중앙화에도 분명히 영향을 끼치리라 생각합니다. 과거 서양에서는 계몽주의 사상과 인쇄술이라는 기술이 밑받침돼 종교 개혁이 이뤄졌고 민주주의도 발생했죠. 결국 웹 3.0의 기술 발전이 기존 중앙화된 시스템을 붕괴시켜 현실의 탈중앙화까지 영향을 줄 것입니다. 그 중 NFT는 인터넷 콘텐츠 탈중앙화에 대한 도전이자 새로운 가치에 대한 평가 실험이라 봅니다. 우리 현실은 모든 게 다 가치가 정해져 있습니다. 그런데 이 가치는 우리가 정한 것이 아닙니다. NFT

는 우리가 합의해 가치를 정하는 첫 도전입니다. 그렇기에 NFT가 거품이다 아니다는 무의미합니다. 웹 3.0 시대의 소유란 NFT로 자신이 온라인상에서 하는 모든 활동에 가치가 매겨질 수 있다는 것을 뜻합니다. 여러분도 더샌드박스와 함께 웹 3.0 시대에서 가치를 재창조하는 새로운 기회를 잡아보시길 바랍니다."

02

용감한 크리에이터들에게 새로운 기회의 땅을 제공하다!

메타버스계의 유튜브, 레드브릭

메타버스는 가상 세계를 구현하는 기술만 있으면 만들 수 있다. 하지만 웹 2.0시대의 유튜브나 틱톡처럼 사용자들이 콘텐츠 창작 활동을 즐기며 오랜 시간 머물기 위해서는 그 플랫폼만이 갖는 특별한 매력이 존재해야 한다. 웹 3.0도 사용자들을 이끄는 콘텐츠 창작과 커뮤니티가 무엇보다 중요하며 이렇게 인기 플랫폼이 되면 메타버스 산업을 주도할 수 있다. 이 점이 바로 내로라하는 국내외 기업들이 사용자들이 마음껏 창작하고 소통하는 메타버스 플랫폼 구축에 열을 올리는 이유다.

최근 메타버스 분야에서 눈여겨봐야 할 기대주가 있다. '메타버스계의 유튜브, 틱톡'을 지향하는 레드브릭이다. 유튜브나 틱톡에서 숏폼 영상을 손쉽게 제작해 사용자들과 공유하고, 수익을 얻는 것처럼, 레드브릭은 누구나 쉽고 재미있게 소프트웨어를 창작하고 소

통하며 유통과 수익화까지 원스톱으로 제공하는 메타버스 창작 플랫폼 서비스를 완성시켜 나가고 있다. 이른바 창작하며 수익을 내는 메타버스 내 'C2E Create To Earn' 모델을 현실화하는 것이다.

2022년 6월 기준, 가입 크리에이터 수 약 13만 명 평균 이용 시간은 약 40분이다. 크리에이터 터의 평균 나이는 14.5세 창작 콘텐츠는 수는 약 48만 개다. 현재까지 누적 투자 유치 금액은 약 54억 원. 2021년 6월, 스프링캠프, 캡스톤파트너스, 대교인베스트먼트, F&F파트너스 등으로부터 30억 원의 시리즈 A 투자를 유치했으며 2022년 시리즈 B 투자는 약 180~200억 원 대의 펀딩이 완료 단계다.

3.0시대 소프트웨어 창작의 대중화를 이끌다!

'레드브릭Redbrick'은 지난 2018년 9월에 설립된 소프트웨어 창작 플랫폼 위즈스쿨WizSchool의 새로운 이름이다. '메타버스 크리에이터들에게 새로운 기회의 땅을 제공한다'는 더 넓고 큰 미션에 도전장을 내고 2021년 10월, 사명을 변경했다.

레드브릭의 양영모 대표는 서울대학교 공학 석사 학위를 취득한 뒤, 중국의 네이버라 불리는 바이두와 삼성전자에서 소프트웨어 개발자로 근무했다. 세계 최고 기업의 개발자 출신답게 소프트웨어 창작이 이제 전문가만의 영역이 아닌 대중화가 될 것이라는 시대 흐름을 재빨리 읽었다.

"회사 설립 당시, 알파고가 세계 최고수인 이세돌과의 바둑 대국에서 우승하면서 AI를 바라보는 시각이 크게 바뀌었습니다. 이를 기점으로 4차산업혁명의 성장이 가속화됐고 국내 학교 정규 과목에 코딩이 포함되는 등 '코딩 교육'이 핫키워드로 떠올랐죠. 웹 3.0 시대는 이제 '누구나, 어디서나' 소프트웨어를 창작하고 그 안에서 새로운 가치를 창출하는 세상이 될 거라는 확신에 첫 출발을 소프트웨어 창작 교육부터 시작했습니다."

하지만 문제는 소프트웨어 창작이 비전공자에게는 어렵다는 높은 진입 장벽이었다. 당시 국내 코딩 교육은 단순히 '교육'에만 초점이 맞춰져 있었다. 숏폼 콘텐츠를 일상에서 즐기며 놀기 위해 만드는 알파 세대들에게는 지루할 수밖에 없었다. 양 대표가 바라는 '누구나, 어디서나' 소프트웨어를 창작하며 놀 수 있는 세상을 만들기 위해서는 이를 해결할 혁신적인 기술이 필요했다.

"메타버스에서 자신만의 월드를 창작하기 위해서는 프로그래밍이 중요합니다. 프로그래밍이 되어야만 오브젝트 간의 상호작용을 만들 수 있죠. 그런데 문제는 프로그래밍이 어렵다는 것입니다. 그래서 먼저 소프트웨어 창작의 허들을 낮추는 핵심 기술을 구축하고 이를 바탕으로 소프트웨어 교육부터 공유, 유통, 수익화까지 원스톱으로 할 수 있는 플랫폼과 다양한 소프트웨어 교육 서비스들을 만드는 데 집중했습니다."

레드브릭이 창업 3년 만에 메타버스 플랫폼 크리에이터 13만 명이라는 좋은 성과를 낼 수 있었던 건 처음부터 일반 코딩 교육 기업과는 다른 길을 걸었기 때문이다. 그 차별화는 바로 소프트웨어 창작의 본질에 있다.

"창작의 즐거움과 성취감을 주고 그 과정에서 프로그래밍을 자연스럽게 습득할 수 있는 엔진 개발에 중점을 두었습니다. 보통 코딩할 때 먼저 배워야 할 것들이 많고, 잦은 오류에 대한 불편도 큽니다. 그래서 저희는 이런 문제점들을 혁신적으로 해결해 만든 것이 바로 차세대 블록코딩 OOBCObject Oriented Block Coding죠. 초보자도 어떤 기기에서든 터치 몇 번 만으로 간단한 게임을 만들 수 있는 신기술입니다."

이렇게 레드브릭은 기존의 복잡하고 어려운 코딩 과정을 교육·

Creator	Player	Educator
회원 크리에이터	MAU	인증 에듀케이터
130,532명	70,356명	230명
콘텐츠 창작	평균 이용 시간	최고 튜터 수익
485,275개	40분	월 400만

창작·공유라는 원스톱 솔루션이 가능한 기술을 확보하는 것으로
시간과 기술, 비용 모든 측면에서 진입 장벽을 혁신적으로 낮췄다.
이런 기술을 활용해 누구나 자유롭게 소프트웨어를 창작하고 공유
하는 메타버스 플랫폼 레드브릭WizLab과 전문 튜터에게 1:1 또는 1:4
로 듣는 라이브 소프트웨어 교육 서비스 위즈라이브WizLive, AI 튜터
로 누구나 쉽게 소프트웨어 창작을 배울 수 있는 교육 서비스 위즈
클래스WizClass까지 크게 세 가지 서비스를 선보였고 국내 소프트웨
어 창작 교육의 새로운 방향을 제시했다.

기존 소프트웨어 창작의 한계를 뛰어넘은
레드브릭만의 혁신 기술!

양 대표는 '누구나, 어디서나' 가능한 소프트웨어 창작 생태계
를 구축하기 위해 두 가지 풀지 못한 숙제를 기술로 해결했다. 먼

저 '누구나' 소프트웨어를 창작하는 기술은 AI, 컴파일러Compiler, OOBCObject Oriented Block Coding로, 그리고 '어디서나' 소프트웨어를 창작할 수 있는 기술은 Web RTCReal-Time Communication, Cloud IDEIntegrated Development Environment로 풀어냈다.

이중 아이들도 소프트웨어 창작을 쉽게 할 수 있도록 돕는 차세대 블록코딩 OOBCObject Oriented Block Coding가 핵심 기술이다. 소프트웨어 창작에 최적화된 블록코딩 빌더인 OOBC는 진화된 블록코딩 언어를 말한다. 기존 비전공자에게는 어렵고 복잡했던 프로그래밍 언어가 'Go', 'Right'와 같은 자연어 문장 구조와 유사해 학습이 쉽고 직관적으로 활용할 수 있다는 것이 장점이다.

레드브릭 플랫폼에서는 간단한 회원 가입을 마치면 블록코딩 OOBC를 체험해 볼 수 있다. '불꽃 몬스터의 공격', '핼러윈 마녀의 모험', '라이트 볼을 찾아라'처럼 흥미를 유발하는 스토리 기반의 단계별 블록코딩 교육 서비스를 제공한다. 사용자에게 미션을 주고 이를 프로그래밍으로 어떻게 해결할 수 있는지를 놀면서 배울 수

초급 단계의 코딩 교육을 받을 수 있는 '불꽃 몬스터의 공격(OOBC)'

있게 하는 자기주도적 커리큘럼이다. 테마에 따라 주어진 미션을 하나하나 수행하다 보면 저절로 코딩을 익힐 수 있고 소프트웨어 창작의 본질 중 하나인 성취감까지 얻게 된다. 이렇게 코딩을 익힌 뒤 플랫폼 내에 '3D 월드 제작하기'나 'CREATE'에 들어가 레드브릭 3D 스튜디오에서 제공하는 다양한 툴을 통해 나만의 월드를 자유롭게 창작할 수 있다.

"블록코딩 엔진을 만들 때 두 가지 충족 기준을 설정했습니다. 첫 번째는 PC부터 모바일, 패드 등 모든 기기나 안드로이드, IOS 등 모든 운영체제에서 실행돼야 한다는 점입니다. 그래야 10대 사용자가 언제 어디서나, 혹은 소파에 누워서도 아이패드로 메타버스 공간을 만들고 친구를 초대해 바로 함께 뛰어놀며 콘텐츠를 소비할 수 있으니까요. 두 번째는 간단한 터치 방식으로 모든 프로그래밍이 가능해야 하며, 동시에 메타버스에서 필요한 모든 기능이 다 있어야 한다는 점입니다."

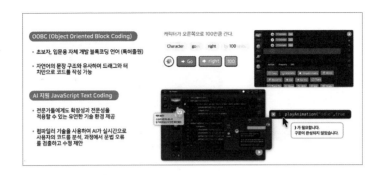

OOBC는 이를 모두 충족시킨 시킨 차세대 블록코딩이다. 과거에는 대학에서 프로그래밍 전문 교육을 이수해야지만 소프트웨어 창작이 가능했지만, 지금은 이렇게 레드브릭 플랫폼을 활용하면 일상에서 스마트폰을 가지고 침대에 누워 게임처럼 놀면서 터치만으로도 프로그래밍을 할 수 있다.

또 AI 튜터 시스템도 구축했다. AI 기술로 사용자가 입력한 코드를 수집, 분석해 실시간 피드백을 제공하며, AI 튜터에게 코드에 대해 질문하고 답변도 받을 수 있다. AI 기술이 사용자의 학습 현황을 파악하고 맞춤형 수업을 진행하기 때문에 에러 발생 시 이를 해결하지 못해 불편함을 겪거나 포기하는 일들을 막아준다. 또 동시에 튜터 부족 문제까지 해결했다.

컴파일러 코드 분석도 중요한 역할을 한다. 컴파일러compiler는 코드를 분석해서 그 정보를 모두 가지고 있는 툴을 말하는데, 창작자들이 어떤 어려움을 가지고 있고 어떤 도움을 줘야 하는지를 파악하는 핵심 기반이 된다. 이런 컴파일러 기반 코드 분석을 통해 사람이 이해할 수 있게 작성한 코드를 컴퓨터가 이해할 수 있는 기계

언어로 변환하고, 이 과정에서 문법 오류를 검출해 학습 상황에서 요구하는 코드를 잘 작성했는지 확인도 가능하다.

Web RTC Real-Time Communication는 실시간 커뮤니케이션 기능을 제공하는 기술이다. 사용자들은 실시간으로 각종 데이터를 공유하며, 이를 바탕으로 소프트웨어 수업을 하거나 협업 프로젝트를 수행할 수 있다. 클라우드 컴퓨팅 기반 IDE는 복잡한 프로그램 설치나 환경 설정이 필요 없고, 언제 어디서나 바로 소프트웨어를 창작하고 공유할 수 있는 기술이다. 2D/3D 게임 엔진이 내장돼있고, 다양한 리소스를 기본 제공해 손쉽게 양질의 소프트웨어를 창작할 수 있다.

2022년, 2D에서 3D 메타버스 창작 플랫폼으로 도약하다!

이렇게 양 대표는 '누구나, 어디에서나' 소프트웨어 창작이 가능하다는 가설을 증명하기 위해 초기 2D 엔진 기반의 소프트웨어 창작 플랫폼을 개발하고 교육 콘텐츠를 만들었다. 먼저 교육을 통해 과연 제트Z, 알파 세대가 실제 소프트웨어 창작이 가능한지를 검증 하기 위해서였다. 결과는 매우 성공적이었다. 회사 매출도 이에 따 라 빠르게 증가했다.

"2021년 초부터, 게임 엔진이 2D에서 3D로 넘어가는 추세였습 니다. 그리고 이때 등장한 것이 바로 메타버스라는 키워드죠. 레드 브릭은 단순히 메타버스라는 트렌드를 따라 사업 방향을 전환한 것 이 아닙니다. 이전부터 크리에이터들을 양성하고 창작물을 유통, 수 익화까지 가는 큰 그림을 준비하고 있었고 레드브릭이 지향하는 사 업 방향이 메타버스로 잘 맞아떨어진 것이죠."

메타버스는 결국 가상 세계이고, 여기서 사람들이 활발히 활 동하려면 좋은 콘텐츠가 필요하다. 그 콘텐츠를 누가 만들 것인가 가 중요한데, 웹 2.0시대를 봤을 때 틱톡, 유튜브, 로블록스, 페이스 북 등 인기 플랫폼들은 대부분 사용자 제작 콘텐츠가 기반이다. 웹 3.0 메타버스에서도 사용자들이 직접 콘텐츠를 만들고 놀 수 있는 환경을 제공하는 것이 승패를 좌우하는 열쇠가 된다.

레드브릭은 교육에서 출발했기에 양질의 크리에이터를 양성하 는 단단한 밑바탕을 갖췄다. 또 누구나 소프트웨어를 창작할 수 있 는 3D 엔진을 제공, 더 나아가 창작물을 사용자들과 공유하고 유 통, 수익화까지 할 수 있는 환경을 차곡차곡 구축했기에 메타버스 시대와 딱 맞아떨어진 것이다.

레드브릭은 2022년 6월 기준, 크리에이터 약 13만 명을 돌파했다. 이들이 개발한 콘텐츠 수는 48만 개에 달한다. 크리에이터 평균 연령은 14.5세였지만 최근 3D 메타버스 엔진과 함께 크리에이터 챌린지 등의 행사를 진행하면서 대학생이나 취업준비생 등 20대 이용자들도 크게 늘었다. 앞으로 2022년 말까지 글로벌 창작자 50만 명, 튜터 2천 명, 목표로 하며, 2023년은 글로벌 창작자 200만 명, 튜터 1만 명, 사용자 1억 명을 달성할 계획이다.

IP 기업과의 협업을 통해 글로벌로 뻗어나가다!

레드브릭의 비즈니스 모델은 현재 크게 두 가지다. B2B 방식으로 크리에이터를 양성하는 소프트웨어 교육 서비스를 제공하고 B2C로 레드브릭 플랫폼 사용자들이 마켓 플레이스에 창작물을 유통하면서 거래 수수료를 얻는다.

레드브릭은 본래부터 교육을 통해 완성한 소프트웨어 창작을 넘어 다른 사람들과 공유하고 유통할 수 있는 플랫폼을 지향해왔으며 이런 혁신 기술과 서비스를 기반으로 대기업들과의 협업도 활발히 진행했다.

대표적으로 대교에듀캠프, 삼성드림클래스, 삼성청년SW아카데미, 바인그룹 등이 있으며, 특히 2021년부터 마이크로소프트와 협업으로 인천광역시 교육청 소속 약 512개 학교에 MOOC^{Massive Open Online Course, 온라인 공개 수업} 기반의 소프트웨어 교육 서비스를 제

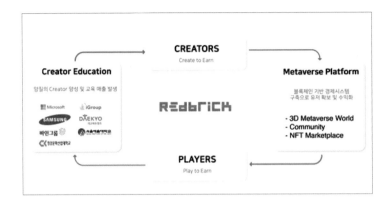

공한다. 이를 통해 인천의 초·중·고등학교 학생 모두가 레드브릭의 소프트웨어 교육 서비스를 받고 있다.

"2022년에는 인천교육청 사업을 잘 성공시키는 것이 목표입니다. 이후 해외 교육청으로 사업을 확대할 계획입니다. IP기업들과 협업을 통해 해외 공교육에 투입될 수 있다면 플랫폼 확산에 큰 도움이 될 것입니다."

사교육 역시 국내를 넘어 글로벌을 바라보고 있다. 글로벌 기업인 iGroup과 애니메이션 캐릭터인 '아톰'으로 잘 알려진 데츠카 오시무 프로덕션의 아스트로 보이astro boy 캐릭터를 활용한 일본 진출도 성사시켰다. 디지털 IP 엔터테인먼트 기업 IPX前 라인프렌즈와 협업을 통해 글로벌 진출을 진행할 예정이다.

"레드브릭 플랫폼 관점에서는 교육이 굉장히 중요한 트래픽을 생성하는 루트로 보고 있습니다. 학교 공교육을 통해 레드브릭 교육 서비스를 제공하면 아이들이 어려서부터 소프트웨어 창작을 놀이처럼 쉽게 배울 수 있죠. 그리고 집에서 놀 때도 레드브릭 플랫폼

을 통해 콘텐츠를 소비하는 것입니다. 아이들이 학교 수업 중과 후 모든 일상을 레드브릭과 함께 하는 시대를 앞당기기 위해 노력하고 있습니다."

레드브릭이 로블록스와 차별화된 점은 모든 기술이 웹 기반이라는 점이다. 이는 사용자들의 접근성을 높이며 모든 장치에 호환이 가능해 다른 IP기업들과도 협업하기도 좋다는 강점이 있다. 하지만 이를 위해서는 한 가지 단점을 극복해야 하는데, 바로 웹 기반에서 올 수 있는 퍼포먼스 이슈다. 웹 기반 최적화를 완벽히 실현시켜 메타버스 월드에서 로블록스나 제페토 만큼의 성능을 내는 것이 핵심이자 기술의 난관이다. 그래서 레드브릭은 여기에 많은 투자를 하고 있다.

메타버스에 NFT를 더해
'크리에이터 이코노미'를 실현시키다!

크리에이터 이코노미의 시대다. 세계적인 메타버스 회사인 로블록스에는 자사 플랫폼에서 게임을 만드는 크리에이터만 800만 명 이상이다. 2021년까지 이들에게 제공된 수익은 2억 달러에 달하고, 상위 300명은 10만 달러 이상의 수익을 올렸다. 국내 메타버스 서비스인 제페토에도 다양한 크리에이터가 활동 중이고, 억대의 수익을 얻고 있는 창작자들이 나오고 있다. 크리에이터 이코노미, 혹은 창작하며 돈을 버는 메타버스 'C2E^{Create To Earn}' 모델은 4차 산업혁명 성패를 좌우할 모델로 꼽힌다. 2021년 정부가 발표한 '미래 유망 신직업 발굴 및 활성화 방안'에 '메타버스 크리에이터에 대한 발굴과 지원책'이 담긴 것도 같은 맥락이다.

레드브릭 역시 크리에이터 이코노미 실현을 위해 매달 크리에이터 챌린지를 활발히 진행 중이다. 시즌1에서는 참여자 수 4만 5,000여 명이 출품작 250여 개를 선보였으며, 시즌2에서는 6만 5,000여 명의 참여자가 933개의 출품작을 내놓았다. 이중 우수 작품 16개는 2021년 세계적인 게임 전시회인 지스타에 전시되기도 했다.

"레드브릭 플랫폼에서는 매월 챌린지를 진행합니다. 챌린지를 통해 크리에이터 10명을 선정해 총 상금 1,000만 원, 1인당 100만 원씩 지급하죠. 선정 작품은 디지털 자산으로 투자 또는 매매도 할 수 있습니다. 또 챌린지에서 우승한 디지털 작품은 NFT 민팅^{Minting,} _{그림이나 영상 등 디지털 자산의 NFT를 생성하는 것}화 해 레드브릭 내 NFT 시스

템 도입 후 사용할 수 있도록 경제 시스템을 구축할 계획입니다."

레드브릭은 크리에이터 양성과 활성화를 넘어 수익화까지 이루는 '크리에이터 이코노미'를 목표로 한다. 현재 크리에이터 수익화 형성에 기반이 될 마켓 플레이스부터 아바타 시스템, 랜드 시스템을 구축하기 시작했고 2022년부터는 본격적으로 우수작으로 선정된 작품을 NFT로 발행할 기회도 준다.

그리고 2022년 하반기부터 크리에이터 수익화 모델로 광고 분야도 본격화할 예정이다. 크리에이터들이 자신의 메타버스 월드에 사진, 영상 등의 광고를 쉽게 삽입해 수익을 낼 수 있는 특허 기술이다. 레드브릭은 앞으로도 지속적으로 크리에이터 이코노미를 실현시킬 다양한 장치들을 꾸준히 선보일 계획이다.

웹 3.0시대, 용감한 크리에이터들에게 새로운 기회의 땅을 제공하다!

양 대표가 처음 프로그래밍을 접한 건 초등학교 5학년 때다. 1990년도 초반 당시에도 컴퓨터에 게임을 창작하는 프로그램이 있었고 호기심에 처음 게임을 만들었다. 물론 오류가 있었지만, 부분적으로나마 동작하는 것이 신기했다. 이를 계기로 컴퓨터에 푹 빠져 살았다. 프로그래밍은 알면 알수록 신기했다. 새로운 것을 창작하는 재미와 즐거움, 성취감이 그 무엇보다 컸다. 직접 만든 창작물을 누군가가 사용한다면 의미가 더 클 것 같다는 생각에 소프트웨어 개발자가 됐고 이제는 누구나, 어디에서든 소프트웨어를 창작할 수 있는 생태계를 만들기 위해 노력 중이다.

"저와 같은 경험을 누군가는 또 했으면 좋겠다는 생각이 들었습니다. 특히 아이들에게 그 경험을 선물하고 싶었죠. 이제 개발자뿐만 아니라 메타버스 속 자신의 세계 자체가 또 하나의 직업이라 봅니다. 물론 각자의 꿈이 있겠지만 '용감한 크리에이터를 위한 새로운 기회의 땅을 제공하다!'라는 레드브릭의 미션처럼 인생에 또 다른 기회를 만들어 준다는 것이 굉장히 보람 있는 일인 것 같습니다."

기업의 성공도 중요하지만, 누군가에게 또 하나의 기회와 선택을 준다는 것이 양 대표에게는 굉장히 의미가 크다고 말한다. 양 대표는 3년 후 레드브릭 크리에이터 1,000만 명을 목표로 하고 있다. 그의 말대로라면 1,000만 명의 직업이 새롭게 생기는 셈이다. 웹 2.0 시대에 유튜브와 틱톡이 크리에이터라는 새로운 산업을 일으키고 새로운 직업을 만들어 냈다면, 웹 3.0시대에는 레드브릭이 메타버스에서 새로운 직업을 만들어 내게 될 것이다.

하지만 이를 바라보는 부정적으로 보는 시각도 적지 않다. 양 대표는 확실한 서비스에 대한 가치와 그 가치를 행사할 수 있는 경제 시스템이 더해졌을 때 부정적인 시각이 많이 해소될 것이라고 본다. 웹 3.0 시대는 가상자산과 연결이 돼야 하고 언제가 됐든 블록체인과 합쳐질 수밖에 없는 구조다.

"웹 3.0시대에는 크리에이터들이 최대한 수익을 많이 가져가야 하고 그러기 위해서는 시스템 자체가 투명해야 합니다. 또 서비스도 글로벌로 나아가야 하죠. NFT는 디지털 자산과 소유권을 증명하는 것이고 이것들이 세트로 묶여야지만 메타버스가 의미가 있습니다. 그러기 위해서는 규제보다는 네거티브 시스템negative system, 법률에 명시된 사항만 위반하지 않으면 나머지 업무는 모두 허용하는 제도이 적합하다고 생각합니다."

레드브릭은 2021년 슬로건 '창작의 대중화'에 따라, 누구나 평등하게 소프트웨어 교육을 받는 기회의 장을 제공했다. 2022년은 누구나 메타버스에서 자유롭게 창작하며 경제적 활동을 할 수 있는 두 번째 새로운 기회의 장을 제공하는 것이 목표다.

"메타버스 혹은 웹 3.0 사업을 운영하다 보면 옛날 미국 서부 대개발을 연상시킵니다. 금광과 같이 부가 될 수 있는 자원은 많은데 이를 얻기 위해서는 곡괭이와 청바지가 필요하죠. 레드브릭은 그 곡괭이와 청바지를 잘 만드는 일을 하고 있습니다. 웹 3.0 시대에 새로운 기회를 선점하고 싶다면 먼저 도전하는 용기를 레드브릭에서 발휘해보시길 바랍니다."

03

웹 3.0 게임&메타버스 플랫폼 1위에 도전하다!

글로벌 디지털 혁신의 선도 기업,
컴투스

컴투스는 1999년 국내 최초로 모바일 게임을 서비스하고 2000년 세계 첫 휴대폰용 자바 게임을 개발하는 등 급변하는 디지털 시장 환경에서 과감한 혁신을 거듭했다. 그리고 2007년 국내 모바일 게임 업계 최초 코스닥 시장에 상장했다.

스마트폰이 발전하기 시작한 10여 년 전부터 글로벌 공략에 나선 컴투스는 해외 지사 설립 및 북미·유럽 시장 개척 등을 통해 다양한 노하우를 축적하며 글로벌 무대에서 강력한 경쟁력을 확보했다. 이렇게 모바일 게임의 역사와 함께 걸어온 컴투스는 세계 시장에서 인정받는 우수한 개발 능력, 글로벌 서비스 노하우, 비즈니스 포트폴리오 다각화 등을 바탕으로 이제 웹 3.0 게임 및 메타버스 플랫폼 1위라는 새로운 미션에 도전장을 던졌다.

여기에는 컴투스 송재준 대표의 철두철미한 시장 조사와 날카

로운 판단력이 크게 작용했다. 송 대표는 2021년 9월, 컴투스 웹 3.0 비전의 출범 전부터 웹 3.0의 기반이 되는 크립토 시장을 예의 주시하고 벤처캐피탈 크릿벤처스를 설립해 컴투스만의 블록체인 기반을 단단하게 구축했다. 발 빠른 글로벌 기업답게 2022년 4월, 크 릿벤처스의 미국 지사를 설립하고 캡스톤파트너스 출신의 오종욱 이사를 미국 지사 대표로 영입했다.

이와 동시에 약 6개월 만에 거버넌스 토큰인 C2X 발행과 크립 토 지갑, 가상자산 거래소, 그리고 메타버스까지 웹 3.0 게임 플랫 폼 생태계를 완벽하게 구현했다. 이로써 전 세계 사용자들이 웹 3.0 게임 플랫폼에서 게임을 즐기며 수익을 내고, 투표를 통해 권리도 행사할 수 있는 탈중앙화 시대가 본격적으로 도래했다. 이뿐만이 아니다. 컴투스 메타버스인 컴투버스와 제휴한 각 산업의 국내 대 표 기업 직원들은 컴투버스 내 가상 오피스에서 활발히 소통하며 경제부터 의료, 교육, 문화, 사회, 엔터테인먼트까지 모든 일상을 함게 하는 미래도 곧 실현될 예정이다.

컴투스 글로벌 웹 3.0 기업으로의 혁신은 모든 준비가 끝났다. FTX 벤처스와 점프 크립토, 애니모카 브랜즈, 갤럭시 인터랙티브 등 20여 곳의 해외 유명 블록체인 투자사들도 C2X 토큰에 투자하며 컴투스의 비전을 함께 하기로 했다. 글로벌 블록체인 업계에서 전문성과 신뢰성을 갖춘 해시드도 C2X 플랫폼 구축을 함께 도왔다. 이제 컴투스는 세계를 향한 도전보다는 개척이라는 단어가 더 어울리는 기업으로 빠르게 발돋움했다. 컴투스가 단기간에 이런 거대 웹 3.0 글로벌 프로젝트를 성공시킬 수 있었던 차별화된 전략에 대해 지금부터 샅샅이 알아보자.

웹 3.0 완벽한 피벗 전략 위해
디파이, 가상자산 거래소 투자부터 철저하게 밑바탕을 다지다!

컴투스 송재준 대표는 2020년 초부터 본격적으로 가상자산 시장의 흐름을 지켜봤다고 말한다.

"2020년 초까지는 암흑기였으나 중반부터 디파이의 TVL^{Total Value Locked, 예치 자산 규모}이 급속도로 증가했습니다. 당시까지만 해도 블록체인의 탈중앙화 개념은 좋으나 실제 사용 사례 부족에 대한 비판이 컸죠. 하지만 2020년 중반에 디파이의 가상자산 예치 규모가 제이커브를 그리며 급상승하는 흐름을 정확히 봤고 이 추세는

꺾기기 어렵다고 판단했습니다. 더이상 블록체인은 실체가 없다는 부정론이 나올 수 없는 상황이었고 이때부터 확신을 갖고 바로 움직이기 시작했습니다."

2022년 글로벌 가상자산 시장 규모가 2,000조 원을 넘겼다. 2019년에 비해 16배 넘게 성장했다. 국내 가상자산 투자자도 약 770만 명에 달한다.

송 대표는 가상자산 예치 양의 급속 성장 그래프를 보며, 현물 자산이 가상자산 쪽으로 빠르게 이동하는 타이밍이라고 판단했다. 그리고 2020년 여름부터 가상자산 거래소들을 적극적으로 만나기 시작했다.

"전통 금융 시장은 은행, 증권사, 자산운용사, 거래소, 예탁원 등등 많은 곳에서 그 역할을 담당합니다. 반면, 가상자산 금융은 이 모든 역할을 거래소 한 곳이 대신합니다. 이런 금융 생태계의 변화는 혁신 그 자체였기에 가상자산 거래소 투자를 감행하게 되었습니다."

컴투스는 국내 3대 가상자산 거래소인 코인원의 전략적 투자자로[5]로 2021년 4월부터 9월까지 총 세 차례의 지분 투자를 집행해 총 38.43%의 지분을 취득하며 코인원의 2대 주주가 됐다. 당시 코인원의 기업 가치는 2,400억 원이었으나, 최근에는 조 단위로 기업 가치를 평가받는다.

이렇게 컴투스의 웹 3.0 출발은 디파이 시장부터 공략하기 위해 가상자산 거래소 투자부터 시작했다. 이는 그 다음 단계인 웹 3.0

게임을 위해서다.

"웹 3.0은 디파이부터 시작됐고 그 다음은 게임입니다. 크게 금융, 게임, NFT 세 가지였는데, 2020년 말, NBA 스타의 디지털 카드 서비스 'NBA탑샷' NFT가 등장하며 소위 대박을 쳤죠. 글로벌 NFT 거래소 '오픈시'의 거래량도 제이커브를 그리며 가파르게 성장했습니다. 2020년 말, 가상자산 호황장과 NFT 유행이 동시에 온 거죠. 이 상황에서 2021년 3월, 엑시인피니티가 광풍을 몰고 이더리움 블록체인 기반의 P2E 게임 시장의 대표 주자로 떠올랐습니다. 컴투스는 이런 시장의 상황을 지켜보며 단단한 웹 3.0 생태계 구축을 위해 가상자산 거래소 투자부터 준비한 것입니다."

컴투스는 게임을 웹 3.0으로 옮길 적절한 타이밍을 계속 주시했고 2021년 9월, 과감한 결단을 내렸다. 더이상 두고 볼 필요가 없었다. 기존 개발 중인 신작 게임을 모두 내려놓고 회사 전력을 웹 3.0 프로젝트로 전부 이동했다. 완전한 피버팅Pivoting, 사업방향전환이었다. 큰 전통 게임 회사 중 이렇게 전면적으로 웹 3.0 피버팅을 한 회사가 없다. 컴투스는 2021년 9월, 웹 3.0 팀을 대대적으로 새롭게 구성하고 본격적으로 거버넌스 토큰인 C2X 설계 작업에 돌입했다. 컴투스 웹 3.0 출범을 알린 단 6개월 만인 2022년 2월 초, C2X 백서와 토큰이 발행됐고 3월, 글로벌 가상자산 거래소 FTX와 후오비 등에 상장하며 블록체인 생태계에 빠르게 자리매김했다.

4월, 컴투스가 웹 3.0 기반으로 출시한 게임은 기존 인기 게임을 웹 3.0 기반으로 업그레이드한 '서머너즈 워: 백년전쟁'과 신작 '크로메틱 소울' 두 가지였다. 크립토 지갑과의 연동을 법적으로 차단한 한국, 중국, 일본, 싱가포르 4개국을 제외하고 글로벌 서비스로 출시됐다. 특히 '서머너즈 워: 백년전쟁'은 글로벌 DAU^{Daily Active Users, 일일 이용자 수}가 이전 대비 400% 규모로 성장해, P2O 시스템이 게임의 재미를 더하고 참여 동기를 부여한다는 점을 입증했다.

여기서 잠깐!

게임이 웹 3.0 생태계로 갈 수밖에 없는 이유

기존 웹 2.0 게임은 재화나 아이템의 소유권이 게임 회사에 있다. 약관상 사용자에게 사용권만 허용하는 구조다. 때문에 사용자 간의 아이템 거래는 불법이다. 하지만 실상은 버젓이 아이템 거래가 활성화돼 있다. 아이러니하게도 아이템베이나 아이템매니아와 같은 국내 게임 아이템 중개 사이트 운영이 합법이다. 게임 회사는 아이템 소유권이 사용자가 아닌 회사에 있으니 거래를 불허하지만, 거래 사이트 운영이 합법이니 사용자들은 이곳에서 아이템을 거래한다. 게임 회사로서는 말도 안 되는 상황이다. 이런 구조의 국내 게임 시장에서 웹 3.0으로 간다는 것은 결국 사용자의 권한과 소유권을 보장한다는 탈중앙화, 탈독점화 철학을 실현하는 것이다. 사용자에게 소유권을 주고 권한을 강화한다는 긍정적인 방향인 것이다.

과거 웹 2.0이 웹1.0을 이긴 사례는 무수히 많다. 예를 들어 네이버 지식인이나 블로그만 해도 사용자가 직접 콘텐츠를 만든다. 웹 1.0처럼 플랫폼이 일방적으로 정보를 제공한다는 개념은 사라졌다. 실제 플랫폼에서 검색하면 사용자 스스로 만든 콘텐츠 양이 더 많고, 결과적으로 이를 더 찾아본다.

이는 웹 2.0이 웹 1.0을 이겼다는 의미다. 배달의 민족, 우버, 에어비앤

비가 웹 2.0 대표 사례다. 결국, 웹 2.0은 소비자이면서도 생산자인 프로컨슈머Proconsumer, 정보를 끊임없이 생산하고 소비하는 사람을 뜻하는 합성어가 성장을 이끌었다. 플랫폼은 단지 프로컨슈머가 콘텐츠를 공급할 최적의 환경만을 제공하면서 웹 2.0 시대를 잠식했다. 이는 불과 10년 안에 일어난 변화다. 문제는 여기서 중앙화, 독점화라는 부작용이 발생됐다는 점이다.

유튜브도 콘텐츠는 프로컨슈머가 만들고 광고비 일부를 공유하지만, 주주라 불리는 스톡홀더stockholder들이 가져간 부에 비하면 굉장히 적다. 배달의 민족과 우버도 마찬가지다. 사용자가 열심히 서비스를 공급했지만 더 어려워졌다는 얘기만 나오는 실정이다. 이런 불합리한 생태계를 한번 깨보자는 개념이 바로 웹 3.0 철학이다.

웹 2.0이 웹 1.0을 이겼듯이 웹 3.0이 웹 2.0을 구조상 이길 수밖에 없다. 웹 3.0의 프로토콜 경제에서 프로컨슈머들은 당연히 수수료만 받는 웹 2.0 플랫폼보다는 주식처럼 토큰을 받는 웹 3.0 플랫폼이 더 가치가 있기 때문이다."

프로토콜 경제Protocol Economy는 탈중앙화를 통해 여러 경제 주체를 연결하는 새로운 형태의 경제 모델로, 웹 2.0 플랫폼 경제의 대안으로 제시된다. 탈중앙화, 탈독점화를 추구해 플랫폼 경제의 독점적 비즈니스 환경과 그에 수반하는 문제점을 해결할 수 있는 방안이다. 예를 들어 유튜버가 웹 3.0 플랫폼으로 사용자에게 콘텐츠를 제공하면 토큰을 주고, 우버 드라이브도 드라이브 서비스를 제공하면 토큰을 받는 프로토콜 경제 시스템으로 설계되면 자연스럽게 웹 3.0으로 기울 수 밖에 없다.

이런 흐름이 게임 분야에도 똑같이 올 거라고 예상한다. A 게임은 아이템과 재화가 회사의 소유고, B 게임은 소유권을 사용자에게 준다면 선택은 뻔하다. 웹 3.0이 웹 2.0에 비해 규모의 경제나, 경쟁력을 아직 갖추고 있지 않았을 뿐이지 웹 3.0이 시대를 주도할 것은 분명하다. 모든 개인을 위한 탈중앙화라는 철학은 이길 수 밖에 없다.

"정확히 지금 게임의 대부분은 웹 2.0도 아닙니다. 웹 1.0이죠. 게임 회사가 서비스를 공급하면 사용자는 단순히 게임을 즐기는 방식입니다. 물론 로블록스나 마인크래프트 같은 사용자 제작 콘텐츠 게임은 웹 2.0으로 분류할 수 있습니다. 웹 2.0 플랫폼처럼 게임을 제작할 수 있는 툴을 제공하면서 어마어마한 성장을 이뤄냈죠. 그런데 MMO RPG Massively Multiplayer Online Role-Playing Game, 다중 접속 역할 수행 게임나 RPG Role-Playing Game, 역할 수행 게임와 같이 복잡한 기술이 접목된 게임은 툴을 준다고 해도 사용자가 게임을 스스로 제작하기는 난이도가 매우 높습니다. 그래서 여전히 웹 1.0이 게임 시장을 독점하고 있는 것이죠. 하지만 RPG 장르 역시 웹 3.0의 흐름은 거부할 수 없습니다. 웹 2.0을 거치지 않고 사용자에게 소유권과 권한을 제공하는 웹 3.0으로 바로 갈 것입니다."

가치 높이는 순환형 C2X 이중 구조 토큰 시스템, 전자지갑, NFT거래소 구축으로 웹 3.0 게임 경제 생태계를 모두 구현하다!

컴투스가 웹 3.0 게임 플랫폼으로 가는 방식부터 알아보자. 컴투스는 2022년 2월, C2X토큰 발행과 백서를 공개하며 탈중앙화된 글로벌 웹 3.0 게임 플랫폼 1위라는 비전을 새롭게 설정했다. 컴투스의 C2X 블록체인 게임 생태계에서 기축통화 역할을 하는 것이 바로 'C2X 토큰'이다.

C2X 토큰은 이중 구조로 설계돼 상위와 하위 유저의 토큰 사용처가 나뉜다. 먼저 하위 토큰은 일일 퀘스트를 열심히 하는 사용자에게 제공된다. 하위권 사용자들은 일일 퀘스트를 하면서 게임의 일반 재화를 받고 그 재화를 다시 게임별 유틸리티 토큰으로 바꿀 수 있다. 상위 토큰은 상위 사용자들이 순위 경쟁으로 얻게 되는 고급 재화들이다. 이것을 다시 거버넌스 토큰인 C2X로 치환할 수 있다. 상위권을 노리는 사용자들이 하위권 사용자들이 채굴한 토큰을 사서 성장한 다음에 최상위 토큰에 도전하는 구조다. 게임별

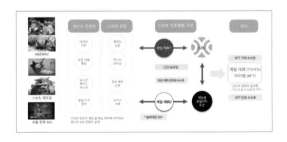

토큰도 각각 발행했다. 예를 들어 '서머너즈 워: 백년전쟁'은 'Summoners War: Lost Centuria'라는 영어 이름에서 따와 LCT토큰, 크로매틱 소울도 영어 이름 'Chromatic Soul'을 반영해 CST토큰이라 지었다.

게임 내 재화가 일정 수준에 다다르면 LCT나 CST로 바꾼 다음 C2X로 바꿀 수 있다. 그 교환은 C2X 스테이션이라는 컴투스 전용 크립토 지갑에서 할 수 있다. 이더리움 기반 비수탁 암호화폐 지갑 서비스 메타마스크^{MetaMask}와 동일하다. 그리고 C2X를 다시 업비트나 코인원과 같은 가상자산 거래소에 전송하면 현금으로 교환할 수 있다. C2XNFT.com이라는 글로벌 NFT 거래소 사이트도 오픈했다. 이로써 전자지갑, NFT거래소와 같은 웹 3.0 게임 경제 생태계를 모두 구현했다.

2022년 4월, 컴투스는 웹 3.0 기업으로 대대적인 혁신을 추구하며 글로벌 히트작 '서머너즈 워' IP^{지식재산권} 기반의 실시간 전략 대전 게임인 '서머너즈 워: 백년전쟁'을 출시했고, 대형 MMO RPG인 '서머너즈 워: 크로니클'을 웹 3.0 게임으로 출시한다고 밝혔다. 서머너즈 워: 백년전쟁은 일일 게임 이용자 수^{DAU}가 기존 사용자 수의 3배 이상 급성장했다. 마케팅에 집중하지 않아도 입소문만으로 사용자는 계속 늘고 있다. 웹 3.0 게임 자체가 열심히 게임을 하면 그만큼의 재화를 얻는 구조이기 때문이다. C2X의 차별화된 비즈니스 전략도 주목할 필요가 있다.

사용자가 아이템을 열심히 성장시켜서 랭킹 안에 들어오면 C2X

를 받는다. 실제로 사용자들은 C2X를 가상자산 거래소에서 현금으로 교환해 게임 내 아이템 강화에 재투자한다. 사용자가 돈을 벌 수 있는 구조지만 실제로 돈을 더 많이 쓴다. 이런 구조로 설계된 웹 3.0 게임은 거의 없다고 봐도 무관하다. 이는 C2X 토큰 구조가 지속 가능하도록 잘 설계됐기에 가능하다. 게임 내에서 발행된 토큰이 외부로 빠져나가기만 한다면 그 토큰의 가격은 하락한다. 수요와 공급이 맞아야 한다. 예를 들어 게임 자체가 재미가 없는데 돈을 벌기 위한 공급만 높아진다면 토큰의 가격이 떨어진다. 엑시 인피니티가 지금 그런 상황이다. 초기 크립토 네이티브로 시작한 게임들은 게임성이 높지 않다. 크립토 이해의 폭은 넓지만 정작 게임 설계에 취약하다.

"전통 게임 회사 들은 크립토 네이티브 게임 회사들보다 막강한 노하우와 지식 자산을 보유하고 있습니다. 이를 바탕으로 크립토를 접목한 전통 게임 회사들이 웹 3.0 글로벌 리더가 될 것이라 확신합니다. 결국, 전통 게임 회사 중 누가 과감하게 웹 3.0으로 가느냐의 싸움인 거죠. 그 줄발선에서 가장 앞에 서기 위해 컴투스가 빠르게 웹 3.0 전략을 감행한 것입니다."

송재준 대표는 웹 3.0 게임의 1위가 되기 위해서는 크립토 게임 회사가 게임성을 높이기보다는 이미 게임성을 갖춘 전통 게임 회사가 크립토를 적용하는 것이 더 빠르고 단단할 것이라고 말한다.

국내 전통 게임 회사들은 IAP In-App Purchase, 인앱 결제로 돈을 벌었다. 컴투스는 인앱 결제 중 일부를 토큰 이코노미로 옮겼다. 다시 말해, 게임 내에서 현금 결제로 아이템을 얻거나 강화할 수 있는 부분을 토큰으로 연결한 것이다. 게임 회사 입장에서는 현금을 창출할 수 있는 매출의 일부를 포기할 과감한 용기가 필요했다. 이런 인앱 결제까지 다 포기하면 엑시인피니티와 동일한데, 컴투스는 인앱 결제와 토큰 이코노미가 결합된 구조가 더 건강하고 효율적이라고 봤다.

컴투스의 비즈니스 모델은 NFT 거래 수수료 5%와 인앱 매출이다. 그다음 사용자가 외부에서 토큰을 구입해 들어오는 순 유입이다. 예를 들어 1,000만 원이 나가고 1,500만 원이 들어오면 순 유입 500만 원이 매출이다. 토큰의 유출량보다 유입량이 크면 그 차이가 순 유입인데, 컴투스 웹 3.0 게임은 순 유입량이 더 크다. 이런 웹 3.0 게임은 컴투스가 최초고 게임의 퀄리티가 높다는 것을 증명하는 근거다.

웹 3.0 게임 플랫폼의 완성은 탈중앙화된 가치 실현으로 게임 사용자가 주인이 되는 생태계다

C2X는 토큰 수량이 한정적이지만 C2X는 순환되는 구조이기에 비율에 맞춰 교환될 뿐 소진에 대한 개념은 없다. C2X 백서 상 총 토큰 발행량 20억 개 중, 제네시스 컨트리뷰터 물량이 15%, 초기 기여군인 컴투스와 컴투스홀딩스가 7.5%씩 배분받았다. 두 개의 회사가 제작한 게임을 오랜 기간 생태계에 온보딩하겠다는 조건으로 할당

된 물량이다. 또 웹 3.0 생태계 제작에 직간접적으로 참여한 팀에게 15%, 초기 파트너사와 비즈니스 파트너사에게 각각 10%, 5%를 배정했다. 그리고 대부분 물량은 에코시스템으로 40%가 지급됐다. C2X에 대한 더 자세한 내용은 www.c2x.world에서 확인이 가능하다.

여기서 에코시스템은 C2X 생태계의 게임을 개발한 회사나 개인들에게 할당되는 지원금이다. 최근 '베타 게임 런처' 시스템도 도입해 사용자 참여형 플랫폼 C2X의 가치를 높이는데 힘을 쏟고 있다. '베타 게임 런처'는 이용자들이 출시 전 게임을 먼저 체험하고 해당 작품의 C2X 플랫폼 합류를 투표로 결정할 수 있는 프로그램이다.

투표권은 게임 팬 카드를 C2X로 구매한 뒤 받을 수 있다. 구매가 곧 투표다. 게임 팬 카드가 해당 목표 수준을 달성하면 게임이 통과된다. 그러면 에코 시스템 통장에서 지원금이 나가고 사용자의 피드백을 모아 게임 서비스 개선에 반영해 생태계에 긍정적인 역할을 한다. 사용자들이 반대하면 게임이 론칭 될 수 없는 진정한 웹 3.0의 구조다. 이런 다오 형태로 운영하기 위해 제네시스 컨트리뷰터 물량을 작게 측정한 것이다. 이런 결정이 쉬운 것은 아니다. 하지만 결국 탈중앙화 철학의 싸움이며 그 방향을 선택했으면 과감한 결단이 필요했다.

또 컴투스는 블록체인 게임 전문 개발 플랫폼 '하이브'를 통해 양질의 파트너사를 확보하며 초기 웹 3.0 블록체인 게임 생태계를 넓히고 있다. 블록체인 기술과 인프라가 없는 게임 회사도 소프트웨어 개발 키트SDK를 활용해 손쉽게 블록체인 게임을 개발할 수 있도록 로그인, 결제, 푸시, 보안, CS고객지원, 통계 등의 도구를 제공한다. 하이브를 통해 개발된 C2X 기반의 게임 역시 C2X 토큰 홀더들이 직접 경험하고 투표를 통해 C2X 플랫폼 탑재 여부를 결정한다. 글로벌 블록체인 게임 플랫폼에서 세계 1위의 주도권을 잡기 위한 컴투스의 전략적인 행보다.

컴투스는 이미 글로벌 게임 회사로 한국보다는 해외에서 인지도가 높다. 게임 매출의 80% 이상이 해외에서 발생한다. 미국과 유럽이 전체 게임 매출의 절반 이상이다. 한국은 10%대다. C2X 플랫폼은 FTX 벤처스와 점프 크립토, 애니모카 브랜즈, 갤럭시 인터랙티브 등 20여 곳의 해외 블록체인 투자사들이 참여한 2,500만 달러 _{한화 약 307억 원} 규모의 투자 라운드도 마쳤다. 해외 투자를 받은 완전한 글로벌 프로젝트다.

"웹 1.0, 2.0 글로벌 게임 플랫폼은 스팀이나 에픽 게임즈 스토어가 주도권을 잡았지만, 웹 3.0 게임 플랫폼 1위 자리는 아직 공석입니다. 컴투스가 웹 3.0 블록체인 게임 생태계를 빠르게 구축해 놓았기에 그 자리에 가장 가까이 와 있다고 생각합니다. 웹 3.0 글로벌 블록체인 게임 플랫폼 1위는 단연 컴투스가 차지할 자신 있습니다."

현실 경제, 사회, 문화를 모두 컴투버스로 옮겨야
진정한 메타버스가 시작된다!

컴투스는 더 넓은 블록체인 생태계 구축을 위해 계열사 위지윅스튜디오 및 엔피와 메타버스 전문 조인트벤처Joint Venture, 합작사 '컴투버스'를 설립하고 현실 세계의 경험을 그대로 옮긴 메타버스를 조성하고 있다.

"사람마다 생각하는 메타버스의 정의는 다릅니다. 제가 생각하는 진정한 메타버스는 현실 경제, 사회, 문화를 가상 세계로 모두 옮기는 것입니다. 이중, 하나라도 빠지면 안 됩니다. 먼저 경제를 이동시켜야 하는데, 우리 생활에서 경제는 바로 일입니다. 일하는 공간인 오피스를 메타버스로 이동시키는 것이 첫 단계라고 생각합니다."

송 대표는 가상 오피스 구축을 메타버스 첫 시작으로 보고 지난 2021년 12월, 유튜브에 컴투버스Com2Verse 프로토타입 시연 영상을 올렸다. 실제와 같은 멋진 3D 컴투스 오피스로 출근해 업무를 보는 직장인의 하루일과가 펼쳐졌다. 그저 멋진 공간에서 일하는 혜택만 제공하는 것이 아니다. 일의 효율을 높일 수 있는 기술들도 다양하게 적용됐다.

"실제 메타버스 상에 오피스 환경을 만들어 놓고 자리에 앉으면 다른 직원들과 업무 관련 대화를 나눌 수 있는 영상 채팅방이 활성화됩니다. 이렇게 오피스에서 직원들이 같이 일할 때 좋은 점이 궁금한 것들을 바로 물어볼 수 있고 다른 직원들의 대화를 직접 들으면

업무 상황을 파악할 수 있다는 것이죠. 이 점을 중요하게 봤습니다."

예를 들어 직원 8명이 중 3명이 재택근무를, 5명이 회사에 출근해 근무하면 이 5명만 서로 얘기를 나눈다. 그럼 재택근무자 3명에게는 업무 내용이 전달되지 않는다. 직원 중 1명이 채팅이나 전화로 전달해야 한다. 간단하게 나눌 수 있는 내용도 이중으로 전달하는 상황이니 일의 효율이 떨어진다. 뉘앙스 차이도 있다. 더더욱이 채팅은 뉘앙스 전달이 어렵고 소통에 문제가 발생한다.

코로나19로 재택근무 비중이 크게 늘었다. 다시 코로나19 이전으로 돌아간다고 해도 재택근무가 크게 줄지는 않을 것이다. 그 대안으로 떠오른 것이 바로 재택과 사무실 근무가 믹스된 '뉴노멀 오피스'다. 이런 뉴노멀 시대에 맞는 디지털 오피스 툴이 필요하다. 최근 메타버스 플랫폼 게더타운 사용자가 크게 늘었지만, 디자인과 보안이 취약하다. 특히 국내 대기업들에게는 보안이 무엇보다 중요하다.

컴투버스는 로망의 가상 오피스를 세련되게 인테리어할 수 있는 다양한 툴을 제공한다. 소프트웨어 역시 게임 회사답게 직접 개발했다. 메타버스 기술은 게임 회사의 3D MMORPG기술과 동일하

다. 3D 캐릭터가 3D 공간에서 돌아다니는 형태다. 3D 모델링, 클라이언트, 대규모 접속, 저사양 PC와 휴대폰 최적화 등 메타버스가 요구하는 기술들은 게임 회사가 전문이다. 3D MMORPG는 약 100명의 전문가들이 손발을 맞춰 제작하기에 이런 대규모 메타버스 프로젝트 제작에 강점을 가진다.

"컴투스 그룹사 직원들이 2022년 하반기 컴투버스의 '오피스 월드'에서 직접 근무를 시작할 계획입니다. 회의실로 입장하면 아바타 위에 화상 카메라 뷰가 연결돼 실제와 같은 회의를 진행할 수 있죠. 재택근무를 하더라도 실제 오피스 환경에서 일하는 경험을 할 수 있는 것입니다."

각 분야의 대표 기업들과 세계 최초 통합형 올인원 메타버스 라이프 플랫폼을 구축하다!

컴투버스의 글로벌 메타버스 라이프 플랫폼에는 메타버스 금융

서비스와 관련 기술을 공동 개발하는 하나금융그룹부터 도서문화기업 교보문고, 비대면 진료 및 처방 약 배송 서비스 기업 닥터나우, 에듀테크 및 생활문화기업 교원그룹, K-POP 공연 플랫폼 마이뮤직테이스트, 한미약품그룹 계열사 한미헬스케어 등 경제, 사회, 문화, 의료 등을 아우르는 주요 파트너들이 컴투버스의 투자사로 참여한다.

"먼저 금융 파트는 하나은행 메타버스 은행이 들어옵니다. 교보문고도 메타버스 내에 멋진 책방을 선보이고 교원그룹의 빨간펜 선생님도 메타버스에서 정보를 공유합니다. 코로나19로 잘 알려진 비대면 진료 플랫폼 닥터나우에서는 메타버스 병원에서 의사에게 진료받고 집이나 회사로 약을 배송받을 수 있습니다. 이렇게 메타버스 안에서도 일상생활을 할 수 있는 다양한 서비스들을 구현 중에 있습니다."

마이뮤직테이스트는 2022년 3월, 컴투스가 글로벌 엔터테인먼트 사업 강화를 위해 인수한 K-POP 공연 플랫폼이다. BTS도 마이뮤직테이스트에서 공연을 했다. 메타버스 내에 대규모 공연장을 만들어 아티스트들의 공연도 즐길 수 있게 할 계획이다. 또 한미헬스케어는 약을 개발해 의사나 약사들에게 판매하는데, 그 컨퍼런스를 메타버스 상에서 진행한다. 2022년 4월 기준, 이렇게 6개 기업의 메타버스 입주가 확정됐고 그 외 30여 곳의 기업과도 계획 중이다.

컴투버스는 게임은 물론 드라마, 음악, 공연, 쇼핑, 금융까지 결합된 메타버스 라이프 플랫폼으로 일상의 모든 활동을 가상 세상에 구현하는 걸 목표로 한다. 그리고 이를 위해 토큰 보상 시스템도 구축 중이다. 게임은 모든 것에 보상이 따른다. 풀 한 포기를 베고, 몬스터를 무찔러도 보상이 있다. 이처럼 메타버스 오피스에 출근하거나 병원을 방문하거나 은행에서 상담을 받으면 각각 모든 활동에 토큰 보상을 제공하는 시스템을 반영할 예정이다. 토큰을 소모해야 생태계가 제대로 굴러가기 때문이다. 이렇게 디지털로 소모시키는 아이디어는 게임 회사가 많이 보유하고 있다. 게임 회사이기에 나오는 아이디어다.

"재택근무자와 오피스근무자들의 커뮤니케이션이 잘 이뤄지지 않습니다. 하지만 메타버스 내 실제 오피스를 구현해 직원들이 모두 가상공간에서 함께 일하면 일의 효율은 물론 진정한 유비쿼터스Ubiquitous가 실현되는 거죠. 이를 위해 화상 통신 솔루션도 직접 내재화하려고 팀을 새로 꾸렸습니다. 그래야 우위를 지킬 수 있죠."

컴투스 비전은 컴투버스란 가상세계에 들어가 먹고 자는 등의 육체 활동 외에 모든 일상생활이 가능하도록 생태계를 구축하는 것이다. 딱딱한 UI가 아닌 실제와 같은 감각적인 3D 환경에서의 일상은 더욱 매력적으로 다가올 것이다. 그래야 새로운 웹 환경이 실현되는 거다. 메타버스 안에서 활동하면서 토큰 이코노미로 탈중앙화된 혜택을 사용자들에게 제공하는 미래는 이제 멀지 않았다.

"지금 가장 중요한 것은 어떻게 남들보다 빠르게 웹 3.0 시대를 잘 활용할지를 고민하는 것입니다. 실제 웹 1.0 회사들이 결국 웹 2.0 시대를 받아들이지 못하고 버티다가 낙오됐습니다. 웹 3.0은 탈중앙화란 철학을 바탕으로 기술이나 서비스들이 개발되기 때문에 경쟁에서 이길 수밖에 없다고 생각합니다. 이런 긍정적인 시대의 흐름은 막을 수가 없죠. 개인의 주권을 되찾고 권리를 높이는 웹 3.0 시대는 반드시 올 것입니다. 여러분도 빠르게 그 흐름에 올라타시길 바랍니다."

웹 3.0 시대를 이끄는 울트라 수퍼트리로 우뚝 서다!

글로벌 블록체인 기술 기업,
수퍼트리

NHN, 넷마블, 엔씨소프트, 아이템베이 등 20년 이상 게임 업계에서 굵직한 플랫폼들을 성공시킨 전문가들이 작정하고 모였다. 이들은 웹 2.0 게임 시장이 그동안 풀지 못한 아이템 소유권 증명과 상호 운용성 문제를 해결할 웹 3.0 블록체인 기술을 기반으로 한 게임 프로젝트를 선보였고 국내를 넘어 세계를 먼저 놀라게 했다. 이 기업이 바로 블록체인 기술 기업 수퍼트리다. 블록체인 기반 NFT대체불가토큰, C2C 마켓 플레이스와 탈중앙화된 dAPP 서비스 플랫폼 플레이댑을 야심 차게 선보여 수퍼트리란 이름답게 웹 3.0 시대에 큰 나무로 글로벌 생태계에 뿌리를 단단하게 내렸다.

플레이댑 가상자산 토큰 PLA플라는 코인베이스, 바이낸스와 같은 해외 대표 가장자산 거래소에 상장되며 그 실력을 해외에서 이미 입증받았고 미국 타임스퀘어에서 홍보 마케팅을 진행하며 세계

SuperTree

적으로 인지도를 키웠다. 동시에 게임 P2O Play to Own와 메타버스로의 확장이 쉽도록 자체 개발한 플레이댑 소프트웨어 개발 키트SDK 개발도 상용화를 시작했다. 최근에는 더 큰 사명감으로 에버랜드를 운영하는 삼성물산부터, 디지털 IP 엔터테인먼트 기업 IPX구 라인프렌즈, 그리고 KB국민카드 등 국내 대표 기업들과 손잡고 웹 3.0 메타버스 시대를 함께 만들고 있다.

2019년 삼성전자 스타트업 육성 프로그램인 'C-Lab 아웃사이드'에 선정, 2020년에는 혁신적인 사업모델과 성장 가능성을 높게 평가받아 블록체인 기업으로는 유일하게 중소벤처기업부의 '아기유니콘200'에 선정됐다. 또 SBI인베스트먼트와 한국투자파트너스 등으로부터 블록체인 기술 분야에 대한 높은 성장 가능성을 인정받아 총 30억 원 규모의 시리즈 A 투자를 유치하기도 했다. 이미 시작부터 될성부른 떡잎이었던 수퍼트리, 앞으로 수퍼트리가 국내를 넘어 세계에 전파할 웹 3.0의 선한 영향력은 어디까지인지 기대해봐도 좋을 듯하다.

웹 3.0 생태계에 대한 정확한 가치 이해로
웹 3.0 맞춤 비즈니스를 시작하다!

"웹 1.0은 정적 환경, 웹 2.0은 동적 환경이라면 웹 3.0은 지능을 갖춘 환경을 뜻합니다."

수퍼트리 최성원 대표는 회사 소개에 앞서 웹 3.0의 의미를 제대로 이해해야 한다고 강조한다.

웹 1.0의 환경은 정적이다. 웹 서버가 신문이나 방송처럼 사용자에게 일방적으로 웹페이지를 보여준다. 웹 2.0 동적이다. 사용자가 원하는 정보를 입력하면 운영체계가 동적으로 반응한다. 일명 반응형 웹이라고도 부른다. 예를 들어 네이버의 경우, 사용자 모두에게 똑같은 웹페이지를 제공하는 것이 아니라 개인 정보를 기반으로 맞춤형으로 보여준다. 같은 사이트라도 개인 정보에 따라 화면이 다르다. 반면 웹 3.0은 지능화된 웹으로 진화해 사용자 중심에서 모든 것을 판단하고 추론하는 방향으로 개발되고 활용된다. 컴퓨터가 시맨틱 웹semantic web 기술을 이용해 웹페이지에 담긴 내용을 이해하고 개인 맞춤형 정보를 제공하는 지능형 웹 기술이 주요 기반이다. 이로 인해 P2Ppeer to peer 네트워크 사용자들끼리 인터넷에서 바로 연결돼 파일을 직접 공유하며 개인 데이터가 플랫폼 소유가 아닌 본래 주인인 개인 소유로 돌아간다.

2020년 세계 최대 소셜미디어 페이스북의 CEO 마크 저커버그는 사용자들의 데이터들을 확보해 광고 시장 영향력을 높이고 기업 수익을 극대화했다는 혐의로 미국 청문회에 섰다. 이를 계기로 데이터 독점권에 대한 문제가 수면 위로 올랐고, 개인의 데이터 처리가 플랫폼 서버가 아닌 사용자 웹브라우저에서 이뤄져야 한다는 데이터 소유권의 중요성이 대두됐다. 웹 3.0은 이런 문제를 효율적으로 해결할 지능을 가지면서 엄청난 변화를 가져왔다. 개인 정보는 ISP 인터넷 서비스 사업자가 아닌 웹 3.0 사용자 서버에 쌓고 P2P 네트워크 안에서 사용자끼리 정보를 주고받기 시작했다. 이런 탈중앙화 키워드가 진정한 웹 3.0이다.

"웹 2.0 시대에는 사용자가 자신의 데이터를 플랫폼 사업자에 이바지해 사업자가 그 정보로 비즈니스 모델을 만들고 거대한 수익화를 이뤄냈습니다. 그 성공에는 개인 데이터가 중심을 이뤘으니 당연히 수익 일부를 사용자와 나눠야 하는 것이 합당했죠. 하지만 거대 플랫폼 사업자들이 이를 독점했습니다. 그러다 웹 3.0으로 넘어오는 과정에서 스마트콘트랙트Smart contract, 사용자가 사전에 합의한 내용을 미리 프로그래밍해 전자 계약서 문서에 넣고, 계약 조건이 충족되면 자동으로 계약이 실행되는 시스템이 등장했죠. 이것이 바로 웹 3.0의 진보와 혁신이라고 생각합니다."

웹 3.0에서는 P2P, 블록체인 상에서 중간자 없이 사용자끼리 합의된 스마트콘트랙트 시스템에 따라 공식적으로 계약이 완성된다. 이게 웹 3.0의 핵심이다. 웹 2.0 기반에서는 해결 못 한 부분을 웹 3.0 기술로 해결했다. 때문에 웹 3.0 비즈니스는 이를 기반으로 설계된 서비스가 큰 의미를 지닌다. 수퍼트리는 이런 탈중앙화 시대

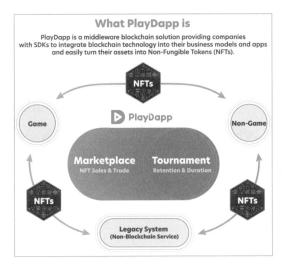

의 흐름을 빠르게 읽고 NFT 마켓 플레이스와 토너먼트를 제공하는 dAPP 서비스 플랫폼 플레이댑PlayDapp을 개발했다. dAPP은 De-centralized Application, 즉 탈중앙화된 애플리케이션이란 뜻의 약자로 블록체인에서 작동하는 프로그램 혹은 서비스를 말한다.

NFT C2C 마켓 플레이스 및 dAPP 서비스 플랫폼 '플레이댑'으로 디지털 자산 소유권과 상호 운용성을 증명하다!

수퍼트리는 2017년 3월, 웹 3.0을 제대로 이해하고 이에 맞는 서비스를 개발하고자 NHN, 넷마블, 엔씨소프트, 아이템베이 등 20년 이상 게임 기업에서 플랫폼을 성공시킨 전문가들이 모여 만든 블록체인 서비스 개발 회사다. 수퍼트리 최성원 대표는 NHN, CJ지

플레이댑은 NFT를 이용자간 쉽게 거래할 수 있는 플레이댑 마켓 플레이스 선보였다.

주사, CJ E&M 등을 거치며 개발과 사업, 전략 등을 고루 섭렵했다. 2016년 한국 게임 대상 비즈니스 혁신상을 수상, 현재는 한국블록체인사업협동조합 이사장을 맡고 있다.

"싱가포르 출장 때, 마리나베이 호텔 앞에 위치한 수퍼트리를 보게 됐습니다. 하늘 높이 치솟은 수퍼트리가 굉장히 인상적이었죠. 앞으로 게임뿐 아니라 모든 분야에서 탈중앙화된 웹 3.0 시대가 주도할 것이고 그 근간을 이루는 NFT를 더 유용하고 가치 있게 사용할 수 있도록 전 세계를 연결해보자는 의미를 담아 수퍼트리로 회사명을 짓게 되었습니다. 사방으로 뻗어나가는 수퍼트리처럼 말이죠."

트렌드에 민감한 게임 업계에서 오랜 경험과 단단한 실력을 쌓은 최 대표는 2017년 당시 세상의 변화가 확실히 보였다. 과거 PC에서 모바일 시대로 가는 길목에서 패러다임이 플랫폼으로 다변화되는 것을 실제로 확인했다. 스마트폰 발달로 게임 대중화가 이뤄지는 과정도 직접 경험했다. 모바일 다음 세상은 블록체인이 될 것이며 새로운 경제 생태계가 이뤄질 것이라는 것을 직감했고 이를 위한 블록체인 기반의 서비스 개발에 총력을 기울였다.

"비트코인은 서브프라임 모기지 사태로 불거진 2008년 글로벌 금융 위기로 인해 탄생했습니다. 금융이 무너지고 미국이 달러를 무제한으로 발행하니 한국을 포함한 많은 국가들이 큰 경제 위기에 처했죠. 이런 상황이 굉장히 불합리하다 느꼈고 웹 3.0 기술을 활용해 세상을 가치 있게 바꿔보고자 했습니다. 일단 경험이 많은 게임 분야에서 탈중앙화 경제 시스템을 활용해 재미있는 프로젝트를 진행해보자는 생각이었습니다."

특히 소유권 불균형은 게임 업계에서 큰 화두였다. NFT는 게임 아이템과 같은 디지털 자산의 소유권을 입증하는 증명서다. NFT 프로토콜 기술을 활용하면 그동안 웹 2.0에서 해결하지 못한 소유권 증명 문제를 풀 수 있다. 최 대표는 이런 NFT의 미래 가능성을 확신했고 전 세계 게이머들이 아이템과 같은 디지털 자산을 더 유용하고 가치 있게 사용할 수 있도록 NFT C2C 마켓 플레이스를 제공하는 디앱 서비스 플랫폼 플레이댑Playdapp과 상호 운용성을 증명할 블록체인 프로젝트 게임을 개발했다.

2019년 3월 출시한 캐주얼 게임 '크립토도저'는 이더리움 기반 디앱dApp 분야에서 다운로드와 매출 모두 1위를 기록했다. 이어 8월 출시한 '도저버드'도 연이어 1위 반열에 올랐다. 두 게임이 이더리움 기반 디앱 1위와 2위에 나란히 자리하며 플레이댑이 추구하는 소유권 확보와 상호 운용성을 둘 다 입증했다.

"'크립토 도저'에서 획득한 NFT 인형은 '도저버드'에서 특정 스킬을 가진 캐릭터로 사용할 수 있습니다. 도저버드에서 얻은 키 조각들을 합성하면 다시 크립토 도저에서 상자를 오픈하는 열쇠 NFT로 사용되는 등 두 게임 간 아이템의 상호운용 연계가 긴밀하게 구성돼 있죠. 크립토 NFT 아이템들은 플레이댑 마켓 플레이스에서 사용자 간 자유로운 거래가 가능합니다."

수퍼트리가 추구하는 건 일반 구글이나 애플 앱 게임에서도 플레이댑 소프트웨어 개발 키트플레이댑 SDK를 탑재하여 블록체인 기술 기반의 게임 서비스가 가능하도록 지원하는 것이다. 실제 크립토 도저와 도저버드 게임으로 당시 최고 인기 게임 크립토키티를 단숨에 꺾었고 다운로드 및 매출 1위를 달성하며 성공 가능성을 증명했다.

블록체인 게임 서비스에 최적화된 플레이댑 소프트웨어 개발 키트플레이댑 SDK 개발도 완료해 상용화를 시작했다. 일반 게임 아이

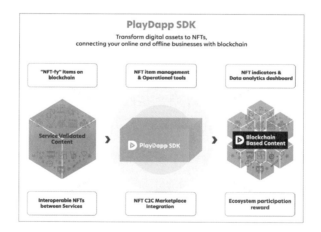

템의 블록체인화에 필요한 SDK부터 론칭 이후 NFT 관리, 운영, 데이터분석, 대시보드 등 고객 요구에 필요한 다양한 솔루션을 지원한다. 이와 더불어 NFT 상호운용이 가능한 게임과 플레이댑 생태계 참여에 따른 보상을 제공하며 플레이댑 마켓 플레이스와 연동돼 글로벌 사용자간 NFT 거래 서비스도 제공한다.

사용자들은 플레이댑이 제공하는 다양한 콘텐츠 포트폴리오에서 상호운용이 가능한 NFT를 소유하며 레벨업, 합성, 강화 같은 게임 요소로 가치가 높아진 디지털자산을 NFT C2C 마켓 플레이스에서 직접 거래하며 수익을 창출한다. 이런 플레이댑 SDK software development kit, 소프트웨어 개발 키트를 사용하면 일반 앱을 dApp 및 NFT 항목으로 변환해 다양한 게임, 메타버스 및 오프라인 영역 간 상호운용성을 확보할 수 있다.

이를 바탕으로 인기 웹툰과 캐릭터에서 가상 인간과 F&B에 이르기까지 플레이댑 파트너 관계를 맺은 비게임 NFT 프로젝트로 빠르게 확장 중이다. 플레이댑의 첫 시작은 게임 NFT였지만 이에 국한되지 않는다. 플레이댑 NFT 프로토콜 활용의 핵심 기술은 모두를 위한 디지털 자산의 진정한 소유권을 실현하는 것이기 때문이다.

해외 사용자가 더 많은 글로벌 서비스, 토큰 PLA 바이낸스와 코인베이스에 국내 최초 상장!

플레이댑 첫 서비스 출시 때는 토큰 발행을 하지 않았다.

ICO가상화폐공개, initial coin offering, ICO 백서를 공개한 후 신규 가상자산을 발행해 투자자들로부터 사업 자금을 모집하는 방식에 대해 확신이 없었다. 최 대표는 실제 서비스가 돌아가는 걸 확인해야 실행에 옮기는 스타일이라 의심이 많았다고 말한다. 그래서 이더리움으로 서비스했다. 그러다 2019년 처음 토큰을 발행했다. 상장 목적은 아니었다. 서비스 유용화를 높이기 위해 실제 사용자들이 있는 15개 국가, 40명의 사용자를 초대해 리서치하며 개선해야 할 부분들을 철저히 보완했다. 그 과정에서 메타마스크를 설치하고 크립토와 페이팔 등의 결제 선택권을 사용자에게 줬다. 로그인 계정도 다수의 Wallet블록체인 로그인, 메일 등 다양한 방식이 있으며 이는 사용자가 선택한다. 사용자 친화적 비즈니스가 중요했고 결제 시스템도 사용자가 선택하는 것이 맞았다.

플레이댑 토큰 PLA플라는 2021년 8월에는 미국 대형 거래소인 코인베이스에, 11월에는 세계 최대 가상자산 거래소 바이낸스에 상장됐다. 두 곳 모두 블록체인 프로젝트 중에서도 성과가 검증된 것들만 상장하기로 유명하다. 그런 곳에서 한국인 멤버가 주축이 된 최초의 프로젝트로 실력을 인정받은 것이다. 더불어 PLA플라는 국내 유력 가상자산 거래소 업비트에 이어 빗썸에도 이름을 올렸다.

바이낸스는 상장 공지를 통해 플레이댑 프로젝트가 블록체인 게임 플랫폼으로 사용자가 다양한 게임을 넘나들며 NFT와 게임 내 자산을 활용할 수 있게 상호운용이 가능한 게임 개발을 지원한다고 소개했다. PLA 토큰에 대해서는 플레이댑 플랫폼의 유틸리티 토큰으로 게임 개발자를 위한 인센티브, 게임 내 거래를 촉진하는 데 쓰인다고 설명했다.

최 대표는 플레이댑은 정확히는 국내 기업이 아니라고 말한다. 한국 키맨들을 중심으로 다양한 나라의 멤버들과 함께하는 블록체인 기반의 글로벌 서비스 플랫폼이다. 블록체인 기반으로 서비스를 한다는 것 자체가 한 지역만 국한하는 것이 아니다. 블록체인은 공개적인 글로벌 데이터베이스다. 그런데 한국형 서비스를 한다는 것이 애초에 말이 안 된다. 처음부터 한국 서비스도 없었다. 진정한 웹 3.0 서비스는 국가 간 장벽을 넘나들고 한국 사용자도 미국 사용자랑 자유롭게 커뮤니케이션을 하는 세상이다. 수퍼트리의 비전은 한국 정복이 아닌 글로벌 정복이고 때문에 그 실력을 해외에서 먼저 인정받았다.

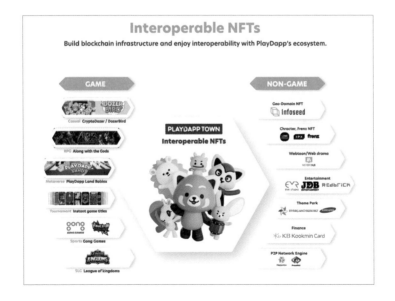

에버랜드·국민카드·IPX와 협업하며
메타버스 분야로 비즈니스 영역을 확장하다!

수퍼트리는 최근 국내 대표 기업들과 손을 잡고 다양한 메타버스 분야로 비즈니스 영역을 확장해 나가고 있다. 2022년 3월, 네이버 일본 자회사 IPX구 라인프렌즈를 시작으로 삼성물산이 운영하는 국내 대표 테마파크 에버랜드, 펄어비스 자회사 넷텐션, 한글과컴퓨터, 그리고 KB국민카드 등과 업무협약MOU을 맺으면서 메타버스·블록체인 비즈니스에 박차를 가하고 있다.

대표적으로 삼성물산의 에버랜드 메타버스를 구축하고 가상과 현실세계를 접목한 NFT 서비스를 기획하고 있다. IPX와 NFT 마켓 플레이스를 만들고, NFT 마켓 플레이스에서 누구나 프렌즈를 통해 자신이 만든 캐릭터 IP를 NFT화 하고 상호 거래할 수 있도록 할 예정이다. KB국민카드와는 메타버스와 NFT를 활용한 디지털 콘텐츠 개발을 위해 전략적 MOU을 체결했다.

"이제 비즈니스 영역을 확장해 온라인과 오프라인의 경계를 허물고, 나아가 가상과 현실 세계를 접목한 디지털 콘텐츠를 선보이는 데 최선을 다할 계획입니다. 국내를 대표하는 기업들과 다양한 프로젝트를 진행하며 회사가 추구하는 선한 영향력을 제대로 실현할 그날을 기대해 봅니다."

플레이댑 개발사 수퍼트리는 2020년 중소벤처기업부에서 추진하는 40개 유망 스타트업창업초기기업 육성 프로젝트 '아기유니콘200'에 블록체인 기업으론 유일하게 선정됐다. 이미 서비스 성공 사례가 있고, 기존 게임시장 문제를 해결하려는 측면에서 국민 및 전문 심사위원단의 높은 평가를 받았다.

"블록체인에 쌓이는 데이터는 회사가 경영난으로 서비스를 내려버려도 사라지지 않습니다. 그래서 지속적으로 관리가 가능하고 앞으로 많은 서비스들이 웹 3.0 방향으로 나갈 것입니다. 웹 3.0 시대는 여러 분야가 같이 동반 성장할 수 있는 생태계를 만드는 것이 중요합니다. 이를 위해 앞으로도 꾸준히 더 나은 서비스 개발에 집중할 것입니다."

최 대표는 웹 3.0은 에이전트 클라이언트, 사용자가 주도권을 가지고 그 주도권으로 새로운 비즈니스를 창조할 수 있는 진정한 1인 미디어 시대가 도래했다고 말한다.

"웹 3.0에 대한 본질을 정확히 이해하고 실제 시장에서 뭘 원하는지 잘 파악하는 것이 경쟁력이 될 것입니다. 결국 웹 3.0 기술과 개인 DNA를 잘 결합해 새로운 비즈니스 모델을 만들어나가는 것이 중요합니다. 앞으로 수퍼트리도 웹 3.0 시대에 한 획을 긋는다는 남다른 사명감을 갖고 웹 3.0 비즈니스가 빠르게 자리 잡을 수 있도록 지속해서 노력해 나갈 것입니다. 여러분도 각자의 재능을 살려 웹 3.0 시대를 선하게 이끄는 주인공이 되시길 바랍니다."

05

가상과 현실 세계를 연결하는 글로벌 네트워크를 이루다!

국내 최초 블록체인 기술 기업, 코인플러그

불과 1~2년 사이 국내 가상자산 시장이 뜨겁게 달아올랐다. 모든 산업의 혁신을 일으킬 웹 3.0 시대의 핵심 기술인 블록체인이 발전을 거듭하면서 그 가치와 사용성이 빠르게 확장됐기 때문이다. 하지만 약 10년 전, 비트코인을 그 시세에 맞게 현금으로 환전하는 ATM기기가 서울 중심부에 있었으며 전국 2만 곳의 편의점에서도 구글 플레이가느저럼 만 원에 해당하는 비트코인 선불카드를 실제 판매했다는 사실을 아는 이는 아마 드물 것이다.

2013년 국내에 낯설다 못해 신기하기까지 한 블록체인 기술을 최초로 도입한 기업이 바로 코인플러그다. 그동안 많은 블록체인 기업들이 창업하고 폐업하는 과정을 수없이 반복하는 상황에서도 꿋꿋이 국내 블록체인 산업을 선두에서 이끌며 지속적인 혁신과 성장을 이뤄왔다.

　10여 년간 블록체인 플랫폼, DID, NFT, 디파이 사업까지 포트폴리오를 확장하며 국내 블록체인 기술 활성화에 크게 기여했으며, 특히 금융위원회 혁신금융서비스 지정, 과학기술정보통신부 규제샌드박스 승인, 조달청 혁신시제품 선정, TTA 소프트웨어 품질대상, 세계 최초로 블록체인인 기술 기반 인증 플랫폼 금융권 상용화 등 입증된 우수한 기술력을 바탕으로 공공기관과 정부 시범사업에 참여하면서 국내에서 가장 활발한 블록체인 기업으로 우뚝 섰다.

　이런 블록체인 기술 개발 집중 투자는 알리바바, IBM 그리고 세 번째로 340여 건의 국내외 블록체인 특허 보유 기업이라는 영광스러운 명예도 가져다줬다. 현재는 웹 3.0의 대중화를 위해 그동안 쌓아온 독보적인 블록체인 기술로 DID, NFT, 디파이 등 가상자산 서비스와 기업에 최적화된 '메타디움 엔터프라이즈' 기업용 블록체인을 공급하고 있다. 이 외에도 글로벌 ICT, 게임사 등의 요청으로 이더리움 EVM 기반 고성능 퍼블릭 블록체인 플랫폼을 개발했으며,

자체 NFT 마켓 플레이스를 직접 운영하며 모든 역량을 유감없이 발휘하고 있다. 국내 블록체인 기술의 역사와 함께한 코인플러그는 미래를 내다보는 어준선 대표의 선견지명과 꼭 해내고 말겠다는 굳은 의지가 있었기에 가능했다. 그들이 앞으로 보여 줄 웹 3.0의 가능성은 또 어떤 모습인지 기대해보자.

블록체인, 디파이, NFT, 다오, DID
웹 3.0을 완성하는 5가지 핵심 기술!

최근 웹 3.0에 대한 관심이 뜨겁다. 너도나도 웹 3.0에 대한 얘기다. 코인플러그 어준선 대표는 약 10년 전인 2013년 국내 시장에 처음으로 블록체인 기술에 대한 화두를 던졌다.

"2013년 초에 사토시 나카모토가 쓴 비트코인 백서를 처음 접하면서 중앙 기관 없이 네트워크를 운영할 수 있다는 점에 끌렸습니다. 비트코인을 구현하는 블록체인 기술에 매료 돼 집중적으로 공부했죠. 그리고 최근 들어 블록체인 기술과 메타버스가 결합되면서 새로운 인터넷 세상인 웹 3.0이 등장하게 된 것입니다."

어준선 대표는 웹 3.0의 핵심은 중앙화된 독점권력에 대한 반작용으로 바라봤다. 개인은 페이스북이나 구글과 같은 플랫폼 기업의 서비스를 이용하지만, 단지 이용할 뿐이지 어떠한 소유나 권리를 행사할 수 없다. 그저 소비자일 뿐이다. 그러니 플랫폼이 어떻게 운영되는지 알 도리가 없고, 플랫폼 생태계를 만드는데 어떤 역할도, 네트워크가 성장하더라도 받을 수 있는 보상도 없다. 이런 권력 독점에 대한 해결책으로 웹 3.0이라는 새로운 인터넷 세상이 탄생했다. 비트코인이 정부와 금융기업의 독점적이고 중앙화된 시스템의 문제를 해결하려고 나타난 것과 같다.

웹 2.0 시대의 주도권은 페이스북, 구글, 아마존과 같은 플랫폼 기업이 차지한다. 결국 사용자가 플랫폼을 벗어나지 못하도록 가두리 비즈니스를 하면서 엄청난 부의 성장을 이뤘다. 웹 3.0은 탈중앙화에서 출발한다. 기존 플랫폼 기업이 아닌 커뮤니티에 운영되는 공공의 네트워크다. 소유권 개념이 기업에서 개인으로 이동했고 이를 가능하게 만든 것이 바로 블록체인 기술이다.

코인플러그 어준선 대표는 웹 3.0 메타버스 세상을 이루기 위한 기술 요소는 총 다섯 가지가 있다고 말한다. 블록체인, 디파이, NFT, 다오, 그리고 DID다. 탈중앙화 신원증명Self-Sovereign Identity을 뜻하는 DID는 누가 부여하는 것이 아니다. 사용자가 탈중앙화된 블록체인에서 직접 부여받는다. 그 소유권도 플랫폼이 아닌 블록체인이 가진다. 웹 2.0 온라인이나 플랫폼에는 표준화된 아이디 체계가 없었다. 주민등록번호는 정부가 일정한 규칙하에 부여한 개인정보 아이디다. 반면, DID는 랜덤 정보다. 어떤 규칙이 없다. 32바이트 정도 되는 데이터를 무작위로 부여받는 방식이다.

대표적으로 이 5개 기술이 웹 3.0 환경을 완성시키는 핵심 요소들이다. 여기서 레이어1은 블록체인 플랫폼 기술 기업이고 레이어2

는 이런 블록체인 기술을 활용한 서비스 기업이다. 코인플러그는 레이어1에 해당하는 블록체인 기술 개발과 이를 적용한 레이어2 서비스를 동시에 제공한다. 10여 년간 쌓아온 독보적인 블록체인 기술 보유로 DID, NFT, 디파이 등 디지털 자산 서비스와 기업에 최적화된 블록체인 플랫폼과 솔루션을 공급하며 자체 NFT 마켓 플레이스도 직접 운영한다.

이동통신에서 블록체인 엔지니어로,
2013년 국내 최초 블록체인 기술을 도입하다!

어준선 대표의 인생은 과거 이동통신 기술의 발전 역사와 함께했다고 해도 과언이 아니다. 1987년 현대전자에서 근무하던 시절, 카폰을 국산화한 팀의 일원이었다. 이후 1991부터 1995년까지 4년간 정부의 주관 아래 삼성, LG, 현대 그리고 현재 미국을 대표하는 반도체 기업 퀄컴과 CDMA 이동통신 개발 프로젝트를 함께했는데, 이 팀의 기술 개발 원년 멤버로 참여했다. 당시 정보통신부가 출범하면서 '세상에 없는 기술로 세상에 없는 디지털 통신을 만들어보자'는 큰 비전을 갖고 시작된 국책 과제였다. 당시 정부 자체가 벤처 마인드였다.

"1991년 국내 이동통신은 아날로그였습니다. AT&T, 모토로라 같은 미국 기업들이 이동통신 기술을 독점하고 있었습니다. 이렇게 미국이 지배하는 시장에서 디지털 이동통신기술을 독립해보자는 굳은 의지를 갖고 코드분할다중접속CDMA 기술을 세계 최초로 상용화시켰죠. CDMA는 이동통신을 아날로그에서 디지털로 바꾼 2G 혁신 기술로 꼽힙니다."

어 대표는 이 같은 경험을 바탕으로 2000년 현대전자 미국법인에서 분사한 엑시오커뮤니케이션으로 자리를 이동했다. 1년 만에 미국 네트워크 장비 전문기업 시스코에 성공적으로 매각이 성사됐고 시스코의 엔지니어로 3년간 근무하다 2004년 이동통신 소프트웨어를 개발하는 회사를 창업했다.

"이동통신 스타트업에서 CTO로 10년 정도 사업을 운영하다 2013년 5월, 미국 실리콘밸리 벤처캐피탈에서 활동하는 주기현 대표에게 '블록체인', '비트코인'이 미국에서 중요한 투자분야라는 얘기를 처음 들었습니다. 당시 비트코인이란 말은 들어 본 적이 없어 생소했죠. 구글에 비트코인을 검색하니 8페이지 백서가 나왔고 엔지니어 입장에서 이런 시스템이 정상적으로 돌아간다면 세상을 바꿀 수도 있겠다는 생각이 들었습니다."

이를 계기로 어준선 대표는 블록체인의 가능성에 대해 밤낮없이 파고들며 공부하고 일주일 만에 사업계획서를 완성했다. 이동통신 엔지니어에서 블록체인 엔지니어가 되는 순간이었다. 그렇게 2013년 10월, 실리콘밸리 소재의 벤처캐피탈 실버블루, KB벤처투자, 스마일게이트, 미래에셋 벤처투자 등에서 벤처투자를 받아 국내 최초 블록체인 기술 기업, 코인플러그가 시작됐다.

"사업 초기에 비트코인 거래소를 홍보하기 위해 만나는 사람마다 그 당시 0.1 비트코인을 선물했습니다. 전국 2만 곳의 편의점에서도 구글 플레이카드처럼 만 원에 해당하는 비트코인 선불카드를 판매했죠. 2013년 12월에는 노틸러스효성과 함께 서울 코엑스 오크우드호텔 지하 카페에 국내 첫 비트코인 ATM기기가 설치했는데, 오픈식 때 난리가 났었습니다. 세상에 처음 보는 가상자산이었기 때문이죠. 비트코인을 주면 그 시세에 맞춰 현금이 나오는 기계였는데, 해외 비트코인 홀더들이 서울에 오면 한 번씩 방문하는 성지였습니다."

2015년, 어 대표는 국내 블록체인 기술 발전을 위해 비트코인 개발 엔지니어들이 만든 『마스터링 비트코인』이라는 판권을 사와서 『비트코인, 블록체인과 금융의 혁신』이라는 제목으로 번역 출간했다. 그 당시 지금 뜨겁게 달아오르는 화두인 '금융의 혁신'이라는 키워드도 제일 먼저 달았다. 지금 보다 약 10년을 앞선 국내 블록체인 업계의 선구자다.

2016년, 신용 카드사 포인트를 비트코인으로 교환하는 서비스도 처음으로 도입했다. 이 서비스로 초기에 비트코인을 교환한 사용자들에게 비트코인 가치의 상승 효과를 제공했다.

DID 기반 개인 정보 관리 플랫폼
마이키핀으로 안전한 웹 3.0 인증 경험을 제공하다!

마이키핀MYKEEPIN은 블록체인 DID기반의 신원 증명 서비스다. 사용자가 블록체인 기반 디지털 환경에서 주체적으로 개인 정보를 관리·활용할 수 있도록 자기 주권 신원 인증 인프라를 구축하며 이를 바탕으로 개인 정보 노출 위험 없이 비대면 신원 인증 및 자격증명서 발급과 활용을 지원한다. 파트너십 프로그램 마이키핀 얼라이언스를 통해 금융부터 이커머스, 콘텐츠, 교육 등 여러 산업 분야에서 DID 기술을 도입할 수 있도록 서비스를 제공한다.

2016년 KB국민카드는 공인인증서를 대체하는 코인플러그 DID 개인 인증 서비스를 도입해 세계 최초의 기업용 블록체인 플랫폼을 금융기관에 상용화했다. DID 인증서 시스템을 모바일·앱에서 이용할 수 있도록 사용성을 확대했으며 간편 인증 로그인으로 고객 만족도를 향상시켰다. 현재 800만 명이 사용하는 국민카드 아이디와

앱 인증 플랫폼이 전부 DID 체계로 운영된다. 모바일에서 지문을 인식하면 전자 서명이 블록체인에 자동으로 신원을 확인하는 기술이 바로 DID다.

"이제 기계도 DID 체계가 필요하다고 봅니다. 예를 들어 자동차를 구매할 때 이 자동차 ID를 DID로 발급받으면 자동차 DID는 이 DID를 가진 사람의 소유물이라는 것을 기록할 수 있죠. 이 안에 카드 정보까지 같이 넣으면 굳이 카드로 전기 충전비를 결제하지 않아도 차에서 바로 전자 서명을 승인해 간편하게 결제할 수 있습니다. 이런 체계가 블록체인 네트워크에 전부 기록되고 누구든지 정보를 검증할 수 있죠."

이런 DID 체계는 콘텐츠도 마찬가지다. 콘텐츠에 아이디가 붙으면 누가 소유주인지, 언제 결제를 승인했는지 등의 정보를 알 수 있다. 이렇게 모든 것에 아이디를 붙일 수 있는 체계가 바로 DID다.

"여러 기관에 개인 정보를 제출하기 위해서는 매번 돈을 지불하면서 휴대폰으로 신원 인증을 합니다. 개인 정보는 말 그대로 이제 개인 정보가 아니죠. 기술적, 제도적으로 허점이 많고 기업의 개인 정보 침해 사고가 많다 보니 개인 정보가 공공재가 됐습니다. 보이스피싱과 같은 문제도 많이 발생합니다. DID는 이런 개인 정보 노출 문제를 근본적으로 막는 기술입니다."

개인 정보는 기업의 소유가 아니다. 개인이 가지고 있어야 한다. 기업은 필요할 때만 개인의 동의를 받아 볼 수 있는 권한만 가지면 된다. 기업 서버 역시 관리가 제대로 이뤄지지 않아 대규모 개인 정보 유출 사례가 빈번하게 발생한다. 이것이 바로 자기주권 신원 인증 DID의 출발점이었다.

어 대표는 입증된 DID 기술력으로 새로운 분야로 사업 확장에 매진했고, 쉽고 편리하게 접할 수 있는 블록체인 기반의 생태계를 구현했다. 대표적으로 2019년 7월, 부산 블록체인 규제자유특구 사업의 일환으로 DID 기반 신원 인증 서비스 'B-패스'와 공공안전 제보 서비스 '시민안전제보' 등을 출시했다. 부산시민은 B-PASS를 통해 DID 비대면 본인 인증을 기반으로 복지 수혜 서비스를 원스톱으로 제공받는다. 부산 시민증, 교통카드도 연계돼 있고 장애인·임산부 등 복지카드도 연결돼 한 번에 행정수혜 서비스를 받을 수 있는 구조다.

2020년 12월에는 마이키핀 앱을 이용한 디지털 실명확인 서비스가 안정성과 간편성을 갖춘 자기주권 신원 인증 수단임을 인정받아 금융위원회의 혁신금융서비스로 지정됐다. 이 외에도 2021년 과학기술정보통신부 규제 샌드박스 승인으로 DID 기반 모바일 운전면허증과 모바일 청소년 연령 확대 서비스를, '메타디움 엔터프라이즈' 블록체인 플랫폼이 조달청 혁신 시제품으로 지정돼 DID 인증 기반 모바일 신분증 출입 및 블록체인 인프라 시스템을 선보였다. 또 과기부 소프트웨어품질 대상, 블록체인 분야 과기부 장관상 등을 수상하며 국내에서 가장 활발한 블록체인 사업자로 부상했다.

블록체인 DID 기반 세계 최초의 서베이 플랫폼, 더폴
일상과 비즈니스의 혁신을 일으키다!

더폴의 출발점은 기업이 마케팅이나 광고용으로 다수의 개인 정보를 모으는 데서 비롯됐다. 모든 기업이 이를 위해 기를 쓰고 개인 정보를 수집한다. 사용자 역시 사이트에 가입하려면 매번 개인 정보를 제공한다. 아이디 체계도 기업마다 각각 다르다. 기업이나 사용자 모두에게 번거로운 일이다.

더폴은 블록체인 DID 기술 기반의 온라인 서베이 서비스다. 참여자 누구나 1인 1투표권을 가지고 주요 사회 이슈에 대한 각종 투표에 자유롭게 참여할 수 있다. 참여 과정 결과는 블록체인에 저장돼 데이터 조작이 불가능하기에 투명성과 신뢰성이 보장된다.

더폴은 50만 명 이상의 개인 속성 정보를 갖추고 있다. 여기서 중요한 건 플랫폼이 개인정보를 전혀 보관하지 않고 있으며, 기업이 아닌 참여자 개인이 주체가 된다는 점이다. 사용자가 개인 정보를 제공하지 않았지만 플랫폼은 수집한 속성 정보만을 이용해 스스로가 서베이 플랫폼 생태계를 만든다. 이런 것이 바로 웹 3.0 커뮤니티 기반의 서비스다. 기업은 플랫폼만 제공하고 사용자가 주체다. 서베이 플랫폼을 활성화시키고 수익을 창출할 수 있게 만드는 건 사용자이기에 당연히 보상도 따른다.

"서베이 플랫폼 더폴의 주체는 참여자들입니다. 예를 들어 한 기업이 5만 명 타깃 서베이 비용으로 500만 원을 지급하면 금액에 따라 20% 수수료는 코인플러그가 그리고 나머지 80% 비용은 서베이에 참여한 사용자들에게 공평하게 나눠죠. 게임 하면서 돈을 버는 웹 3.0 게임인 P2E^{Play to earn}을 넘어 서베이 하면서 돈을 버는 웹 3.0 S2E/O2E^{Survey to earn/Opinion to earn}가 시작된 것입니다."

더폴은 서베이 서비스뿐 아니라 광고 플랫폼 역할도 한다. 웹 2.0 플랫폼은 사용자가 광고를 보더라도 수익은 전부 기업이 차지했다. 더폴은 광고를 보는 사용자에게 광고 비용의 80%를 메타 토큰으로 지급하며 메타 토큰은 빗썸, 업비트 같은 가상자산 거래소에서 거래도 된다.

더폴은 2020년 12월 3일 본격 가동됐다. 2022년 6월 기준 총 서베이 수 1,800건, 서베이 건당 평균 참여자 수 3만~8만 명, 총 본인 인증 회원 수는 37만 명이다.

목표는 2022년 안에 더폴 서비스를 다오^{DAO} 플랫폼으로 100% 탈중앙화시키는 것이다. 다오 중심으로 운영하면 토큰 이코노미를 적용해 더 많은 가치를 참여자들에게 제공할 수 있다. 더폴 네트워크가 성장하는데 참여자들의 기여도에 따라 더 많은 권한을 부여할 수 있으며, 사용자의 활성도에 따라 더폴 플랫폼의 가치도 그만큼 상승한다. 다오 스스로가 기업 광고를 불러올 수도 있다. 서베이 플랫폼으로 시작했지만 결국 웹 3.0 광고 플랫폼으로 발전될 것이다. 코인플러그는 국내에 탈중앙화된 광고 플랫폼을 정착시킨 뒤 해외로 넓힐 계획이다.

블록체인 기반 NFT 플랫폼,
메타파이에서는 누구나 무료로 NFT 발행이 가능하다!

코인플러그는 블록체인 전문 기술을 가진 기업이다. 웹 3.0으로 진화하는 기업들에게 NFT 발행 기술을 공급하며, 동시에 누구나 NFT를 사고파는 자체 NFT 마켓 플레이스인 메타파이도 운영한다.

메타파이는 대기업을 위한 NFT 플랫폼이 아니다. 아직도 플랫폼 기업은 블록체인 기술을 쓰면서 기존 웹 2.0의 플랫폼 기업으로 안주하기를 원한다. 하지만 이제 세상은 그리 간단하지 않다. 웹 3.0의 출발이 네트워크라는 힘으로 만들어진 커뮤니티 산업이기에 모든 사용자를 한 곳에 몰아 놓는 가두리 비즈니스는 이제 앞으로 사라질 것이다.

"웹 3.0은 개인이 중심이 되는 네트워크로 변하고 있으며, NFT에 의해 소비와 투자의 경계가 모호해지는 시대가 되었습니다. 콘텐츠도 개인화되고 있죠. 개인이 콘텐츠를 생산하고 개인이 그 콘텐츠를 소비도 하고 투자도 합니다. 그러면 콘텐츠를 만들어 사고 파는 마켓 플레이스가 필요하다고 생각했고, 그래서 누구나 NFT를 발행 및 판매와 구입이 가능한 메타파이를 출시했습니다."

메타파이는 누구든지 비용 없이 NFT를 발행할 수 있다는 장점이 있다. 가격도 커뮤니티의 활성도에 따라 책정된다. 지금까지는 콘텐츠를 생산하고 소비하는 것으로 끝났다. 메타파이 플랫폼에서 발행된 NFT는 여러 메타버스 플랫폼에 연계해 그 안에서 또 재판매 되며 리셀 로열티도 받을 수 있는 구조로 운영된다.

"최근 NFT는 프로젝트보다는 개인이 많이 발행합니다. 사용자는 약 10만여 명, NFT는 약 8만 4,000개에 이르죠. 아직은 학습의 단계라고 봅니다. NFT가 발행되면 어떻게 쓰이는지, 어떻게 가치가 형성되는지 그런 학습 기간이 더 필요하다고 생각합니다. 또 NFT 마켓 플레이스가 활성화되려면 사용성을 가진 NFT, 투자 가치를 지닌, 혹은 멤버십 권한을 가진 NFT도 다양하게 발행돼야 합니다. 그리고, 메타버스 가상경제와 연결되는 부분도 필요합니다."

실제 2021년, 뉴욕에서 돈은 없지만 요리 실력이 탁월한 요리사들이 모여 NFT 1,500여 개를 발행해 180억 원의 수익을 봤다. 이 돈으로 레스토랑을 열어 NFT 보유자들만 출입할 수 있는 혜택을 줬다. 요리, 인테리어, 서비스 모두 고급스러웠다. 자연히 이 레스토랑에 가고 싶어 하는 사람들이 늘었고 NFT 재판매 수요도 빠르게 증가했다.

최근 NFT 분야를 적극적으로 활용하는 메타버스 기업이 바로 나이키와 아디다스다. 두 기업은 현실에 보유한 강력한 팬덤을 온라인 가상 세계로 연결시켰다. 메타버스 내에 가상현실VR, 증강현실 AR 기술을 연계하고 희귀 운동화 아이템을 NFT로 발행했다. NFT 홀더에게 실제 세상에서 하나뿐인 운동화를 만들어 제공하면서 리셀 시장에 불을 지폈다. 옷도 마찬가지다. 나이키는 아바타 옷을 여러 벌 만든 뒤 NFT로 발행하고 오프라인에도 똑같은 옷을 판매했다. 이렇게 온라인과 오프라인 모든 리셀 시장이 크게 확장되면서

NFT 가치도 상승했다. 펩시 역시 기념을 기반한 NFT를 발행하고 NFT 홀더에게 펩시가 주최하는 콘서트 우선 초대권을 제공했다. 소비자들이 원하는 요구와 희망을 NFT에 담은 것이다.

"메타파이는 발행 비용이 없습니다. 거래 수수료도 오픈시가 5%인데 그 절반인 2.5%죠 민팅비가 5~6만 원이면 진입 장벽이 생길 수 있기 때문입니다. NFT 대중화와 NFT 가치를 높이는 실질적인 사용처에 초점을 맞췄습니다."

패션 쪽 역시 NFT가 활성화될 대표 분야 중 하나로 손꼽힌다. 미국의 대형 투자은행 모건스탠리는 명품 NFT 시장 규모가 2030년까지 560억 달러한화 약 66조 2,816억 원에 이를 것이라고 추정했다. 자신의 아바타에 명품 옷을 입혀 여러 가상 세계에서 동시에 사용할 수 있게 되면 곧 자신을 대변하는 아바타가 어떤 옷을 입었는지가 중요해진다. 그러면 메타버스만의 디자이너 브랜드도 새로 탄생할 것이다. 웹 3.0의 비즈니스는 오프라인만 봐서는 안 된다. 메타버스에 익숙한 브랜드가 거꾸로 오프라인으로 진출해야 살아남을 수 있다. 또 요즘 가장 핫하다는 지루한 원숭이들의 요트클럽BAYC과 같은 경우, NFT 가격이 상상 그 이상이다. 기존 NFT는 소유권만 가지지만, 이들은 NFT 홀더에게 지적재산권 이용 권리를 최초로 제공하는 차별화를 시도했다. NFT홀더는 또 다른 수익 창출을 위해 원숭이를 활용한 2차 창작물을 쏟아내면서 NFT가치를 더욱 높인다. 좋은 아이디어만 있으면 NFT를 자신의 지적재산권으로 이용해 더 큰 부를 이룰 수 있는 세상이 됐다.

독보적으로 앞선 블록체인 기술로
웹 3.0 가상과 현실 세계를 연결하는 네트워크로 성장하다!

코인플러그의 첫 비전은 '블록체인 기술로 미래의 변화를 주도한다'였다. 지금 그 비전은 현실이 됐고 이제 '블록체인으로 웹 3.0 메타버스 세상과 현실 세계를 연결하는 네트워크로 자리잡겠다'는 또 다른 비전을 설정했다. DID, NFT, 디파이, DAO 등 결국 블록체인으로 가상과 현실을 연결시키는 역할을 하기 때문이다.

"국내에는 아직 웹 3.0 기술들에 대한 제약 조건이 많습니다. 블록체인 산업에는 기회가 많은데, 그동안은 제도 때문에 블록체인 기업들이 제대로 투자를 못 받으니 빠른 성장을 이룰 수가 없었죠. 그동안 블록체인 산업을 이끌어 온 기업들은 100% 위험 부담을 갖고도 꾸준한 성장을 이뤄왔습니다. 블록체인 산업에 대한 법과 제도들이 잘 정립이 되면 앞으로 웹 3.0을 제대로 이끄는 기업들이 빠르게 나올 것입니다."

어준선 대표는 2013년부터 블록체인 기술의 비전과 가능성을 굳게 믿고 웹 3.0 산업으로 들어왔다. 비록 느리고 난관도 많았지만 하나씩 그 비전이 현실화되는 것을 직접 경험했다. 그리고 코인플러그를 통해 블록체인 기술을 산업적 가능성 역시 증명했다.

"지금까지 그래왔듯 꾸준히 쌓아온 블록체인 기술과 이와 관련된 서비스 경험을 바탕으로 웹 3.0 산업을 더 크고 건강하게 성장시키는 핵심 역할을 할 것입니다. 블록체인 기술로 세상을 연결해서 거대한 웹 3.0 네트워크 기업이 되는 것이 목표입니다."

웹 3.0의 미래 가능성은 앞으로도 무궁무진하다. 최근에도 웹 3.0 기업들이 다양하게 생겨나는 추세다. 그런데 웹 3.0 기업이라고 해서 모두 성공하는 것은 아니다. 웹 3.0을 이루는 여러 가지 요소 중 어떤 산업적인 역할을 명확히 할 것인가가 제일 중요하다. 기술 기업은 기술 평가를 할 수 있지만, 그 위에 올라가는 서비스들은 사실 그 가치를 판단하기가 쉽지 않다. 가치가 높아질 NFT를 찾는 것과 똑같다. 이를 위해서는 기준이 필요하다. 메타버스 분야도 자신이 어떤 기준으로 이 기업을 판단할 것인가가 중요하다.

"투자는 명확한 판단 기준이 있어야 합니다. 예를 들어 한 NFT가 어떤 커뮤니티를 형성하고 있는지, 확장 가능성이 큰지, 이 NFT를 가지고 어떤 산업적 효과를 볼 수 있는지 판단하는 것이 중요합니다. 단순하게 수집품이 아닌 대신 정확히 시장을 분석하면 그 NFT를 구매하는 판단이 서게 되죠. 만약 그 NFT가 1억 원, 혹은 1,000만 원이라면 그저 유행이라서, 남들이 좋다고 해서가 아니라 그만한 가치가 있는지 스스로 제대로 판단해야 합니다."

이는 사실 투자에 대한 상식이다. 스스로가 판단을 제대로 하지 못하면 위험 부담이 크다. 기업 혹은 NFT에 내재된 정확한 가치를 판단할 수 있는 능력을 길러야 한다. 산업에 대한 이해가 부족하면 열심히 정보를 찾아보거나 커뮤니티에 들어가 분위기를 실제로 경험하는 노력도 필요하다. 크립토 분야는 새로운 기술과 탈중앙화에 대한 미래 비전이 결합이 되면서 시간이 지날수록 산업적 가치가 만들어졌다. 초기에는 어느 정도 과대 포장된 마케팅으로, 커뮤니티 팬덤에 의해 가치가 크게 오르기도 했다. 하지만 그 고비를 넘었고 이제 산업적인 가능성과 실증으로 제자리를 찾았다. NFT는 아직 시간이 더 필요하지만, 시장을 객관적으로 바라보고 이 안에서 가치를 찾을 수 있는 스스로의 기준을 만들어 가는 것이 중요하다.

06

메타버스 최고의 투자은행으로 성장하다!

NFT 자산 관리 플랫폼, NFT뱅크

메타버스의 소유권 증명서이자 경제 활동의 중심축이 될 NFTNon-Fungible Token, 대체 불가능한 토큰 시장이 전 세계적으로 빠르게 성장 중이다. 글로벌 시장조사업체 스태티스타와 제퍼리투자은행은 2022년 전세계 NFT 시장 규모가 350억 달러한화 약 42조 원, 2025년에는 800억 달러한화 약 96조 원까지 성장한다는 전망을 내놨다.

2017년 NFT 시초라 할 수 있는 크립토키티가 등장한 후, ERC721NFT 발행 규약의 표준이 정립되며 NFT 마켓 플레이스가 생겨났고 이어 게임형 NFT가 등장하면서 이제는 메타버스형 NFT 프로젝트로 빠르게 확장되고 있다. NFT는 메타버스 경제 근간이 되는 가상자산으로 메타버스와 떼려야 뗄 수 없는 관계이다. 메타버스가 확장될수록 NFT 수요도 더욱 커질 것이다.

하지만 NFT 가격은 종류에 따라 도저히 이해할 수 없을 정도

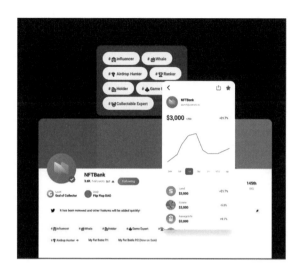

로 큰 차이가 난다. 대체 불가능한 토큰이라는 이름처럼 특수한 희소성을 지니기에 그렇다. NFT 시장이 합리적 발전을 위해서는 정확한 NFT 가치 평가가 무엇보다 중요하다. 이런 NFT 초기 시장에 잔다르크처럼 등장해 NFT 거래를 활성화할 NFT 가치 평가 모델을 세계 최초로 선보인 젊은 창업가가 있다. 바로 NFT 자산 관리 서비스를 제공하는 NFT뱅크의 김민수 대표다. NFT뱅크는 NFT 투자자들이 자신의 크립토_{가상자산} 지갑을 NFT뱅크에 연결, 과거 NFT 거래 기록과 현재 보유한 NFT를 한눈에 파악할 수 있도록 지원하는 NFT 자산 관리 플랫폼이다.

국내 블록체인 전문 투자 회사 해시드가 2020년 6월 엔젤 투자를 시작으로, 2021년 4월 시드 라운드 투자, 그리고 2022년 4월, 시리즈 A 라운드 투자 유치를 주도했다. 시리즈 A 라운드는 해시드 외 미국에서 가장 큰 벤처캐피털 중 하나인 세쿼이아캐피털, 글로벌 가상자산 거래소 FTX의 최대 주주 알라메다리서치, 그리고 주요 NFT 프로젝트와 서비스를 개발한 대퍼랩스, 원케이엑스1kx, 디지털커런시그룹DCG 등이 대거 참여했으며 150억 원 가량의 투자를 받았다.

2022년 5월 기준, NFT뱅크는 2020년 창업 2년 반 만에 30억 원에서 약 100배 성장해 가치평가 기준 4조 원 가량의 NFT 자산을 연동 관리하고 있다. 이로써 NFT 고객 자산을 관리하는 세계 유일의 회사로 입지를 단단히 굳혔다. 가까운 미래에는 골드만삭스처럼 메타버스계의 최고의 투자은행이 될 것이라 자신한다. NFT 가치 평가와 자산 관리를 넘어 메타버스에 필요한 모든 금융 서비스를 제공하는 회사를 만들겠다는 비전으로 오늘도 발 빠르게 달리고 있다.

그라운드X 출신 데이터 사이언티스트, 세계 최초 NFT 가치 평가 모델을 만들다!

2020년, 컨택스츠아이오Contxts.io를 창업한 김민수 대표는 카카오 블록체인 계열사 그라운드엑스에서 데이터 사이언티스트로 일하며 가상자산 데이터 분석에 많은 경험을 쌓았다. 그리고 세계 최초로 NFT 거래 데이터를 분석해 적정 가격을 제시하는 NFT 자산 관리 플랫폼 'NFT뱅크'를 선보였다.

"많은 사람들이 블록체인을 어렵게 생각하는데, 쉽게 정의하면 데이터베이스입니다. 좀 더 정확히는 공유된 데이터베이스를 말하죠. 네이버와 카카오는 각자의 데이터베이스를 사용합니다. 서로 같은 데이터베이스를 공유하지 않죠. 예를 들어 블록체인은 이더리움이라는 공유된 데이터베이스 위에 다양한 서비스가 올라가는데, 여기서 서비스가 바로 각각의 NFT 프로젝트인 것이죠."

NFT 프로젝트들은 이더리움이라는 공유 데이터베이스블록체인 위에 올라가 기록을 읽고 쓴다. 개인이 크립토가상자산 지갑으로 NFT를 사고 판 기록들이 하나의 공유 데이터베이스, 즉 블록체인에 쌓인다. 이런 오픈된 공유 시스템을 갖춘 블록체인은 데이터 사이언티스트인 김 대표에게 굉장히 흥미로웠다. 토스, 뱅크샐러드와 같은 핀테크 플랫폼이 오픈 뱅킹을 본격화되기 전, 오랜 시간 하나하나 개인의 계좌를 연동해 한 사람의 금융 자력을 모으는 역할을 했는데, 블록체인은 마치 오픈뱅킹과 마이데이터가 이미 시작된 새로운 세상이었다.

"2018년 그라운드엑스 창립 당시부터 합류해 블록체인에 쌓인 금융 자산들을 크립토 지갑 단위로 분석하는 일을 했습니다. 블록체인에는 메타마스크, 카이카스 등 다양한 크립토 지갑이 있는데 이 지갑을 통해 NFT를 사고팔죠. 이 지갑 하나하나는 일종의 계좌번호와 같습니다. 이 계좌번호로 NFT를 사고판 흔적들이 모두 블록체인에 쌓여 지갑 단위 분석이 가능한 것이죠."

그라운드엑스 블록체인 메인넷 클레이튼은 클레이라는 가상자산을 사용한다. 그라운드엑스는 가상자산을 발행하는 일종의 중앙은행이다. 이 생태계를 잘 유지하기 위해서는 돈이 어떻게 돌고 있는지를 잘 파악하고 때에 따라 인플레이션이나 디플레이션을 막기 위한 조치를 취해야 한다. 그러기 위해서는 모니터링이 중요하고, 김 대표는 이런 지갑 단위 가상자산 분석 경험을 많이 쌓았다.

"일하면서 단순히 투자 외에도 블록체인을 의미 있게 사용하는 사례가 앞으로 어디서 나올지 많이 생각했습니다. 그러다 NFT에 관심이 갔고, NFT를 구매한 사람들의 지갑 기록을 분석하니 재미있는 점이 많았습니다."

김 대표가 NFT를 처음 알게 된 건 2017년이지만 당시에는 단순히 재미 수준으로만 보았고 미래를 바꿀 가능성에 대해서는 미처 깨닫지 못했다. 하지만 NFT 크립토 지갑을 분석하면서 NFT를 한 번 사면 그다음 다양한 NFT를 취급하면서 많은 거래가 이어지고 있다는 걸 찾아냈다. 도대체 이 사람들이 어디서 NFT 정보를 얻어 거래하는지 궁금했고 디스코드Discord라는 채널을 발견했다. 디스코드는 게임 커뮤니티에서 가장 많이 쓰는 일종의 메신저다. 그 안에서 NFT 얘기를 나누고 가격의 부분도 서로서로 논의하는 만남의 장소다. 김 대표는 여기에서 사용자들과 함께 대화를 나누고 사람들이 NFT를 하나의 금융 재화로 생각한다는 것이 실감했다.

"자산이라고 하면 보유한 현금도 있고 주식, 집, 중고자동차 등 종류가 다양하죠. 이제 가상자산도 하나의 자산군이고, 그 안에서도 NFT가 예전에는 재미 정도였다면 이제는 정말 자기의 자산으로 생각하는 사람들이 늘었다는 것을 느꼈습니다."

당시 적어도 얼리어답터들 내에서 NFT는 하나의 자산이었다. 그런데 큰 문제는 NFT가 실제 자산이라는 것이 실감하기 위해서는 정확한 가격을 알아야 했다. 부동산은 시세를 아는 방법이 많다. 길을 지나다 부동산에 들어가 물어도 되고 인터넷에서 검색해도 된다. 하다못해 인근에 사는 사람에게 물으면 대략의 시세를 알 수 있다. 이처럼 NFT도 가격을 알아야 그만큼 믿음이 생긴다.

2019년, MCH My Crypto Heroes, 마이 크립토 히어로즈라는 일본 NFT 프로젝트가 등장했다. 당시 NFT 거래 플랫폼 오픈시 Opensea에 판매된 NFT 중, MCH NFT 프로젝트가 전체 매출의 90%로 압도적이었다. 그다음은 크립토키티가 차지했다. 사용자들은 NFT 가격 판단이 어려웠다. 거래할 때 얼마에 올리고 사야 할지 감이 잡히지 않으니 가격 갭 차이가 컸다. 판매자는 비싸게 팔고 싶고 구매자는 최대한 싸게 사고 싶어 했기에 거래 자체가 이뤄지지 않았다.

김 대표는 역시 답답했다. 그래서 사용자들의 NFT 가격 판단에 도움을 줄 MCH NFT 가치 평가 모델을 만들기로 결심하고, 3일 만에 완성한 그 결과물을 공개했다. 예상대로 반응은 뜨거웠다. NFT 가격을 알 수 있는 첫 수단이었기 때문이다.

김 대표가 만든 가치 평가 모델은 오픈시 홈페이지 우측 상단 크롬 익스텐션을 클릭하면 누구나 볼 수 있었다. 해당 NFT에 대한 현재 가격과 가치 모델이 예측한 가장 합리적인 가격을 보여줬다. 디테일 버튼을 누르면 각 NFT 가격 트렌드, 일주일 시점에 어느 정도 가격이 형성될지 예측까지도 상세히 나왔다. 아무도 하지 않은

NFT 가치 평가 모델을 김 대표가 세계 최초로 선보인 것이다. 이에 사람들의 트래픽도 기하급수적으로 증가했고 김 대표는 NFT 가치 평가 모델에 확신을 갖고 NFT뱅크 창업을 빠르게 준비했다.

김민수 대표가 세계 최초로 만든 NFT 가치 평가 모델! 어떤 기준으로 NFT 가치를 평가할까?

게임에서 칼 하나의 NFT가 1만 원인지, 100만 원인지 알 길이 없다. 그 가치를 판단하는 기준이 정해져 있지 않기 때문이다. 김민수 대표는 NFT 분야별 가치를 추출해낼 수 있는 요소들을 상세히 분석했고 많은 사람들이 NFT 가치를 판단할 수 있도록 돕는 평가 기준을 제시했다.

우선 NFT 종류에 대해 알아보자. NFT는 크게 아트워크, PFPProfile Picture, 게임, 메타버스 랜드 네 가지로 나뉜다. 먼저 크립 토아트라 표현하는 아트워크는 네 가지 중 가장 극단적인 NFT다. 대체 불가능한 토큰 NFTNon-Fungible Token의 F는 Fungible, 가치 대체성을 말한다. 1달러와 1달러는 같은 가치가 있어 교환할 수 있다. 반면 아트 작품은 한 작가가 만들어도 작품마다 그 가치가 다 다르다. 이렇게 가치가 다르니 1:1로 교환하기 힘들다. 대체 불가능한 Non-Fungible은 각각의 독특한 특성을 갖고 있어 교환이 쉽게 이뤄지지 않는다. 그래서 아트가 극단적인 NFT다.

지루한 원숭이들의 요트 클럽BAYC로 대표되는 PFPProfile Picture
는 SNS에서 프로필 사진으로 쓸 수 있는 캐릭터 일러스트다. PFP
는 이미지에 대한 수치적 특성값을 가진다. 예를 들어 외계인, 좀비,
인간, 동물 등 다양한 주제가 있으며 이에 따라 가격 차이가 생긴
다. 이 안에서도 귀고리, 선글라스와 같은 액세서리 착용 여부도 가
격에 영향을 끼친다. 이런 요소들이 가치 평가 모델에 가격 측정 요
소로 작용한다.

게임으로 가면 가치 평가가 더 쉬워진다. 사람들이 아트워크나
PFP NFT보다 게임을 더 많이 접했고 게임 분야도 상권과 나름대로
교환의 가치가 형성돼 가격을 더 잘 파악할 수 있다. 검이라는 아이
템은 게임 서버 내 하나만 존재하지 않는다. 레벨마다 가치가 따라
다르기에 특성 값을 갖고 동시에 같은 NFT가 여러 개 있기에 많은

거래가 이뤄지고 시세가 형성된다. 좀 더 세밀하게 특정 NFT에 대한 가치를 평가하는 방법이 있다. 가격은 수요와 공급이 만나는 곳에서 결정된다. 결국 수요와 공급을 알아야 한다. 재미있는 건 NFT 세계에서 공급은 비탄력적이라는 점이다. 첫 발행 후 더이상 찍어내지 않기에 공급이 고정적이다. 수요가 어디에 존재하느냐가 가격을 결정한다. 그럼, 수요는 어떻게 알아낼까? 레벨5의 캐릭터가 있다고 가정해보자. 곧 레벨이 10이 될 수 있다면 레벨4와 10의 검 중 어느 검을 선택할까? 곧 레벨10이 되니 당연히 레벨10의 검 수요가 더 높다. 레벨4는 필요가 없다. 결국 이는 개개인의 크립토 지갑을 통해 이 사람이 몇 레벨인지, 현재 어떤 검에 수요가 높은지를 파악하면 특정 NFT의 가격이 어느 정도 형성될지 알 수 있는 선행 지표가 된다. 김민수 대표가 처음 만든 NFT 가치 평가 모델에 이런 분석 요소들이 적용됐다.

마지막 메타버스 랜드를 살펴보자. 메타버스 플랫폼 더샌드박스 랜드 경우 16만 개 땅으로 구성된다. 각각의 땅은 모양과 형태가 다 동일하기에 지역이 중요하다. 더샌드박스는 1차, 2차 아파트를 분양하는 것처럼 조금씩 랜드를 판매한다. 물량이 풀릴 때 기업과 개인이 각각 들어와서 랜드를 구입한다. 현실처럼 유명 기업의 브랜드 땅 주변이 가격이 오른다. 또 처음 분양한 곳은 메트로폴리탄 지역이라서 가격이 비싸다. 현실과 거의 유사하다. 순간이동을 할 수 있는 중간 거점지대가 있는데 이런 곳이 가격이 비싸다. 교통적인 측면이 메타버스 랜드에도 가격에 영향을 미친다. 부분적으로 봤을

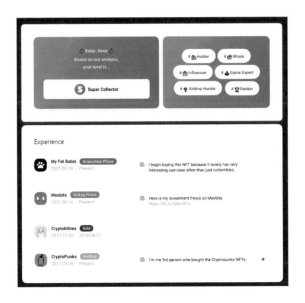

때 한 구역 안에서는 가격이 별반 차이가 없다. 가치가 비슷해 대체가 가능하다. 이런 가치 요소들을 전부 추출해내 모델링을 하면 NFT 가치 평가 모델이 완성된다.

30억 원에서 4조 원으로 연동 관리 자산 100배 급상승! NFT 종합 금융 서비스로 비즈니스를 확장하다!

NFT 가치 평가 모델은 알고리즘이기에 눈에 보이지 않는다. 김 대표는 이 위에 토스와 같은 가상자산 관리 서비스를 더하고 NFT 관련 금융 상품과 스타트업 투자로도 비즈니스를 확장시키고 있다.

"NFT뱅크는 크립토 지갑 주소만 입력하면 자체 개발한 NFT 가치 평가 모델과 다양한 지표를 활용해, 각자가 보유한 NFT의 가치를 한 번에 평가합니다. 그러다 보니 사용자들의 큰 호응을 얻었죠. 더 나아가 포트폴리오 기능을 추가하고 다른 이용자의 NFT 투자 포트폴리오를 볼 수는 소셜 트레이닝 기능도 도입했습니다. 블록체인이 공유 데이터베이스라서 다른 사람이 어떤 NFT를 사고파는지를 알 수 있습니다. 그래서 스마트머니NFT 관련 종목에 투자, 지난 60개월간 예상 수익 기준 상위 100개의 지갑들의 거래 패턴도 참고하며 전략적으로 NFT 자산을 관리할 수 있죠."

NFT뱅크 연동관리 자산 규모는 2020년 10월, 30억 원에서 2022년 4월 기준, 1년 반 만에 4조 원으로 100배 이상 크게 불어났다. 코인은 거래소 정보를 모아서 가격을 평가하면 되지만 NFT는 가격 자체를 알아내기 힘들기에 경쟁자가 없다. 전 세계에서 NFT 가치 평가 서비스를 제공하는 곳은 NFT뱅크가 유일하기에 성장 속도가 빠를 수밖에 없다. 토큰을 취급하지 않아 한국 비즈니스도 위험 부담이 없다. 이제 금융 상품이 출시되면 사모 펀드 형식으로 운영할 계획이다. 담보대출 서비스도 계획하고 있지만, 현재는 NFTfi, 폰파이, 파인프로토콜, 고블린 삭스 등 해외 NFT 담보대출 회사들에게 NFT뱅크의 NFT 가치 평가 모델 서비스를 제공하고 있다.

"NFT 담보대출을 서비스하는 해외 기업들이 증가하고 있습니다. 이를 위해서는 대출을 실행할 사용자 풀이 확보가 돼야 하는데, NFT뱅크는 많은 사용자들을 확보하고 있으니 담보 실행을 NFT뱅크에서 바로 실행을 시킬 수 있는 플랫폼으로 성장시킬 계획입니다."

NFT뱅크는 지금까지 전략상 어느 쪽에서도 돈을 받지 않는다. 시장 지배력을 가져가는 것이 가장 중요해서다. 이제 독점적인 시장 지배력을 갖췄고 2022년 하반기부터 수익화를 시작할 예정이다. 또 NFT뱅크는 P2E 시장의 큰손으로 떠오른 길드들을 위해 대출, 채권 등 다양한 금융 서비스를 제공한다. NFT뱅크가 길드를 위한 금융 비즈니스를 시작한 이유는 아래 P2E 시장 트렌드를 살펴보면 자세히 알 수 있다.

NFT뱅크는 2022년 4월, 해시드, 세쿼이아캐피털, 디지털커런시그룹DCG, 대퍼랩스, 비트크래프트 등 기업과 기관 9곳으로부터 총 150억 원 가량의 시리즈 A 라운드 투자를 유치했다. 기업 가치는 약 3,500억 원이다. 이번 투자를 발판 삼아 NFT뱅크 서비스를 고도화하고, NFT·블록체인 연구·개발을 강화할 방침이다. 또 NFT 프로젝트를 개발하고자 하는 스타트업에 투자하는 500억 원 규모 펀드와 가치 상승이 기대되는 NFT에 투자하는 300억 원 규모 펀드도 각각 조성할 계획이다.

여기서 잠깐!
NFT 시장을 활성화시킨 P2E·돈 버는 게임 트렌드 알아보기!
팬데믹 이후 엑시인피니티Axie Infinity, 리그 오브 킹덤즈League of King-doms 등 다양한 P2EPlay to Earn 프로젝트들이 인기를 끌고 있다. 엑시인피니티는 세 마리의 몬스터를 구매한 뒤 플레이어 대 플레이어PVP 경쟁 라운드에서 이기면 인피니티 기본 토큰 중 하나인 SLP스무드 러브 포션, Smooth Love Potion라는 토큰을 얻는다.

2019년 말, 코로나 팬데믹이 시작되면서 관광업으로 GDP의 대부분을 차지하는 태국, 필리핀, 인도네시아, 베네수엘라 같은 국가는 먹고 사는 문제가 심각해졌다. 이때 그들의 눈에 들어온 것이 P2E게임이었다. 코로나 전에 평균 임금이 약 300~500달러 사이였다면 엑시인피니티 게임만 열심히 해도 월급의 세 배를 가까운 수익을 냈다. 현실 경제에서 일하는 게 의미 없어진 것이다. 엑시인피티니와 같은 P2E게임은 NFT, 가상자산 같은 신흥 기술이 커뮤니티에 혁신적인 경제적 기회를 제공할 수 있다는 것을 입증했다.

여기서 또 하나의 비즈니스가 탄생했다. 엑시인피니티 게임을 하려면 엑시 세 마리를 구입해야 한다. 수요가 많아지니 엑시의 가격이 수십 배 올라갔다. 필리핀의 경우, 한달 치 월급에 버금가는 돈이었다. 그러면서 길드라는 생태계가 새롭게 열렸다. 길드라는 장학재단이 길드원이라는 장학생에게 엑시 세 마리를 대여하면 장학생은 열심히 게임을 해서 번 수익을 길드와 5:5로 나눴다. 일종의 렌탈 비즈니스다.

이런 렌탈 비즈니스가 성장하면서 길드의 규모도 커졌다. 길드는 직접 게임을 하지 않아도 수익이 빠르게 확보하며 길드와 P2E 생태계가 상호 보완적으로 돌아가기 시작했다. 길드의 규모가 커지고 길드원이 많아지니 자연스럽게 많은 플레이어들을 보유하는 막강한 파워도 생겼다. 엑시인피니티 뿐만 아니라 새로운 P2E게임 프로젝트들도 길드를 찾았다. 길드들이 사용자 베이스가 많으니, 길드가 새로운 P2E 게임을 플레이하는 순간 사용자 베이스가 증가한다. 그러면서 길드는 렌탈 비즈니스 모델에서 배급사 모델로 발전해 그들의 자산을 NFT 프로젝트에 직접 투자했다. 그러면서 P2E 길드 비즈니스도 웹 3.0 시대를 주도하는 큰 시장으로 자리잡게 됐다.

NFT뱅크 다가오는 메타버스 세상을 주도할
최고의 투자 은행을 꿈꾸다!

김 대표가 2019년 말부터 준비해 2020년 본격적으로 사업을 시작했다. 당시만 해도 국내에 NFT가 잘 알려지지 않았다. 2021년 돼서야 조금씩 NFT 열풍이 불기 시작했다.

"2019년 그라운드엑스에서 나오면서 앞으로 3~4년 정도 지나면 NFT가 급성장할 것이라는 확신이 있었습니다. 사업을 처음 시작할 때는 NFT가 잘 알려지지 않았다 보니 오히려 좋았죠. 연구개발을 할 수 있는 충분한 여유가 있었으니까요. 인터넷 세상이 열렸을 때는 검색 시스템이, 모바일 시대가 도래했을 때는 메신저가 중요한 것처럼 먼저 NFT 시장에 나가서 포석을 만들 만한 게 무엇일까 고민을 많이 했습니다. 결국 메타버스로 대표되는 웹 3.0 시대가 오면 가치 평가가 중요할 거라 봤고 열심히 연구개발에 집중하다보니 2021년 갑자기 NFT 열풍이 불기 시작했습니다."

김 내표의 예상과 달리 생각보다 NFT 시장이 빠르게 열렸다. 김 대표는 당시 하루하루가 힘이 들었다. 사용자 수는 급속도로 증가하는데 고작 4명의 인원이 이를 대응했다. 2022년 4월 기준, 직원은 23명으로 늘었으며 2023년까지 100명으로 늘릴 계획이다.

"앞으로 NFT 금융 상품과 서비스가 굉장히 많이 나올 것이라고 생각합니다. 지금까지 NFT는 PFP가 대부분을 차지하는데, 사실상 PFP는 활용처가 아직까지는 좀 부족합니다. NFT를 다양하게 활용할 수 있도록 유틸리티가 더 높아질 것이라 예상합니다. 그런 활용처가 많이 생길수록 금융자산 측면에서도 더 의미가 커질 것입니다."

NFT뱅크는 이름 그대로 메타버스 상의 최고의 투자은행이 되는 것이 1차 목표다. 이를 위해 메타버스에서 필요한 다양한 금융 니즈를 충족시킬 상품과 서비스를 하나하나 선보일 계획이다. 김 대표는 웹 3.0도 비즈니스 본질은 동일하다고 본다. 결국 고객 창조, 고객의 니즈를 파악해 즉각 대응하는 것이 중요하다. 사용자들이 뭘 원하는지를 계속 긴밀하게 파악해 제대로 전달하는 서비스가 핵심이다. 그러기 위해서는 웹 3.0 커뮤니티에서 많이 놀아봐야 한다.

NFT 전망에 대해서는 김 대표는 2022년 하반기까지는 조용할 것이라 예상한다. 2021년부터 웹 3.0 시장에 인재들이 굉장히 많이 나왔는데 지금은 개발의 기간이고 2022년 말부터 조금씩 의미 있는 서비스들이 출시될 것 같다고 말한다.

"NFT의 첫 번째 웨이브는 기존 참여자 위주로 구성됐다면 곧 다가올 두 번째 웨이브는 조금 더 일반인들이 들어올 수 있도록 기술적인 난이도는 훨씬 낮아지고 사용자 경험은 훨씬 증대되는 방식의 서비스들이 많이 나올 것입니다. 적어도 2023년 상반기에는 또다시 NFT 붐이 일어날 것 같습니다. 웹 3.0은 이제 시작되는 영역입니다. 큰 그림에서는 아직 시작조차도 제대로 안 했다고 봐도 무방하죠. 기업은 물론 개인 각각에게 많은 기회들이 있을 거라고 봅니다. 지금 이 땅이 내 땅이다라고 하면 내 땅이 되는 서부 개척 시대나 다름이 없습니다. 때문에 더욱 이 시장을 깊게 바라보고 적극적으로 나섰으면 합니다. 미국 실리콘밸리에는 이미 내로라는 인재들이 웹 3.0 시장으로 많이 진출했습니다. 독자 여러분도 웹 3.0에 많은 관심을 가지면 새로운 기회들을 잡을 수 있을 거라 생각합니다."

국내 디파이 생태계를 개척하다!
디지털 자산 전문 금융 기업, 블록워터

최근 탈중앙화 금융을 일컫는 디파이 시장이 급속도로 성장하며 웹 3.0 시대의 새로운 금융 생태계를 만들어나가고 있다. 글로벌 디파이 데이터 사이트 디파이라마에 따르면 2022년 4월 26일 기준, 디파이 시장에 운용되는 총 자산은 약 160조 원, 2021년 약 4조 원에 비해 1년 만에 40배가 성장했다. 최근 여러 요인들로 인해 하락세를 보이지만 많은 전문가들은 이미 디파이 시장은 예견된 미래이며, 웹 3.0 시대를 주도하는 새로운 금융 생태계가 될 것이라고 확신하는 추세다.

이런 가파른 성장세를 보이는 글로벌 디파이 시장에 한국의 입지를 공고히 다지기 위해 등장한 기업이 있다. 바로 국내 디파이 시장에 거대한 성장 동력을 불러 일으키며 디파이 대중화를 이끄는 디지털 자산 전문 금융 기업, 블록워터다.

블록워터는 2018년 창립 이후, 국내 웹 3.0 탈중앙화 금융 생태계를 단단히 구축할 블록체인 프로젝트 벤처투자로 의미 있는 발자취를 남기고, 가상자산 예치 및 대출 서비스 등 다양한 가상자산 기반 투자·운용 상품 설계로 새로운 웹 3.0 시대의 디파이 표본을 제시하고 있다.

디파이는 유동성 풀 참여자에게 주는 보상 등 전통 금융 시장에서는 받을 수 없던 수익이 발생하고 중앙화된 기존 금융기관을 흔들 수 있는 큰 잠재력을 갖고 있기에 웹 3.0 시대 탈중앙화의 가치를 실현시키기 위해서는 디파이의 건강한 생태계 구축이 무엇보다 중요하다.

디파이 금융이 나아가야 할 방향을 바르게 설정하고 제시하는 블록워터를 통해 웹 3.0시대의 금융의 모습을 제대로 이해하고 나만의 가상자산 포트폴리오를 효율적으로 구성하는 기회를 가져보자.

국내 가상자산 금융 생태계를
단단히 구축한 블록워터홀딩스의 기업들

2018년 6월 설립된 블록워터홀딩스는 블록체인 전문 벤처캐피탈 '블록워터매니지먼트', 정량적 분석과 리서치에 기반한 디지털자산 전문 투자·운용을 위한 '블록체인테크놀로지스', 가상자산 예치 및 대출 관련 금융 서비스 '업파이' 등의 법인을 보유하며 모든 가상자산 산업을 포괄하는 새로운 웹 3.0 금융 서비스를 제공한다.

먼저, 블록워터매니지먼트는 2018년 웹 3.0 가상자산, 블록체인과 관련된 기업에 투자하고 자문하는 크립토 전문 헤지펀드로 출범했다. 팬텀, 수퍼트리의 플레이댑, 이오스, 바이프로스트 등 약 30여 개 블록체인 프로젝트의 투자를 이끌며 국내 크립토 산업에서 확실한 입지를 굳혔다. 가상자산이 새로운 금융 시장이라는 확신이 있었기에 가능했다.

블록체인 산업의 성장을 견인할 선도적인 블록체인 기업을 회원으로 구성한 한국블록체인협회의 정회원으로 선정됐으며, 다양한 분야의 산업에 혁신을 기여한 기업에게 수여하는 대한민국 지속 가능 혁신리더 대상을 수상했다. 또 세계적으로 높은 공신력을 자랑하는 법률등급평가기관 체임버스앤드파트너스Chambers and Partners로부터 대한민국 최고의 디지털자산 VC로 선정되는 영예도 얻었다.

두 번째 블록워터 테크놀로지스는 정량적 분석과 리서치에 기반한 가상자산 전문 투자·운용 기업이다. 2019년, 가상자산 퀀트 리서치 기업 엑스체인에 투자해 20개 이상의 글로벌 거래소에 데이터 기반 고빈도 트레이딩 적용 및 퀀트 부문 고도화라는 성과를 올렸으며, 2021년 엑스체인과 합병해 블록워터테크놀로지스를 설립했다. 퀀트펀드quant fund는 수학 모델을 이용해 시장의 움직임을 컴퓨터 프로그램으로 만들고 이에 근거해 투자 결정을 내리는 펀드를 말한다.

또 2019년, 국내외 메이저 가상자산 거래소 수십여 곳의 실거래 정보를 자동 분석해 실시간 최적의 거래가를 제시하는 가상자산 종합 금융 플랫폼 뱅크빗을 국내 두 번째로 선보였다. 처음 가상자산을 구매하는 투자자들도 손쉬운 거래가 가능하도록 원클릭 최적가 간편 거래 기능을 도입했으며, 가상자산 기반의 예금, 대출, 예치 상품을 연달아 출시하며 블록체인 생태계의 가상자산 금융 플랫폼으로 확장했다. 이 뱅크빗이 바로 2021년 공식 론칭된 업파이Uupfi다. 업파이는 가상자산 기반의 예치, 대출 서비스를 제공하는 가상자산 금융 서비스로 업계에서 '가상자산 은행'이라고 불린다. 글로벌 거래소 후오비의 기관 전용 자산운용 서비스였던 바이프라임을 인수하고 블록체인 기술 전문기업 코인플러그와 합작법인을 설립해 '업파이'로 재탄생했다. 가상자산 담보대출 서비스를 제공하며 총 예치 금액TVL은 약 1,200억 원을 돌파했다. 2021년 9월 특정금융정보법특금법 첫 번째 규제화 사업으로, 코인플러그의 VASP 인증 지갑을 연동, 고객자산을 직접 보관하지 않는 시스템으로 규제에 대응하며 합법적 사업을 운영 중이다.

일리노이주립대 약대생,
국내 가상자산 금융계를 장악하다!

블록워터 창업자 이이삭 대표는 미국 시카고에서 고등학교를 졸업하고 일리노이주립대에서 약학을 전공하다 군입대를 위해 한국에 들어왔다. 입대를 기다리던 중 사고로 무릎 부상을 입으면서 면제 판정을 받았고 미국에 다시 돌아가 약학 공부를 마칠지, 한국에서 새로운 일을 해볼지 인생의 중대한 기로에 섰다.

"비트코인에 대해 처음 알게 된 건 2013년도였어요. 그런데 호기심에 비트코인을 구입하고 1/5 가격으로 급락해 가상자산은 미래가 없다고 생각했습니다. 2016년 미국에서 한국으로 돌아왔을 때, 지인이 이더리움 채굴장을 운영하고 있었는데, 이때부터 다시 가상자산에 관심을 갖고 집중적으로 공부했죠."

이 대표는 처음 아비트리지Arbitrage, 어떤 상품의 시장 가격이 지역마다 서로 다를 때, 가격이 싼 시장에서 상품을 사서 비싼 시장에 팔아 매매 차익을 얻는 거래로 가상자산 투자를 시작했다. 2017년 초에 한국과 글로벌 비트코인 가격이 차이가 커 그 차익은 거래하면서 크립토 시장에 발을 딛은 것이다.

2017년 여름부터는 ICOInitial Coin Offering, 가상화폐 공개 투자로 발을 넓혔다. 당시만 해도 가상자산은 초기 시장이었기에 자문이 필요했고 가상자산 종합 정보 플랫폼 코인힐즈 조상수 대표블록워터 공동 창업자를 찾아 자주 조언을 구했다. 그렇게 조 대표와 가상자산 투자에 대한 많은 이야기를 나누다 같이 사업을 해보자는 제안을 받아

2018년 블록워터를 공동 창업했다.

"2017년 가상자산 시장에는 정보나 자료를 거의 찾아볼 수 없었습니다. 한국 자료는 더더욱 부족했죠. 투자자들은 커뮤니티에 올라 온 한글 번역 자료들을 참고했는데, 해외 가상자산 시장이 한 달 주기로 워낙 빠르게 돌아가니 정보 전달이 늦을 수밖에 없었습니다. 다행히 전 영어가 친숙해서 가상자산 정보를 좀 더 빠르게 취득할 수 있었죠."

이 대표는 이런 발 빠른 가상자산 시장의 정보 획득으로 국내 가상자산 업계에 선두에 설 수 있었고 블록체인과 가상자산 벤처투자부터 가상자산 금융 서비스, 그리고 디파이까지 단단하게 크립토 생태계를 구축해 나갔다.

"2022년 디파이 시장은 2017~18년 가상자산 시장과 비슷합니다. 여러 가지 아이디어들이 시장에 나오는데 아직 실질적으로 사용하는 사용자는 그리 많지 않죠. 금융자산 시장은 온체인 자산 시장과 오프체인 자산 시장, 두 가지로 구분됩니다. 궁극적으로 오프체인의 모든 자산군들이 온체인으로 이동할 것이라 확신합니다."

이 대표가 이에 대한 확신을 가진 이유가 있다. 일단 비용이 굉장히 낮다. 두 번째는 이더리움과 같은 메인넷 자산은 누군가의 허가가 없이도 거래가 가능하다. 지금의 금융 시스템은 퍼미션드 시스템permissioned system이라고 해서 금융사의 허가가 필요하다. 이런 장벽이 없다 보니 A 사에서 만든 금융 상품은 B, C 사가 편하게 연계해 복합적인 상품을 낼 수 있는 구조가 가능하다. 이게 디파이의 큰 장점 중에 하나다. 예를 들어 A 사에서 특정 펀드 실적이 좋아서 그 펀드를 구입하면 A 사를 통해서만 사야 되는 구조다. 디파이에서는 이런 의미가 없다. 서로 간의 파이를 차지하려는 경쟁 구조도 아니다. 공평한 경쟁 속에서 성과가 블록처럼 조립되고 쌓여서 더 큰 네트워크 효과가 생기는 것이 바로 디파이의 생태계다.

디파이는 이미 예견된 탈중앙화의 미래 앞으로 2~3년 디파이 대중화는 전통 금융 시스템을 완벽히 대체할 것이다!

2022년 4월 26일 기준, 전체 디파이 서비스에 운용되는 총자산은 약 160조 원이다. 2020년만 해도 1조 원을 안 넘겼다. 2021년 1분기 약 4조 원에서 2022년 1분기 약 160조 원으로 1년 만에 40배 증가했다. 2022년 5월 다시 하락세를 보였지만 글로벌 디파이 시장의 성장 가능성에 대한 확신에는 변함이 없다.

"가상자산 시장은 많이 성장했지만 아직은 초기라고 봅니다. 많은 전문가들이 비트코인을 가상 세계의 금이라고 비유합니다. 저역시 비트코인이 디지털 금의 유틸리티를 가지고 있다는 것에 동의합니다. 2003년 금의 상장지수펀드가 승인된 뒤 10년 동안 대상승기를 맞았죠. 가상자산 시장도 이와 비슷할 것으로 예상합니다. 금이 가지고 있는 속성을 보면 개인이 은행 없이 누구와도 자유로운

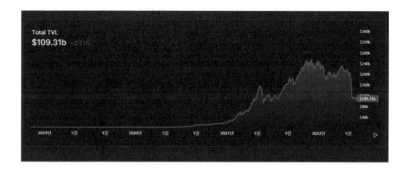

2022년 5월 30일 기준, 디파이 시장에 예치된 총 자산 그래프.(출처: DeFi 데이터 사이트 디파이라마)

거래가 가능합니다. 또 금은 변하지 않고 생산량이 제한돼 있으며 금의 가치를 대부분 인식합니다. 비트코인 역시 마찬가지죠. 이렇게 비트코인을 금으로, 이더리움을 기름으로 비유하는데 저도 같은 생각입니다. 이렇게 이해하면 가상자산 시장을 알아가는 데 도움을 줄 수 있다고 생각합니다."

이 대표는 앞으로 2~3년 뒤 디파이 서비스를 이해하고 가상자산 시장에 뛰어든 회사들이 기존 금융 시스템을 완벽하게 대체할 것이라고 말한다. 그리고 블록워터가 맨 앞에서 디파이 산업을 이끌 것이라 자신한다.

"자동차가 처음. 발명됐을 때 말과 자동차 중 어떤 걸 탈 것이냐고 물어보면 그때 사람들은 말에 더 익숙하기 때문에 말을 선택했습니다. 하지만 자동차의 효율성과 성장 가능성이 앞으로 생활에 얼마나 큰 편의성을 가져다줄지 이해를 했다면 자동차를 골랐겠죠. 이처럼 디파이도 금융 시장에 혁신을 가져올 것이라 확신합니다. 때문에 항상 주의 깊게 디파이에 대해 공부하기 바랍니다. 그리고 투자를 하기 전 충분한 연구와 조사로 본인만의 기준을 설정한 뒤 투자를 하는 것이 보다 안전합니다."

디파이 산업의 위험 요소도 분명 존재한다. 가장 기본적으로 이더리움 채굴자들이 어느 순간에 이더리움 채굴을 하지 않으면 이더리움 체인 위에 있는 자산은 종잇조각이 된다. 이더리움 네트워크 유지와 시스템 활용에도 위험이 있다. 또 스마트 콘트랙트는 시장에 나온 지 이제 5년이 됐다. 극초기 기술이다. 지금 시장에서도 해킹 이슈들이 빈번하게 일어난다. 이런 다양한 위험 요소들이 있음에도 단계별 성숙 과정을 통해 결국 전통 금융은 디파이로 넘어갈 것이다.

"웹 3.0 기업들은 기존 기업과 회사가 원하는 인재상이 다릅니다. 20대 초중반은 정보를 빠르게 습득하고 이를 활용할 능력이 뛰어나죠. 블록워터는 가상자산 전문 금융 기업이지만 오히려 금융 전공이 아닌 분들이 더 빨리 디파이 체계를 이해하고 창의적인 아이디어를 도출합니다. 여러분도 고정관념을 벗어나 보다 폭넓은 시각으로 디파이 시장을 바라보셨으면 합니다. 웹 3.0 시대의 금융이 과연 어떤 모습으로 변화될지 그 과정을 함께하며 디파이 시장을 선도할 핵심 역할에 도전해보시길 바랍니다."

전 세계 투자자들의 어려움을 해결하는
디지털자산 재테크 서비스 기업,
업라이즈

디지털자산은 전통 금융의 불합리함을 개선할 수 있는 블록체인 기술을 품은 새로운 자산이다. 웹 3.0 시대가 빠르게 다가오면서 그 가능성의 영역을 넘어 제도권 금융 진입까지 앞두고 있으며 이에 따라 다양한 투자 기회도 빠르게 열리고 있다. 하지만 디지털자산 투자는 변동성, 불투명한 정보, 부족한 신뢰 등으로 투자자들을 막막하게 만든다. 이로 인해 여전히 디지털자산 투자자들과 자금의 진입이 가로막혀 있다.

업라이즈는 이런 디지털자산 투자자들의 막연하고 불안한 고민을 해결하기 위해 디지털자산 로보어드바이저 시장을 개척했다. 2018년 출시된 '헤이비트Heybit'는 디지털자산 자동투자 플랫폼으로 디지털자산의 변동성을 계산해 자동 투자함으로써 안정적인 수익을 올릴 수 있도록 돕는다.

이후 업라이즈는 디지털자산 예치상품인 '하베스트Harvest'와 전통 증권까지 자동화된 투자 일임 서비스를 제공하는 자회사 '이루다투자일임2022년 8월 '업라이즈투자자문'으로 사명 변경 예정'을 만들어 사업 영역을 확대하며 디지털자산과 전통 자산을 아우르는 혁신을 꾀하고 있다.

실제 헤이비트는 2022년 5월 기준 누적회원 수는 약 2만 9,000명에 이르고, 29조 원이 넘는 누적 거래액을 달성하며 가파른 성장 가도를 달리고 있다.

하베스트 역시 2021년 9월에 정식 출시된 이후, 예치 규모는 2022년 3월 기준 420억 원을 달성했다. 2달 만인 5월 약 820억 원으로 2배 가까이 증가하는 놀라운 성장세를 기록 중이다.

이런 성과로 국내 유명 VC로부터 기대를 한 몸에 받고 있다. 2022년 1월, 카카오벤처스와 크릿벤처스 등 기존 및 신규 투자자들로부터 100억 원 규모 시리즈 C 라운드를 끝마쳤다. 2019년 카카오벤처스와 신한벤처투자 등에서 시리즈 A, 2021년 해시드와 KB인베스트먼트 등에서 시리즈 B 투자유치에 성공한 바 있다.

누적 투자금은 총 460억 원이다. 시리즈 C 투자 때 평가받은 기업가치는 약 3,000억 원으로 초기 시드투자 35억 원과 비교하면 4년 새 몸값이 85배 이상 올랐다. 현재도 꾸준한 성장세를 이어가고 있어 앞으로 기업가치는 더 높아질 가능성이 크다.

디지털자산 투자자들의 막연한 불안함을 안정적으로 해결하는 서비스로 진입장벽을 낮추고 더 나아가 대중화까지 선도한다는 비전을 제시한 업라이즈 덕분에 웹 3.0 시대 디지털자산 투자 미래가 밝을 것으로 예상된다.

카카오, NHN에 매각을 성공시킨 능력 있는 창업가

헤이비트는 이충엽 대표의 세 번째 창업이다. 첫 창업은 2007년 카이스트 재학 시절 콘텐츠 제작 스타트업인 아이씨유ISEEYOU를 창업해 2012년 카카오에 매각했고, 두번째 창업은 2014년 아이엠컴퍼니 모바일 알림장 서비스 아이엠스쿨을 선보였다. 아이엠스쿨은 초중고 자녀를 둔 학부모가 학교에서 보내는 소식과 그 외 교육 정보를 모바일로 편하게 제공하는 앱으로 2017년 약 100억 원의 기업가치로 NHN에 매각됐다.

"디지털자산 시장 붐이 일던 2017년, 두 번째 창업한 회사를 매각하고 디지털자산 분야를 깊게 바라봤습니다. 전부터 웹 3.0 블록체인의 성장 가능성이 있다고 생각했고 엑시트^{투자금} ^{회수}한 자본으로 본격적인 디지털자산 투자를 시작했죠. 그런데 당시 많은 사람들이 어떤 정보나 근거 없이 디지털자산에 투자하는 모습을 보면서 이를 개선할 방법이 없을까 고민하게 됐습니다. 마침 개량적인 투자 방법인 퀀트^{Quant}를 알게 됐고 이를 기반으로 서비스를 만들면 비즈니스 기회가 많을 것이라 확신했습니다."

이 대표는 디지털자산 시장이 고평가된 부분도 있지만, 장기적으로는 성장 가능성이 클 것이라 예상했다. 사람들이 디지털자산 시장에서 제일 필요로 하는 건 결국 투자이기에 디지털자산 투자 문제를 해결하면 사업성이 높다고 판단했다. 2018년 1월, 업라이즈를 설립하고 8월, 디지털자산 자동투자서비스 헤이비트를 출시했다. 하지만 창업하자마자 2년간 디지털자산 시장에 겨울이 찾아왔다. 디지털자산 투자에 관심이 줄어드는 시기라 힘든 부분도 많았지만 악조건 속에서도 헤이비트는 의미 있는 투자 전략을 제공했고 이런 성과가 사용자들에게 큰 신뢰를 얻은 계기가 되면서 매년 놀라운 성장을 이뤄냈다.

자동투자 전략 'FF'와 예치 서비스 '하베스트'로 디지털자산 종합 플랫폼으로 발돋움

디지털자산은 변동성이 크기에 투자의 기회와 위험의 요소가 동시에 존재한다. 이 대표는 광풍에 가까운 디지털자산 투기가 이뤄지고 이와 더불어 디지털자산 투자자들의 손실 고통 역시 증가하는 모습을 지켜봤다. 디지털자산 시장이 확산되기 위해서는 좀 더 안정적이고 편안한 디지털자산 투자 서비스가 필요하다고 생각했고 헤이비트를 개발했다.

헤이비트는 수학 통계적 기법으로 설계한 퀀트 알고리즘 기반 디지털자산 자동투자서비스다. 최근에는 사업을 확장해, 디지털자산을 예치하면 공시된 이율에 따라 매주 보상이 지급되는 디지털자산 예치서비스 하베스트도 추가했다.

먼저 헤이비트는 가격 변동이 큰 디지털자산을 고객 대신 24시간 자동으로 운용하는 자동투자서비스다. 기존 전통 자산 투자 시장은 가치평가 기준이 있지만, 디지털자산은 기준이 명확하지 않아 정석적 판단으로 접근하기에는 무리가 크다. 그래서 사람의 '감'보다는 수학·통계학을 기반으로 한 퀀트 알고리즘을 활용한 로보어드바이저가 디지털자산 분야에는 적합하다고 생각했다.

이 로보어드바이저는 디지털자산 변동성을 체계적으로 분석해 고객마다 각기 다른 맞춤형 투자 상품을 지원한다. 시장 상황에 따라 수시로 패턴을 파악해 분산 투자를 반복함으로써 수익을 내는 방식이다. 헤이비트는 매년 빠르게 성장해 2022년 5월 기준 누적 회원 수는 약 2만 9,000명, 누적 거래액은 29조 5,000억 원을 돌파했다. 2020년 4월에는 글로벌 서비스도 시작했으며, 현재는 헤이비트 글로벌 법인을 통해 자동투자 서비스를 제공하고 있다.

헤이비트 성공전략은 모든 방식을 고루 다 활용한다는 점이다. 특정 방식만 고집하면 그 특정 방식이 잘 통하지 않는 상황이 왔을 때 급격하게 어려워질 위험이 있다. 그래서 최대한 다양한 요소를 혼합한다는 것이 기본 생각이다. 또 디지털자산은 가격 변동성이 심하지만 데일리 트레이딩으로 보유 시간을 짧게 줄이면 이런 위험 부담을 낮출 수 있다.

"디지털자산은 어떻게 투자해야 할지 감이 잘 잡히지 않아 막막해하는 분들이 많습니다. 이를 헤이비트가 잘 풀어나가려고 하고 있죠. 헤이비트 안에는 각자가 원하는 콘셉트의 투자를 맞춤복처럼 전부 찾을 수 있고 그다음부터는 자동으로 알아서 투자가 진행되는 서비스를 지향하고 있습니다."

업라이즈는 헤이비트의 높은 기술력과 서비스를 인정받아 2022년 1월 카카오벤처스와 크릿벤처스 등 기존 및 신규 투자자들로부터 3,000억 원의 기업가치를 평가받고 100억 원 규모 시리즈 C 라운드도 성공적으로 마무리했다. 2019년 카카오벤처스와 신한벤처투자 등에서 시리즈 A, 2021년 해시드와 KB인베스트먼트 등에서 시리즈 B 투자유치에 성공한 바 있다. 누적 투자금은 총 460억 원이다.

두 번째, '하베스트'는 디지털자산 예치 상품이다. 하베스트와 연결된 디지털자산 통장에서 예치할 수량만큼 선택하면 예치 기간에 따라 매주 월요일 12시에 수익이 지급된다. 2022년 6월 5일 기준, 테더USDT는 연 8.0%, 비트코인BTC은 연 5.8%, 이더리움ETH은 연 5.5% 보상률을 제공하며 적용되는 이율은 2주마다 홈페이지에 공시된다. 예치 이후에도 입출금이 자유롭고 지급된 수익은 자동 재예치돼 복리 효과도 볼 수 있다.

2021년 9월에 정식 출시된 이후, 예치 규모는 2022년 3월 기준 420억 원을 달성했으며 약 5월에는 약 820억 원으로 2배 가까이 증가하는 가파른 성장세를 보였다.

전통 자산을 은행에 예치하면 1~2% 대의 이자를 제공하는데 디지털자산을 예치하면 그보다 높은 이율을 제공할 수 있는 비결이 뭘까. 이 대표는 디지털자산 예치수익률 구조를 이렇게 설명한다.

"결국 수익구조가 어디에서 나오는지가 핵심입니다. 디지털자산 예치 서비스들이 수익을 내는 원천은 여러 가지가 있지만, 보통 디지털자산을 대출 금액과 매칭해 수익을 냅니다. 상승장에서는 사람들이 레버리지 투자를 더 적극적으로 하기에 디지털자산을 빌려 가는 사람이 늘어납니다. 돈의 공급은 줄고 빌려 가는 사람이 증가하니 이율이 올라가는 것이죠. 반대로 하락장에서는 투자 심리가 위축돼 디지털자산을 빌려 가는 수요가 줄어듭니다. 이와 동시에 이자 수익을 얻을 수 있는 예치가 증가하면서 이율이 떨어지게 되는 것이죠. 이런 구조로 디지털자산 예치 상품의 수익률에 변동이 생기는 것입니다."

헤이비트의 비즈니스 모델은 글로벌 자동투자 서비스인 'FF'의 경우 투자수익 발생 시에만 부과되는 성과수수료수익금의 25%이며 예치 서비스 '하베스트'의 경우 주요 기관 및 디파이 프로토콜을 통해서 얻어지는 예대 마진이다.

주 고객은 디지털자산 투자를 하다 손실 경험이 있거나 디지털 자산 투자에 큰 어려움을 겪었던 경우다. 손실을 볼 때도 있지만 절 대적인 규모에서는 상대적으로 안정적이기에 큰 불안함을 없이 자동으로 디지털자산을 투자할 수 있다는 것이 강점이다.

업라이즈는 정교한 계량 투자 기법을 제공하는 기업으로, 디지 털자산 외에 전통 증권까지 자동화된 투자 서비스를 제공한다. 자 회사인 '이루다투자일임'은 주식, 채권, 금, 원자재 등의 글로벌 자산 의 상장지수펀드ETF에 자동으로 분산 투자하는 '든든구이루다투자'을 서비스한다.

글로벌 시장에 분산 투자해 2020년 7월 출시 후, 1년 7개월 만 인 2022년 2월 기준 관리자산AUM 규모 2,000억 원을 돌파했다.

이는 대규모 마케팅 전략에 힘쓰는 다른 로보어드바이저 서비 스와 달리 김동주 대표가 직접 유튜브를 통한 열린 소통에 집중한 덕이다. 김동주 대표가 김단테라는 닉네임으로 운영하는 '내일은 투자왕' 유튜브 채널은 투자에 대한 진정성 있는 콘텐츠로 34만 명 의 구독자를 보유하며 금융·경제 분야 주요 경쟁사 중에서도 괄목 할만한 영향력을 확보했다.

"김동주 대표는 업라이즈가 하는 일을 다이어트에 비유합니다. 다이어트를 하려면 덜 먹고 운동을 해야 합니다. 그 방식에서 조금 씩 차이가 날 뿐이죠. 다이어트에 성공하려면 정보를 아는 것도 필 요하지만 퍼스널 트레이닝처럼 옆에서 직접 관리하고 지도하는 것 이 중요합니다. 저희 일이 이와 비슷하다고 생각합니다. 정보만으로 한계가 있는 부분들을 서비스 디테일로 채워나가 결국 투자에 긍정적인 영향을 끼칠 수 있도록 하는 것이죠."

D2C 전략과 유튜브 콘텐츠 채널로
고객 신뢰를 먼저 단단히 쌓다!

업라이즈는 중개 위주 기존 투자 플랫폼과 다르게 D2C 방식으로 고객과 직접 소통한다. 기본적으로 신뢰를 얻는 것이 중요하기 때문에 업라이즈 자체에서도 크리에이터들이 유튜브나 블로그 등 고객과 소통하는 채널을 적극 운영 중이다.

이는 전통 금융사들은 정부가 규정한 라이선스를 확보해 최소한의 전문성을 증명하지만, 디지털자산 분야는 그런 라이선스가 없고 시장 상황 또한 변동성이 크다는 진입장벽을 낮추기 위해서다. 또 로보어드바이저 자체도 아직 낯선 기술이기에 업라이즈가 무엇을 말하려고 하는지를 고객에게 전달하려면 먼저 신뢰가 밑바탕이 돼야 한다.

"업라이즈는 다양한 채널을 통해 잠재 고객과의 활발한 소통을 이뤄온 것이 강점이라고 생각합니다. 아무리 뛰어난 투자 기법을 추구한다고 해도 그게 영속성이 있는 건지에 대한 의문이 있고 상대적이기도 합니다. 디지털자산 투자의 어려움을 해결하는 것이 저희가 풀어야 하는 미션이자 목표죠. 퀀트 알고리즘 역시 이런 문제를 해결하는 하나의 도구입니다. 업라이즈가 납득할 만한 가치투자 방법론이 세워지면 디지털자산에 대한 가치투자도 가능하다고 봅니다."

현재 대한민국 정부는 디지털자산에 대한 투자 자체가 자본시장법 대상이 아니라는 입장이다. 자본시장법이 전통 투자금융서비스들을 규제하는 법안인데 디지털자산 투자서비스는 해당이 안 된다. 하지만 결국은 디지털자산도 하나의 금융업으로 자본시장법 안에 들어갈 것이다. 이 대표 역시 디지털자산 시장이 바르게 성장하려면 적절한 규제가 밑바탕이 된 제도권화가 필요하다고 말한다. 디지털자산 투자 관련 서비스를 제공하는 회사 중 국가의 제도 기준을 맞추는 업체만 살아남을 것이기에 이를 위해 기존 금융권의 문법을 최대한 따르고 있다.

"업라이즈는 제도권의 기준에 맞는 서비스를 통해 디지털자산에 대한 저변을 넓히는 역할을 하고 있다고 생각합니다. 1602년 세워진 네덜란드 동인도회사를 주식의 시작으로 본다면, 결국 주식시장은 운용업계나 증권사 같은 인프라가 생기면서 시장이 크게 성장했습니다. 마찬가지로 디지털자산도 저희와 같은 플레이어들이 늘어야 인프라가 커질 수 있다고 생각합니다.

1986년생인 이충엽 대표는 카이스트 경영학과를 뒤늦게 중퇴했다. 2007년 3학년 때 처음으로 게임 앱 개발 스타트업 아이씨유를 창업하고 계속 휴학을 하면서 사업가의 길을 걸었다. 다시 학교로 돌아가기에는 너무 멀리 와 있어 과감히 중퇴를 결정했다.

"제가 처음 창업할 당시에는 웹 2.0 붐이 거세게 불던 시기였습니다. 그리고 모바일 시대가 오면서 시대에 따라 창업 주제가 변화하는 것을 현장에서 직접 경험했죠. 어떤 시대든 제일 중요한 건 현장에서 직접 몸으로 얻은 경험이라고 생각합니다. 직접 그 현장에서 참여하는 거랑 관전자로 바라보는 거랑은 차이가 큽니다. 전 현장 속에서 많은 것을 배웠습니다. 학생 창업을 크게 권장하지는 않지만, 창업하고 싶은 분야에서 한 번 일해보는 것은 권합니다."

이 대표는 단순히 지식으로만 배울 때는 내가 가진 상식이나 범주 안에서 이해하게 되는데, 현장에서 몸으로 직접 경험하면 상정하지 않던 상황들이 발생하고 좀 더 넓고 깊은 배움을 얻을 수 있다고 강조한다. 속도 역시 차이가 크다. 현장 안에서는 어떤 비즈니스가 성공 가능성이 큰지를 빠르게 예측할 수 있다. 때문에 관심이 가는 기업의 인턴으로 일을 해보거나 토이 프로젝트를 직접 시도하는 것이 창업에 있어 큰 도움이 된다고 조언한다.

"바로 전 사업이 학교 알림장 어플리케이션 서비스였습니다. 지금 일하는 가장자산 투자서비스를 제공하는 업라이즈와는 분야가 많이 다르죠. 하지만 본질적으로는 비슷한 측면이 있습니다. 어떤 산업이든 비효율적으로 운영되는 부분들이 있습니다. 규제 때문일 수도 있고 우리가 바로 짐작하기 힘든 이유일 수도 있는데 그런 비효율적인 부분들로 인해 억눌린 순간이 바로 창업의 기회라고 생각합니다. 그걸 개선할 좋은 해결책 중 하나가 바로 소프트웨어죠."

지난 과거를 살펴보면 기존 산업에 존재하던 문제들은 소프트웨어를 통해 확연하게 개선되는 패턴을 보였다. 이 대표가 개발한 아이엠스쿨 경우도 교육 분야에서 학부모들이 겪은 정보의 불균형 문제를 소프트웨어로 풀어냈다. 디지털자산 투자 분야 역시 사람들이 디지털자산 투자에 대한 막막함과 불편함을 소프트웨어로 개선했다. 방법론적으로는 어떤 비즈니스든 해결하는 문제는 다르지만 소프트웨어로 비효율적인 부분들을 개선한다는 점은 같다.

"업라이즈는 일찍이 디지털 자산의 가능성을 확인하고, 디지털자산 로보어드바이저 시장을 개척했습니다. 저희가 지향하는 것은 고통받지 않는 디지털자산 투자서비스를 제공해 디지털자산 시장의 대중화를 선도하는 것입니다. 모든 디지털자산 투자자들이 원하는 목적지에 다다를 때까지 여유롭고 안정적인 투자가 이뤄질 수 있도록 업라이즈는 끝까지 최선을 다할 것입니다."

09

세계 최초 크립토 외환은행 '체인저'를 구축하다!

블록체인 디파이 서비스 개발기업, 체인파트너스

전 세계 법정화폐는 180여 종이 존재한다. 하루 거래액은 약 6조 6억 달러_{한화 약 8,000조 원} 규모다. 이런 기존 화폐시장에 웹 3.0의 등장으로 새로운 가상자산이 하루가 다르게 빠르게 증가하고 있다. 지난 1년간 전 세계 가상자산 종류는 1만 개가 넘게 새로 생겨났고 하루 거래액도 법정화폐의 약 1/100 수준인 82조 원이다. NFT, P2E, 다오 등 웹 3.0 서비스가 발전할수록 가상자산의 수는 더 증가한다.

여기서 중요한 건 바로 기하급수적으로 늘어나는 수많은 가상자산들을 어떻게 원활히 교환할 것인가에 대한 유동성 문제다. 분명 가상자산 유동성은 웹 3.0 확산에 큰 걸림돌로 작용할 것이다. 이를 근본적으로 해결하고자 체인파트너스가 3년간 매진한 서비스가 바로 '체인저'다.

체인저는 마치 온라인상에서 최저가 상품을 찾아주는 것처럼 전 세계 1,000개 이상의 가상자산거래소와 외환시장을 연결해 어떤 자산이든 가장 좋은 가격으로 거래를 성사시킨다. 실제 외환시장에서 하루 500조 원 이상 거래되는 소프트웨어인 FXall의 크립토 버전 구축을 목표로 개발됐고, 2021년 12월 출시 후, 5개월 만에 누적 거래 약 5억 원을 달성하며 성공적인 출발을 알렸다. 앞으로는 이를 발판 삼아 가상자산 외환의 교차 환전을 넘어 NFT, 포인트, 상품권 등 디지털로 거래되는 모든 재화를 24시간, 한 번의 클릭만으로 최상의 환전 서비스를 받도록 지속적인 서비스 확대를 이뤄나갈 계획이다. 전 세계 가상자산 유동성을 모두 연결해 최저가를 구현한 체인저. 웹 3.0이라는 새로운 도시 건설에 가장 중요한 상수도 인프라 역할을 톡톡히 해낼 것으로 기대된다.

16살, 연봉 1억 원의 최연소 벤처 사업가로 시작 웹 1.0, 웹 2.0 그리고 지금의 웹 3.0의 역사와 함께하다!

체인파트너스 표철민 대표는 그 어떤 창업가보다 화려한 이력을 자랑한다. IT 스타트업 업계에서는 그를 모르는 사람이 없을 정도로 유명 인사다. 표 대표는 1999년, 중학교 2학년 때 최연소 벤처 사업가의 길을 걸었다. 16살 나이로 인터넷 도메인 등록 대행 회사를 창업해 연 매출 1억 원을 달성하며 당시 독도 도메인tokdo.co.kr을 독도사랑 동호회에 기증하면서 '표철민'이란 이름을 세상에 널리 알렸다. 이후 2006년 대학생 시절, 위자드웍스를 설립해 국내에 위젯을 처음으로 선보이며 제2의 전성기를 맞았다. 2010년 초, 인터넷이 모바일로 넘어가는 패러다임 변화에도 빠르게 반응하며 이에 특화된 모바일 앱과 소셜 게임 등을 개발했다. 그야말로 웹의 역사와 함께했다고 해도 과언이 아니다.

"인터넷이 처음 시작된 초창기 웹 1.0 때는 사업을 잘 모르는 중학생이었지만 그 경험이 단단한 밑거름이 돼 웹 2.0 시대 비즈니스에도 도전할 수 있었습니다. 그렇게 10여 년이 지난 지금 다시 웹 3.0으로 이동이 시작됐죠. 웹 2.0과 웹 3.0은 탈중앙화라는 차이점이 있을 뿐 구조적으로는 웹 1.0, 웹 2.0 그리고 웹 3.0까지 비슷한 일을 하고 있다고 생각합니다."

웹 2.0 붐이 일던 2006년 당시에도 인터넷을 개발하는 연구자나 제작자들은 오히려 웹 2.0에 부정적인 시각이 많았다. 뒤돌아 생각하면 웹 2.0은 단지 새로운 비즈니스를 위한 마케팅 용어였다. 지금 웹 3.0 역시 그와 같은 처지다. 웹 2.0의 수혜자라 불리는 트위터 창업자 잭 도시는 웹 3.0을 폄하한다. 지금도 양비론이 존재하지만 그래도 이런 과정 속에서 웹 환경은 꾸준히 발전한다.

"웹 환경이 '웹 3.0'이라는 분절적인 용어로 불리는 순간 사람들의 호기심을 불러일으킵니다. 기업은 이런 성장의 기회가 왔을 때 이를 잘 활용해야 하죠. 체인파트너스 또한 웹 3.0을 건전하게 잘 이용해 산업 발전에 기여해야 한다고 생각합니다. 웹 2.0 때처럼 웹 3.0도 1~2년 정도 붐을 일다가 지나갈 것 같습니다. 1년 정도 지나면 사람들이 더이상 웹 3.0 이라는 용어를 신선하게 느끼지 않기 때문이죠."

2021년 메타버스가 붐을 일었듯 2022년 역시 웹 3.0이란 키워드를 기업의 마케팅 용도로 활용하기 좋을 때다. 2006년 웹 2.0의 키워드가 떠올랐을 때도 지금처럼 웹 2.0에 관한 컨퍼런스가 열리고 웹 2.0이 세상을 바꾼다는 바람이 거세게 일었다. 하지만 표 대표는 시간이 지나고 그런 현상이 웹 2.0의 마케팅일 뿐이었다는 것을 실감했다. 그 변화의 흐름을 잘 이용한 기업들이 웹 2.0 시대를 주도한 것처럼 이 또한 좋은 기회이고 웹 3.0을 적극 활용해야 만 살아남을 수 있다.

"웹 2.0이 웹 1.0과 다른 차별화는 참여, 공유, 개방 이 세 가지 키워드였습니다. 웹 2.0이 도래하면서 사람들은 네이버 블로그나 유튜브에 직접 창작자로 참여하며 콘텐츠를 공유하기 시작했죠. 여기에 제가 추가한 또 다른 키워드는 바로 개인화였고 2007년 위젯을 국내 최초로 선보였습니다."

위젯은 일방적으로 정보를 제공 받는 방식이 아닌, 자기가 원하는 정보만을 새롭게 구성해 볼 수 있는 웹 2.0 시대의 새로운 개인화 서비스였다. 당시 네이버, 다음 등 국내 대표 포털 사이트에 위젯

서비스가 채택되면서 많은 사람들이 위젯을 사용했다. 크기가 작아 모바일 환경으로도 자연스럽게 적용됐고, 이어 모바일 콘텐츠 제작에도 특화돼 네이버에 콘텐츠를 공급하며 사업은 빠르게 성장했다. 표 대표는 PC에서 시작해 모바일 서비스까지 변신을 거듭하며 10여 년 동안 IT 업계의 최전선을 지켜왔고 아이지에이웍스에 회사를 매각하고 30살이라는 늦은 나이에 군대에 입대했다.

"원래 비트코인에 관심이 있었지만 군대 제대 후 이더리움을 접하면서 웹 3.0에 대한 공부를 제대로 시작했습니다. 이더리움이 마치 과거 모바일 시대에 수많은 앱들을 스마트폰 환경에 올리는 앱스토어를 보는 것 같았죠. 이는 제가 그동안 해왔던 일이고 2017년 당시에는 가상자산 거래소밖에 없던 상황이라 블록체인을 활용한 재미있는 서비스를 만들어보고 싶었습니다."

제대 후 그를 창업의 길로 다시 이끈 것은 바로 웹 3.0의 핵심인 블록체인 기술이었고 초심자의 마음으로 다시 돌아가 컴퍼니 빌더 비즈니스를 하기로 마음먹고 2017년 체인파트너스를 설립했다.

표 대표는 웹에 대해서는 그 어떤 누구보다 전문가였다. 그리고 블록체인을 집중적으로 공부한지 2달 만에 다시 블록체인 전문가라 불렸다. 이는 아직까지 국내 블록체인 업계에 전문가가 없다는 뜻이었고 이를 기회로 받아들였다. 2017년 3월부터 본격적으로 준비해 7월 체인파트너스가 시작됐다. 체인파트너스는 블록체인 기술 및 가상자산 거래와 관련된 여러 서비스와 기업을 키우는 목적으로 블록체인 전문 컴퍼니 빌더company builder다.

"국내에는 없는 재미있는 블록체인 사업을 병렬적으로 만들겠다는 비전을 가지고 있었습니다. 이런 비전이 투자자들의 관심을 불러일으켰고 투자도 많이 받았죠. 블록체인 산업이 성장하는 추세였고 우수한 인재들과 함께 열심히 노력하면서 회사가 빠른 속도로 성장시켰습니다."

표 대표는 DSC인베스트먼트, 캡스톤파트너스, DS자산운용, 프리미어파트너스 등으로부터 140억 원 규모의 투자를 받고 블록체인 기술, 소비자 제품, 크립토 파이낸스, 암호화폐 거래소, 암호화폐 결제, 블록체인 미디어, 블록체인 교육 등 다양한 블록체인 서비스를 개발했다.

하지만 아쉽게도 시장이 기술 개발보다 한 발짝 늦게 온다는 것을 간과했다. 특히 비트코인 가격이 오른 건 2017년이었는데, 자본 투입은 2018년 5월에 이뤄졌다. 자본시장에서 비트코인을 사야겠다고 마음먹었을 때는 이미 끝물이었다. 회사 설립 후 약 1년 만인 2018년 말 비트코인 가격이 폭락하면서 노력한 성과에 비해 아쉬운 성적을 거뒀다. 그렇게 2019년이 되면서 가상자산 업계가 베어마켓약세장으로 진입했고 크립토 겨울이 찾아왔다. 당시 모두가 크립토를 한다고 하면 바보냐는 소리를 들을 정도로 밑바닥을 쳤다. 이렇게 시장의 흐름이 급변할 수 있다는 것을 미처 대비하지 못하고 많은 서비스를 대거 출시한 욕심이 컸다.

"직원의 수가 가장 많았을 때는 120명이었지만 어쩔 수 없이 사업을 하나하나 접으면서 2020년 초, 단 3명만이 회사에 남았습니다. 크립토 겨울이 이렇게 급작스럽게 찾아올 거라는 예상을 조금이라도 했다면 사업 10개가 아닌, 4~5개만 집중했을 텐데 말이죠. 만약 그랬더라면 크립토 겨울을 잘 나고 집중한 서비스들이 다시 날개를 펼 수 있었을 거라는 아쉬움이 있습니다."

크립토 겨울을 힘겹게 보내고
다시 일어서 세계 최초 크립토 외환 은행 '체인저'를 개발하다!

이런 뼈아픈 실패와 후회는 지금 체인파트너스가 다시 일어설 수 있는 좋은 자양분이 됐다. 직원 3명만이 남은 2020년 봄, 표 대표는 다시 힘을 내, 선택과 집중을 하겠다고 결심하고 '체인저'라는 유동성 제품을 개발에 몰두했다.

"웹 3.0 시대는 여러 서비스에서 사용자에 대한 보상으로 그들의 토큰을 나눠줄 것입니다. 이렇게 개인당 사용하는 서비스가 증가하면 전자지갑 안에 쌓이는 코인이 최소 수십 종씩 될 것이라 봤죠.

향후 한 2~3년 안에 이뤄질 일입니다. 그런 대부분의 토큰은 비용을 지불하고 얻은 게 아닌 서비스 이용에 대한 대가입니다. 그럼 사람들은 토큰을 현금화하거나 아니면 다른 재화로 바꾸고 싶어할 거고 이럴 때 발생하는 문제가 바로 유동성입니다. 내가 토큰을 팔고자 할 때 좋은 가격으로 팔아야 하고 또 살 사람이 있어야 팔리는 것입니다. 그런데 토큰 종류가 많아질수록 거래하는 사람의 수는 적어지죠. 만약 거래자가 10만 명이 있는데 토큰이 100개라면 토큰당 거래 횟수는 많아집니다. 반대로 토큰 수가 10만 개로 분산되면 원할 때 원하는 가격으로 거래하기가 어려워지죠. 이런 점에서 유동성 문제는 웹 3.0 확산에 중요한 사회가 문제가 될 거라 확신했습니다."

2022년 5월 기준, 가상자산 종류만 2만 개가 넘고, 전통 법정화폐는 약 180종이다. 전통자산의 하루 거래량은 약 6조 6억 달러한화 약 8,000조 원다. 지난 1년 간 가상자산 종류는 1만 개가 넘게 새로 생겨났고 하루 거래액이 약 200조 원이다. 앞으로도 가상자산은 기하급수적으로 늘 것이다. 그럼 이 수많은 가상자산을 어떻게 원활히 교환할 것인가의 문제가 발생한다. 표 대표는 웹 3.0 확산의 최대 걸림돌이 바로 이 유동성 문제가 될 것이라고 봤다. 그리고 유동성 문제를 근본적으로 해결하기 위해 3년간의 개발 끝에 2021년 12월, 체인저를 선보였다. 이는 많은 경우의 수를 가장 최적의 경로로 연결해 모든 사용자가 어떤 화폐를 가지고 있던 가장 좋은 가격으로, 원하는 수량을 좋은 환율로 교환하는 서비스다.

체인저는 가격 비교 기능이 탑재된 자동화된 가상자산 장외거래OTC, Over the Counter 플랫폼이다. 사용자가 원할 때는 언제든 24시간 전 세계 1,000개의 중앙화금융CeFi 거래소와 OTC 데스크들로부터 가격을 동시에 받아 가장 좋은 가격을 제시한다. 가상자산을 살때나 팔 때 모두 전 세계에서 가장 유리한 가격으로 거래가 성사된다. KYCKnow Your Customer, 신원 확인를 거친 고객만 사용할 수 있는 거래 서비스로 국내에서는 유일하게 미 재무부 비은행 자금사업자로 선정됐다. 이 라이선스에 근거해 체인지 사용자는 미국 연방예금보험공사FDIC 공인 가상자산 수탁사에 자산을 예치함으로써 법적 보호하에 가상자산을 거래할 수 있다. 본사는 한국에 있지만, 미국법인으로 운영된다.

체인파트너스는 국내에서 최초로 OTCOver The Counter drug, 장외거래를 시도한 기업이었으며 전 세계 OTC 사업자들과 협력 및 네트워크를 구축했다. OTC는 대량 거래에서 안정성을 담보해주기 때문에 체인저가 유동성과 가격을 안정적으로 제공하기 위해 OTC의 도움이 필수적이었다. 표 대표는 이러한 OTC 시장에서의 탄탄한 입지를 기반으로 체인저 개발에 매진해 위기를 기회로 극복했다.

웹 3.0 확산의 걸림돌
유동성 연결 문제를 근본적으로 해결하다!

"체인저는 전 세계 수많은 거래소와 유동성 공급자가 연결돼 은

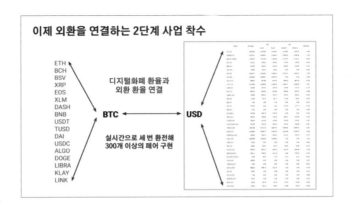

행에서 환전하듯 특정 시점에 원하는 가상자산을 한 번의 클릭으로 간편하게 거래할 수 있습니다. 체인저 플랫폼 뒤에는 1,000개의 거래소가 붙고 사용자가 특정 코인을 팔기를 원하면 체인저가 전세계 거래소에 가격을 물어 지금 이 순간 가장 좋은 가격을 제시하죠. 물론 가상자산만 거래하는 곳도 있지만 체인저는 이렇게 외환까지 더한 세계 최초 크립토 외환은행입니다. 기존 OTC 거래의 큰 허들이었던 최소 거래 금액을 없애 개인도 OTC 시장에서 유리한 가격으로 거래할 수 있다는 장점이 있습니다."

체인저는 온라인 쇼핑 시 최저가를 찾아주는 서비스처럼 가상자산을 살 때는 가장 낮은 가격을, 팔 때는 가장 높은 가격을 제시한다. 그 결과 출시 5개월 만에 누적 거래량은 약 5억 달러(한화 약 6,200억 원)를 달성했다. 좋은 환율을 만들겠다는 3년이라는 노력의 시간이 맺은 결실이다. 1,000개의 세계 거래소를 전부 끌어다 모으는 건 거의 고된 노동에 가깝다. 또 온체인 거래가 아닌 오프체인 거래 방식이라 속도 문제도 말끔히 해결했다. 클릭 한 번이면 최저가 거래가 성사되고 매일 오후 4시에 정산된다.

"체인파트너스는 이를 '유동성 프로토콜'이라고 말합니다. 환전 뿐만 아니라 송금, 결제 등 가상자산을 이용하는 모든 부분에서 환율을 제공하죠. 가상자산 시장이 발전할수록 성장 가능성은 더 큽니다."

표 대표가 웹 3.0 블록체인 업계를 긍정적으로 바라보는 데는 그만한 이유가 있다. 그 역시 가상자산 시장에 대해 많이 고민했다. 일단 국제은행간통신협회Swift를 통하지 않고 자금을 옮길 수 있는 편의성이나 비용 절감 측면에서는 크로스보더cross-border, 국경 간 거래 쪽에 확실히 도움이 된다. 또 기존 자국에서만 거래되던 주식이나 채권, 부동산 등을 가상자산으로 쉽게 사고팔 수 있는 자산 거래의 표준화 측면에서도 의미가 있다. 최근 비트코인을 거래하듯, 그렇게 세계가 표준화돼 거래가 이뤄지는 세상은 반드시 올 것이다. 하지만 시간은 꽤 오래 걸릴 것이다. 표 대표가 체인저와 같이 유동성 프로토콜에 집중한 것도 크립토 시장에 대한 믿음에서 출발했다.

"요즘은 가상자산 시장의 우려보다 기대가 6:4 비율로 더 높아지고 있다고 생각합니다. 가까운 미래에 송금이나 결제 등에 가상자산이 쓰일 것이 확실하다고 보죠. 물론 국내처럼 신용카드를 활발히 사용하는 나라에서는 아직 가상자산의 크게 필요가 없지만, 아프리카와 같은 개발도상국의 경우 해외 송금 수수료를 30%씩 떼다 보니 타국에서 열심히 일해서 가족에게 어렵게 송금해도 피해를 겪는 문제들이 많이 발생합니다. 이런 중앙화의 불균형한 독점 시스템을 크립토가 해결할 수 있죠."

크립토 시장은 2017년 붐이 형성되다 2018년 중반부터 기울기 시작해 2019년에 이른바 크립토의 겨울이 찾아왔다. 이후 길고 긴 겨울을 지나 2020년 봄을 기점으로 다시 활기를 찾았고 2021년까지 이어지다 2022년 5월, 테라 사태로 다시 주춤한 추세다.

"저는 가상자산 시장에 겨울이 한 번 와야 한다고 봅니다. 2021년에 겨울이 왔어야 했는데 NFT 붐으로 1년이 연장된 거죠. NFT야 말로 지나친 거품이라고 생각합니다. 반드시 한 번은 꺼지고 다시 제대로 된 가치와 방식으로 업그레이드된 NFT 2.0 버전이 새롭게 나올 거라고 생각합니다."

NFT 분야도 아예 관심을 두지 않는 건 아니다. 현재 NFT 마켓플레이스는 오픈시와 룩스레어가 각각 45%의 점유율을 차지하며 NFT 시장을 독점하고 있다. 세계 100개 이상의 NFT 거래소가 나머지 10%를 두고 치열한 경쟁 중이다. 각각의 점유율은 0.001% 미만이다. 표 대표는 이런 NFT 시장도 성장의 과정을 거쳐 지금과 같은 PFP 형태를 넘어 멤버십과 같이 좀 더 실질적으로 도움이 되는 새로운 NFT 2.0이 나올 것이라고 말한다.

체인파트너스는 가상자산과 외환, NFT, 디지털 포인트나 상품권 등 모든 거래가 이뤄지는 플랫폼을 지향한다. P2E나 NFT 그리고 전반적인 디파이 시장이 성장할수록 체인저 역시 함께 성장하는 구조다. 웹 3.0 시대는 서비스마다 각자의 토큰을 발행할 것이고 그만큼 환전은 어려워진다. 그런 문제점을 미리 해결하기 위해 웹 3.0

이란 도시에 체인저라는 상수도를 잘 구축해 놓았다.

웹 3.0 기술 발전은
개인의 행복 추구를 위한 도구다!

웹 1.0부터 2.0 그리고 웹 3.0 시대까지 세 번의 변화 흐름에서 선도적인 역할을 한 표철민 대표는 웹 3.0이 웹의 발전을 넘어 하나의 큰 패러다임의 이동이라고 말한다. 웹 2.0 당시에도 참여, 공유, 개방이라는 속성이 있었다. 그 덕분에 유튜브 콘텐츠, 블로그 등이 나오면서 많은 개인들이 창의력을 펼쳤다. 웹상에서는 모두가 1인 크리에이터인 것이다. 이것이 사회 현상으로 이동하고 시대의 정신으로 자리 잡았다. 이와 같은 맥락에서 볼 때 웹 3.0도 기술뿐만 아니라 사회 철학의 발전이고 시대 정신의 발로라 할 수 있다.

"코로나의 영향도 있었지만, 사람들이 점점 한 직장에 오래 다니는 것을 당연하게 여기지 않습니다. 사무실에 출근해 근무하는 기존 방식도 기피하는 추세죠. 그러기에 기업 문화도 점점 주 5일제를 넘어 4일제, 3.5일제로 가는 거고 집단보다는 개인의 행복 추구를 더 중요하게 생각하는 방향으로 흘러가고 있습니다. 웹 3.0의 등장 역시 이런 하나의 흐름 안에서 발생한 도구라 할 수 있죠. 웹 3.0이란 시대에 맞춰 사는 게 아니라, 우리의 사는 방식이 개인의 행복 추구로 변화됐고 그렇게 바라는 대로 탈중앙화의 가치를 앞세운 다오와 웹 3.0이 등장하게 되었다고 생각합니다."

탈중앙화 자율 조직이란 뜻의 다오 DAO, Decentralized Autonomous Organization와 웹 3.0은 이런 개인 행복 추구 흐름에 따라오는 것이지 먼저 시대를 이끄는 기술이 아니다. 은행이 지금까지 많은 수수료를 받고 환전 서비스를 제공했는데, 이제 개인들이 이런 중앙화 독점에 반기를 든 것이다. 이는 다시 말해 개인의 행복을 추구하기 시작했다는 의미고 이런 인간의 욕구 충족을 위해 웹 3.0이란 기술 개발이 이뤄지고 있다.

표 대표는 웹 3.0의 키워드는 개방, 공유, 참여 그 어떤 것도 아닌 바로 개인의 행복이라고 강조한다. 그간 이를 만족시킬 도구가 없어 개인이 희생했다면 이제 웹 3.0이란 탈중앙화 가치의 도구가 생겨난 것이다.

"체인파트너스는 작더라도 문제 하나를 날카롭게 해결하는 기업이 되고자 합니다. 웹 3.0 크립토 시장에서는 이 작은 문제 하나를 푸는 순간 글로벌 문제를 해결하는 것과 같죠. 국경의 구분이 없어지니까요. 그것이 바로 환전이고, 지금까지는 중요성이 부각 되지 않았지만, 웹 3.0 시대는 가상자산의 유동성이 가장 중요한 문제 중 하나가 될 것입니다. 이를 체인파트너스가 미리 해결해 놓는다면 그것만으로도 충분히 의미가 있다고 봅니다. '가장 싸게 사고, 가장 비싸게 판다'라는 딱 한 문장을 명확히 구현해내도록 최선을 다할 것입니다."

글로벌 제1의 게임 전문 크립토 투자사를 향해 가다!

블록체인 전문 벤처투자&빌드 기업, 블로코어

지난 2~3년간 블록체인 산업에 젊고 유능한 엘리트들이 대거 투입되면서 짧은 시간 안에 기록적인 성과를 이뤄냈다. 특히 블로코어Blocore는 2018년부터 블록체인 시장을 바라보는 새로운 시각으로 혁신적인 기업들을 초기에 발굴해 투자한 블록체인전문 벤처투자사다. 자체적으로 모듈화된 전문 조직을 구성해 실질적인 기업 성장에도 기여하는 차별화된 전략으로 블록체인 산업을 앞장서서 이끌었다.

1991년생인 임형철 대표는 세계 기아 문제 해결이라는 큰 꿈을 안고 2011년 게임베리를 창업하였다. 애드테크ad-tech 비즈니스, 모바일 게임 서비스 등 10여개의 사업을 실패한 끝에, 2017년 해외시장에 출시한 광고 솔루션으로 연 매출 100억 원을 달성하는 등 견고한 성장세를 이어 나가며 「포브스」에서 선정한 '아시아의 영향력

있는 30세 이하 창업가 30인Forbes 30 under 30'에 선정됐다. 이후, 블록체인이 새로운 산업 패러다임이 될 수 있다는 가능성에 공감해 이를 새로운 사업 방향성으로 정하였고, 더샌드박스The Sandbox, 애니모카브랜즈Animoca Brands, 위믹스Wemix, 클레이튼Klaytn을 포함, 50여 개의 회사를 초기에 발굴·투자하고 유니콘 기업으로 성장시켰다. 업계를 놀라게 한 기록적인 투자 성과를 내며 짧은 시간 안에 블록체인 업계의 큰손으로 떠올랐다.

기존 투자 방식의 틀에서 과감히 벗어난 비정형적 투자 방식과 창업가 정신Entrepreneurship driven을 최우선으로 하는 블로코어는, 그 어떤 투자사보다 피투자사의 사업에 실질적인 도움을 주자는 기조를 강하게 유지하고 이를 실행으로 옮긴다. '투자를 사업처럼, 사업을 투자처럼 운영한다'는 임형철 대표의 투자 철학과 앞으로 다가올 블록체인 산업에 대한 실질적인 정보를 모두 들어 보았다. 떡잎부터 남달랐던 그의 이야기를 잘 참고한다면 웹 3.0 시대 투자의 시각을 넓힐 기회가 될 것이다.

21살 때 게임베리 창업, 글로벌 진출로
100억 원의 매출 달성하고 블록체인 벤처 투자를 시작하다!

블로코어 임형철 대표는 어릴 적부터 부모님의 영향을 받아 전세계 기아 문제 해결을 인생 목표로 삼았다. 창업을 시작한 계기도 바로 이 때문이다. 서울대학교 화학생물공학부에 입학해 1학년 1학기에 휴학을 결심하고 2011년 21살 때 게임베리를 설립했다. 첫 시작은 모바일 게임 개발이었지만 사업을 확장하면서 모바일 광고 분야로 자연스럽게 넘어갔다. 광고 솔루션을 만들어 광고 대행 사업을 하면서 차곡차곡 번 수익으로 10여 개의 서비스를 꾸준히 개발하고 실패를 반복하면서 생존을 위해 열심히 사업을 키워나갔다. 투자도 받지 않고 매출보다는 영업이익을 중시하는 스타일로 6년간 생존을 위해 열심히 달렸다. 2017년 오랜 시행착오 끝에 해외 시장에 출시한 애드네트워크 광고 솔루션이 처음으로 유의미한 실적을 냈다. 애드네트워크Ad Network는 인터넷 광고 중개업의 하나로, 광고주와 인터넷 매체 사이를 잇는 역할을 담당해 광고수에게는 최고의 효율을, 매체에게는 최고의 수익을 선사하는 소프트웨어다. 이 애드네트워크 서비스 출시로 1년 만에 약 100억 원의 매출을 달성했다.

"창업 계기가 기아 문제 해결을 위한 자금 마련이었습니다. 이를 위해서는 구글, 애플 아니 그보다 더 큰 회사를 키워내고 싶다는 막연한 목표가 있었죠. 모바일 광고 솔루션 사업을 하면서 힘들게 6년간을 고군분투했으나 생각보다 시장의 규모가 크지 않다는 것을 깨달았습니다. 100억 원이 매출이었으면, 다음에는 500억 원, 1,000억 원으로 매출을 키워야 하는데 모바일 광고 솔루션 시장 자체가 그렇게 크지 않으니 성장의 한계를 맞닥뜨리게 됐죠. 과거 사업이 성공할 수 있는 최대치는 결국 그 시장의 크기에 비례한다고 이야기 들은 적이 있는데, 이게 바로 그런 의미라는 것을 그때 체감했죠."

2018년, 게임베리는 창업 이래 제일 높은 성장을 기록한 시기였다. 하지만 여기서 만족할 수 없었고 결정적인 피벗pivot이 필요했다. 2010~2011년 창업 당시 온라인에서 모바일로 넘어가는 패러다임의 전환을 직접 경험했고, 변화의 초창기를 선점한 회사들이 결국 그 시대를 주도했다. 후발 주자들이 아무리 많은 자금과 실력을 갖춰도 제2의 카카오나 네이버가 나올 수 없는 것처럼 쉽사리 넘어설 수 없는 단단한 장벽이 존재한다는 것을 절실히 느꼈다. 게임베리 창업 당시에는 그 기회를 잡지 못했지만, 다음 패러다임 전환의 시기에는 임 대표 역시 준비된 상태로 새로운 산업의 핵심 플레이어가 되고 싶다는 생각을 마음 한 켠에 품었다.

"2018년 피봇을 결정할 시기, 새롭게 진행할 비즈니스는 패러다임 시프트가 될 법한 산업군에 발빠르게 진입해야 한다고 생각했습니다. 그러면서 AI, IOT 등 다양한 분야를 모두 열어두고 검토했고, 최종적으로는 블록체인에서 그 가능성을 보게 됐습니다. 블록체인 시장에 처음 뛰어들었던 셈이라 탄탄한 사업 아이템과 인프라를 제대로 갖추긴 어려웠고, 그 와중에 가장 먼저 생각했던 방식이 VC처럼 자본을 투자하는 것이었습니다."

　블록체인을 기반으로 한 가상자산 시장은 2017년 상승의 정점을 찍었고 2018년 베어 마켓bear market, 주식시장에서 거래가 부진하고 주가가 하락하는 약세 시장, 행동이 느린 곰에 비유한 말으로 넘어왔다. 이에 따라 가상자산 분야 회사들의 기업가치가 낮아지고 투자 역시 크게 줄었다. 하지만 임 대표는 오히려 이를 기회로 보았다. 베어 마켓이 지속되는 동안, 거품이 빠지고 회사들의 진짜 실력이 드러날 것이라 생각했다. 향후 2~3년 후에는 새로운 상황이 펼쳐질 것으로 예상하며 베어 마켓에서 과감히 투자했고, 이는 블로코어의 탄생으로 이어졌다. 2018년 시작한 블로코어는 4년 만에 자금 규모를 빠르게 늘리며 우리나라를 대표하는 블록체인 벤처투자 및 빌드기업으로 눈부신 성장을 이뤄냈다.

더샌드박스, 애니모카브랜즈, 위믹스, 클레이튼, 플레이댑 등 50여 개의 블록체인 프로젝트 투자를 성공시키다!

　임 대표는 사업을 피봇할 당시 블록체인의 높은 가능성을 예측했을 뿐, 당시 만해도 블록체인 실체가 분명하지 않았다. 만약 블록체인이 주류 시장이 된다면 어떤 분야가 가장 먼저 각광 받을지 고민했고, 게임 시장에서 먼저 시작될 것이라고 예상했다.

　"블록체인이 게임 분야에 먼저 온다면 어떤 장르와 형태의 게임

일까를 다시 고민했습니다. 당시 블록체인 게임 회사들이 플랫폼 역할을 하겠다는 프로젝트가 많았는데 대부분 실패했습니다. 게임은 본질적으로 콘텐츠 비즈니스고, 게임 콘텐츠를 잘 만드는 기존의 메이저 게임 회사들이 과연 스타트업이 만든 블록체인 게임 플랫폼에 입점할까 의문이었죠. 메이저 회사들이 입점해야 실질적인 매출이나 스케일이 나오는데, 이러한 가능성이 높지 않다고 봤습니다."

구글플레이에 다양한 인디 게임들이 있지만, 그럼에도 메이저 게임 회사들로부터 창출되는 매출이 압도적으로 많다. 또 게임은 아무 게임에나 블록체인 기반의 토큰 시스템을 추가한다고 다 성공하는 것은 아니다. 게임을 개발해 성공시키기도 어려운데, 여기에 블록체인을 추가한다는 것은 훨씬 더 높은 허들이고, 성공 확률이 더 낮다. 그렇기 때문에 이미 성공한 게임과 IP를 보유한 메이저 게임 회사가 블록체인을 도입한다면 잘 해낼 가능성이 크다고 생각했다. 그래서 당시 메이저 게임 회사 중 앞서 블록체인을 도입한 위메이드 상장 게임사, 위믹스Wemix에 첫번째 투자자로 참여했다. 이어 블록체인이 도입됐을 때 성공 가능성이 큰 게임 장르를 찾았고 마인크래프트나 로블록스처럼 크리에이터가 활성화된 게임이라고 판단해 메타버스 게임 플랫폼 '더샌드박스The Sandbox'에 초기 투자자로 참여했다.

임 대표는 2018년부터 블로코어 외에도 싱가포르 기반 벤처캐피탈 TGVTrue Global Ventures 트루글로벌벤처스 펀드의 유일한 한국인 공동창업자로써 글로벌 시장에서도 적극적인 투자 행보를 보이고 있다. TGV는 애니모카브랜즈의 얏시우Yat Siu 회장을 비롯해 실리콘밸리에서 활동하는 해외 유명 투자자들이 파트너로 참여하며 전 세계 유망한 블록체인 기반 기술 기업에 투자하고, 이들의 성장을 지원한다. 2021년 9월, 1억 달러한화 약 1,250억 원 규모의 펀드를 조성했고 이 펀드에서 투자한 기업 중에는 최근 뉴욕 거래소에 상장된 기업도 있다. 이후 2022년 6월, 1억 5,000만 달러한화 약 1,940억 원 규모로 연이어 펀드를 달성하며 최근 어려운 시장 상황에서도 적극적인 투자 의사를 내비쳤다.

"TGV 펀드를 운영하며 글로벌 투자자들을 만나게 되었습니다. 그 기회로 애니모카브랜즈Animoca Brands에도 초기에 투자하게 됐죠. 당시만 해도 애니모카브랜즈는 지금처럼 수조 원 규모로 성공한 기업이 아니었습니다. 초기 단계일 때 애니모카브랜즈에 투자하고, 애니모카브랜즈가 더샌드박스를 인수하면서 더샌드박스에도 투자했죠."

2019년에는 카카오의 블록체인 기술 계열사 그라운드엑스에서 개발한 클레이튼 프로젝트에 투자를 진행했다. 클레이튼은 글로벌 퍼블릭 블록체인 플랫폼으로, 블록체인 기술의 가치와 유용성을 증

명해 블록체인 기술을 대중화하는 것을 목표로 한다. 임 대표는 메인넷 출시 이전부터 30여 개의 서비스 파트너를 확보하고, 전 세계 약 7억 명 이상의 사용자 풀을 보유한 클레이튼이 디앱Dapp 및 서비스의 대중화라는, 다음 단계의 블록체인 시장을 선도할 수 있을 것으로 판단해 투자를 단행했다.

투자를 사업처럼, 사업을 투자처럼
남다른 투자 철학으로 블록체인 업계의 큰손으로 떠오르다!

임 대표는 수십 년의 경력을 지닌 베테랑 투자자 못지않은 90년생만의 새로운 투자 철학을 가지고 있다. 첫 번째가 바로 기존 틀에 박힌 투자 방식에서 벗어난 '비전형적인 투자'다. 딱히 꼭 그래야 한다는 규칙을 정하지는 않았지만 남들과 똑같은 방식의 투자로는 업계에서 살아 남을 수 없다고 생각했다. 블록체인 벤처 투자 시장에

BLOCORE

We design innovative funds that consist of unorthodox investments that are unprecedented in the industry. We seek opportunities in new financial ecosystems(blockchain), AI technology, and non-traditional asset classes and mold them into funds.

We maximize capital reproduction through an entrepreneurial approach. From an entrepreneurial perspective, we improve risk-return profiles turning high-risk high-returns into middle-risk high-returns.

Since 2018, we have executed 50+ investments through own fund, covering a wide range of asset classes including start-ups, VC/M&A funds, IPO block deals and Crypto funds. The principal investments have shown outstanding results, successfully reforming traditional finance with innovative strategies.

서 좋은 성과를 내기 위해서는 남다른 방식의 사고와 접근이 필요했다. 두 번째는 통상적으로 예상할 수 있는 '고위험-고수익high-risk, high-return' 투자를 '중위험-고수익middle-risk, high-return' 투자로 개선하는 것이다. 매 투자마다 다양한 리스크 구조가 존재하기에 일반화하기는 어렵지만, 같은 리스크라면 수익은 극대화하고, 같은 수익이라면 리스크를 최소화하는 방식이라고 바꿔 설명할 수 있다. 이 두 가지 투자 철학은 '투자를 사업처럼, 사업을 투자처럼'이라는 블로코어만의 관점에 근거한다.

"리스크 테이킹risk-taking 능력은 공격적인 투자 성향의 단순한 의미를 넘어 하나의 투자 능력이라고 생각합니다. 현명하게 위험을 감수해야만 성공적인 투자를 지속할 수 있죠. 블로코어는 투자를 하는 시점부터 그 기업들과 한배를 탔다고 생각합니다. 단순히 자금 투자와 필요한 네트워크를 소개하는 것에서 그치지 않고 사업을 함께 성장시킨다는 마음으로 모든 단계에서 기업이 필요한 부분들을 최대한 돕고 있습니다. 이 역시 블로코어가 투자에 대한 리스크를 줄일 수 있고 기업이 성장하는 지렛내 역할을 동시에 한다고 생각합니다."

한 예로, 블로코어는 투자한 기업의 프로젝트가 난관에 부딪히거나 기존의 방식으로 성과를 내기 어려워 질 때 직접 나서서 문제 해결 방법을 함께 찾는다. 자금의 투자를 넘어, 사업의 각 단계에 필요한 중요한 것들을 돕는 것이 바로 블로코어가 블록체인 업계에서 빠른 성장을 이룰 수 있었던 비결이다. 실제로 블로코어는 피투자

회사를 지원하기 위한 다양한 모듈의 조직을 운영하고 있다. 2022년 5월 기준 임직원은 약 150명이고, 2022년 말까지 200명으로 늘릴 계획이다.

"블록체인 프로젝트에 투자한 뒤, 사업화와 서비스 빌드-업에 실질적으로 함께한다면 이를 위한 탄탄한 조직이 필요했습니다. 토큰 이코노미를 분석하고 설계하는 팀, 사업개발을 돕는 팀, 마케팅을 돕는 팀, 서비스 및 게임 개발을 돕는 팀 등을 구축했죠. 이러한 모듈형 조직들은 이미 피투자사들과 다양한 방면으로 활발하게 협업을 이어가고 있습니다."

임 대표가 이렇게 블록체인 투자 분야에서 남다른 두각을 나타낼 수 있었던 것은 투자 이전부터 오래 쌓아 온 사업 경험 덕분이다. 지금도 여전히 게임, 광고 비즈니스, 소비재 사업, 반려견 비즈니스 등 다양한 사업에 열심히 매진하고 있다. 투자 이외의 사업만으로도 이미 게임베리는 2020년 「파이낸셜타임즈」 '아시아-태평양 가장 빠르게 성장하는 기업 37'에 선정된 바 있다. 또한 2021년 4분기에는 분기 영업이익 100억 원을 기록하는 등 견조한 성장세를 이어가고 있다.

게임베리는 그룹을 관리하고 경영하는 지주회사를 지향한다. 밸류에이션보다는 실질을 중시하는 방식으로 사업을 단단히 운영하다 2019년 SV인베스트먼트, 스톤브릿지벤처스, SBI인베스트먼트 등에서 60억 원을 처음으로 투자 받았고, 빠른 성장을 이뤄내 현재는 투자금을 모두 상환하고 그룹사 체제로의 전환을 준비하고 있다. 2022년 게임베리는 1,000억 원 이상의 매출액과 400억 원 이상의 영업이익을 목표로 삼고 있다.

"블록체인 분야 대표 기업 중 하나인 애니모카브랜즈의 빠른 성장을 지켜보면서, 블록체인 산업에서는 투자만 전문으로 하기보다는 투자와 사업을 함께 진행할 때 더 큰 임팩트를 가질 수 있다는 점을 배웠습니다. 이미 11년간 사업을 진행해온 탄탄한 팀들이 있기 때문에, 블로코어의 투자 조직과 함께 시너지를 낼 수 있는 일들이 많다고 생각했습니다. 블록체인·비블록체인으로 사업 분야를 구분하기보다는, 협업할 수 있는 분야를 찾아 연결하는 데 더 많은 공을 들이고 있고 이에 자체 블록체인 프로젝트도 시작하게 되었습니다."

대표적인 자체 프로젝트 중 하나로, 블록체인 게임 개발 프로젝트인 문프로스트Moonfrost를 들 수 있다. 이 프로젝트는 농장 시뮬레이션게임으로 유명한 '스타듀 밸리Stardew Valley' 모바일 개발팀이 창업한 회사와 함께 조인트벤처JV를 설립해 진행하고 있는데, 세계적인 게임회사인 슈퍼셀Supercell의 웹 3.0 최초 투자 프로젝트로 알려져 세계의 이목을 집중시키고 있다. 또한, 패션 메타버스 플랫폼 알타바그룹에 애니모카브랜즈와 공동으로 1,000만 달러한화 약 110억 원 규모의 투자를 집행하고, 사업 협업까지 이어가고 있다. MZ 세대에게 인기를 누리고 있는 '잔망루피' IP를 공식 확보해 관련 프로젝트를 준비하는 등 향후 기획하고 있는 자체 프로젝트의 모습도 다양하다.

기아 문제 해결을 향한 본격적인 도전, 글로벌 최고의 게임 전문 크립토 벤처 투자사가 되기 위한 두번째 항해를 출발하다!

앞서 말한 것처럼 임 대표 창업의 계기는 기아 문제 해결이었다. 창업 초기에는 이 목표를 위해 쉬지 않고 달렸다. 창업 후에도 교육 봉사단체를 만들어 NGO 후원활동을 꾸준히 진행했으나, 전 세계 모든 아이들이 최소한의 먹을 것을 공급 받고 굶어 죽지 않는 세상을 만들기에는 턱 없이 부족하다는 것을 느꼈다. 그래서 사업적 성공을 통한 기아 문제 해결에 더욱 집중하게 되었다.

"사업의 본질은 각 산업의 문제를 해결하는 과정이라고 생각합니다. 누구나 그 문제 풀이에 성공할 수 있다면 좋겠지만, 현실에서는 열에 아홉이 실패하죠. 그런데 기아나 환경 문제는 산업의 문제를 푸는 것 이상으로 어렵습니다. 더 근본적인 인류의 문제임에도 이를 해결하려는 사람들은 항상 부족했고, 일회성에 불과한 노력들은 대부분 실패했습니다. 단순히 기부를 넘어 기아 문제를 근원적으로 개선하고 해결하려는 창업가적인 태도와 접근으로 그 실마리를 마련하고 싶었습니다. 사실 충분한 재원을 확보하는 것은 문제 해결의 시작점에 불과하지만, 이왕 큰 문제에 달려들기로 한 것이니 목표를 크게 가져보고 싶어 당시 10조 원이라는 불가능해 보이는 숫자를 마음에 목표로 정했습니다. 창업 이후 11년이 흘렀지만, 여전히 기아 문제 해결은 제가 사업에서 성공하고 싶은 가장 큰 이유입니다."

자본금 1,500만 원으로 시작한 작은 사업은 어느새 큰 성장을 이뤘다. 임 대표가 목표로 삼고 있는 사업 성공과 이를 통한 충분한 재원 확보는 이제 꿈이 아니라 현실이 되는 시간이 그리 멀지 않아 보인다.

"사람이 100세를 산다고 보았을 때, 그 절반인 50세 즈음 되면 기아 문제 해결을 위해 뛰어들겠다는 막연한 생각이 있었습니다. 다행히도 블록체인의 흐름을 타고 2~3년 빠르게 성장하다 보니 생각보다 빠르게 그 목표에 다다를 수 있다는 상상도 해 봅니다. 사실 사업을 전개하는 방식이 일반적이지 않다는 얘기를 종종 듣는데, 아무래도 더 빠르게 목표에 다가가고자 많은 사업을 한꺼번에 전개하기도 하고, 투자도 과감하게 실행하다 보니 그런 것 같습니다. 계속 앞으로 전진하고 싶습니다."

임 대표는 웹 3.0 블록체인 산업을 선도하는 투자사로서 이 시장에 전망에 대해서는 지금이 가장 중요한 기로에 서 있다고 말한다.

"2021년 넘쳐나는 유동성에 의존해 크립토 시장이 성장했습니다. 하지만 최근 세계 경제 긴축과 스테이블코인 폭락 사태 등 많은 도전에 직면하고 있죠. 그간에도 인플레이션에 의존한 토큰 모델에 대한 위험성에 대해서 지적을 받아왔지만 그래도 시장이 계속 성장하는 추세였고 긍정적인 인센티브 구조로 발전할 수 있다는 기대가 더 컸습니다. 이번 변화를 계기로 어떤 블록체인 산업 분야든 더 높은 신뢰를 얻을 수 있도록 좋은 프로덕트와 실질적인 성과를 보여줘야 한다고 생각합니다."

임 대표는 블록체인만이 미래의 가능성이라 믿진 않는다. 시장의 기회를 잘 포착해 가진 재료들을 무기로 잘 활용해 가장 좋은 솔루션과 그림을 그리는 것이 그의 역할이라고 생각한다. 분명 블록체인 철학이 지향하는 탈중앙화 가치는 새로운 개념이고 긍정적인 측면은 많다. 하지만 세상을 바꿀 구세주라는 과도한 신념을 갖지는 않는다.

"한국에서는 의미 있는 성과를 냈고 이제 게임에 특화된 글로벌 크립토 벤처캐피털로 성장하는 두 번째 전략을 설정했습니다. 그동안 게임 사업을 오랫동안 해왔기에 옥석을 가릴 수 있는 판단력이 생겼고 실제 성공적인 블록체인 게임 프로젝트 투자로 큰 성과도 이뤄냈죠. 모듈화된 조직을 통해 적극적으로 프로젝트를 지원할 계획이며, 각 국가를 대표하는 게임 회사를 모아 함께 웹 3.0 게임 생태계에 투자할 얼라이언스Alliance도 결성 중입니다. 이를 위해 최근 구글플레이 한국총괄 임원이 블로코어 투자담당 파트너로 합류해 성장 동력을 불어넣고 있죠. 앞으로 최고의 게임 전문 크립토 벤처투자사로 블로코어라는 이름을 전 세계에 알릴 수 있는 그 날까지 열심히 달려갈 것입니다."

웹 3.0 넥스트 세대 문화의 '더허브'로 성장하다!

파인아트 X NFT & 메타버스 갤러리, 갤러리스탠

갤러리스탠Galley STAN은 최근 미술계의 큰손으로 떠오른 젠지 GenZ, Generation Z의 아트를 대변하는 갤러리이자 아트 NFT 발행 및 거래, 그리고 아트와 커머스가 결합된 메타버스로 웹 3.0 미술 시장의 미래를 보여주는 핵심 역할을 한다.

첫 시작점은 2010년 뉴욕 첼시에 설립한 갤러리 '아트컨시어지 뉴욕Art Concierge New York'이다. 현재도 뉴욕과 한국의 문화 교류를 가깝게 잇는 연결고리 서비스를 제공한다. 그리고 2014년, 한국에 메이저 미술 시장에 새로운 변화의 바람을 불러일으키기 위해 본격적으로 갤러리스탠을 설립했다. 당시 국내 미술 시장에서 볼 수 없는 파격적이고 실험적인 신진 작가들의 작품으로 미술계의 아웃사이더로 불렸지만, 경쟁력을 갖춘 젠지가 컬렉터로 유입이 되면서 울트라 컨템포러리 아트 시장의 선두주자로 떠올랐다.

　여기서 더 나아가 웹 3.0 시대에 발맞춰, 2021년 12월 NFT와 실물 작품을 동시에 전시하는 스탠바이비STANbyB갤러리를 국내 최초 선보이고 NFT 거래 사이트인 스탠바이비닷컴stanbyb.com도 함께 오픈했다. 현재는 2022년 가을 론칭을 목표로 '더허브'라는 예술과 쇼핑이 결합된 메타버스 구축에도 열을 올리고 있다.

　갤러리스탠은 신진 작가들의 발굴뿐 아니라 그들이 성장할 수 있도록 지원을 아끼지 않는 인큐베이팅 비즈니스도 함께 운영하고 있다. 기안84가 최근 핫한 팝아트를 배우기 위해 샘바이펜 작가를 찾아가 화제를 모았고, BTS RM 역시 자신이 사랑하는 작가로 제임스 진을 알렸는데, 이 아티스트들이 모두 갤러리스탠 소속 작가다.

　시대를 빠르게 읽는 앞선 경쟁력을 바탕으로 젠지들이 원하는 작품, 그들이 열광하는 작가들을 발굴·지원하며 웹 3.0 아트씬을 단단히 구축해 나가고 있다. 앞으로 아트계가 어떻게 웹 3.0을 이끌어 나갈지는 갤러리스탠을 지켜보면 알 수 있을 것이다.

예술을 좋아하는 법학도!
젠지 작가들과 함께 NFT 미술 시장에 돌풍을 일으키다!

갤러리스탠의 송인지 대표는 성균대학교 법학대학원을 졸업하고 기업관련 금융법을 배우고자 뉴욕으로 유학을 떠났다. 그는 오랫동안 법을 공부했지만, 일반적인 법학도는 아니었다. 항상 관심은 예술 쪽을 향했다. 학교 수업도 아트와 패션 관련 법이 그에게 좀 더 흥미로웠다.

"뉴욕은 학교를 나오면 바로 갤러리를 갈 수 있는 예술의 도시입니다. 수십 개의 갤러리가 한 빌딩에 입주한 갤러리 빌딩도 많죠. 미술관이 도시 곳곳에 즐비하게 자리하고 아티스트들을 만날 기회도 많다 보니 제가 어떤 작품을 좋아하는지 그 취향을 발견하는 계기가 됐습니다."

2014년, 송 대표는 당시 2010년 뉴욕에서 갤러리를 오픈하고 활동하던 김태현 공동대표에게 법 대신 갤러리를 함께 운영하자는 제의를 받고 한국에 아트컨시어지뉴욕Art Concierge New York을 설립했다. 주변에서는 법을 공부한 시간이 아깝지 않냐는 걱정도 컸지만, 전혀 그렇지 않았다. 법은 예술을 좀 더 깊게 사고할 수 있는 좋은 경험이자 자산이었다. 하지만 당시 미술계를 진지하게 바라봤을 때, 이미 잘 되는 메이저 미술 시장에 함께 뛰어들 필요는 없다는 판단이 들었다. 아무도 주의를 기울이지 않는 신진 아티스트를 발굴해야 한다는 생각이 컸다. 일반 주류 미술은 송 대표에게도 매력적으로 다가오지 않았다. 송 대표는 한국의 1980년 이후 출생 작가들을 열심히 조사했고 2017년 서울 논현동에 갤러리스탠GALLERY STAN by ACNY을 론칭했다.

갤러리스탠은 뉴욕과 서울을 거점으로 동시대 현대미술을 소개하며 신진 아티스트들을 발굴 및 지원하는 갤러리다. 2016년 갤러리를 개관하며 새롭게 BI를 구축해 본격적인 활동을 시작했다. 갤러리스탠GALLERY STAN의 스탠STAN은 에미넴 힙합 아티스트의 곡에서 비롯된 Obsessive fans, '열성적인또는 과격한 팬'이란 뜻의 신조어다. 송 대표는 새로운 시대를 반영하는 듯한 신조어인 스탠이라는 단어가 마음에 들었고 갤러리스탠을 좋아하는 모든 팬이 과격한 아트 러버가 되길 바라는 마음으로 브랜드네이밍을 갤러리스탠이라 지었다. 이름에서 풍기는 유니크한 느낌처럼 갤러리스탠은 기존 파인아트Fine Art, 순수미술 시장에서는 볼 수 없는 신진 아티스트들을 다채롭게 소개한다. 가나, 현대 갤러리 같은 경우 전통적인 순수미술에 집중한다면 갤러리스탠은 신진 아티스트, 전부 1980년대 이후 출생 작가들, 대부분 1990년 이후 젠지로 구성했다.

"갤러리스탠 작가들은 작업하기 전 스케치를 디지털로 작업하는 경우가 많습니다. 일러스트, 3D 그래픽, 심지어 다차원적인 프로그램을 사용해서 기초 작업을 한 뒤 다시 캔버스에 옮기죠, 이런 디지털 작업 방식을 보고 NFT로 자연스럽게 확장할 수 있었습니다.

이어 송 대표는 2021년 12월, NFT와 실물 작품을 동시에 전시하는 스탠바이비STANbyB갤러리를 국내 최초로 선보이고 NFT 거래

사이트 스탠바이비닷컴stanbyb.com을 함께 오픈했다.

젠지 취향 저격 NFT를 위해
디지털 작업을 기반으로 한 신진 작가를 발굴·지원하다!

송 대표는 갤러리스탠 소속 작가들을 직접 발굴한다. 작가 선택 기준은 1980년대 이후 출생이라고 하지만, 실제는 1990년대 이후 출생자가 대부분이며 발굴되는 작가들의 나이는 점점 어려지고 있다. 작가들이 어려진다는 의미는 디지털을 기반으로 작업하는 경우가 더욱 많아짐을 의미한다. 소속 작가들이 3D, 일러스트, 애니메이션 등과 같은 프로그램을 다룰 수 있다는 것은 중요한 포인트였다. 컴퓨터 프로그램을 사용한다고 작업에 깊이감이 없는 것은 아니었다. 오히려 자신의 세계관을 작업에 표현하는 실력이 더욱 창의적이었다. 작가들의 페인팅 수준도 기존 작가들보다 떨어지지 않았다. 창의적이면서 동시에 고퀄리티인 작품들에 컬렉터들이 오히려 더 열광했다.

"1980년, 1990년대 세대별 작가의 사고방식 자체가 다릅니다. 밀레니얼로 대변되는 1980년대 생들은 아날로그와 디지털의 변화를 겪은 세대라서 아날로그와 디지털 두 가지를 동시에 생각합니다. 반면, 젠지라 불리는 1990년대 생들은 이미 태어났을 때 인터넷이 존재했습니다. 애초에 디지털로 시작한다는 것이 다르고 이 점을 중요하게 봤습니다."

깊이나 철학적인 면에서는 밀레니얼 세대를 절대로 제외할 수 없다. 그들이 토대가 돼 1990년대생들이 존재한다. 그렇지만 NFT 분야에서는 아무래도 확실히 차이가 난다.

보통 요즘 젠지 작가들은 본명이 아닌 작가명으로 활동한다. 예를 들어 뿌리PPURI라는 작가명으로 활동하는 1993년생 안태원 작가는 아버지가 프로그래머였다. 어릴 때부터 컴퓨터와 인터넷에 자연스럽게 노출된 환경에서 자랐다. 그러다 보니 뿌리 작가에게 디지털과 피지컬을 분리해 생각하는 것 자체가 어려웠다.

"뿌리 작가는 작업할 때 사진을 찍고 이걸 다시 디지털적으로 분해·조합해서 순수미술 기반으로 캔버스에 옮깁니다. 디지털을 빼놓고 얘기할 수 없죠. 디지털은 작품을 완성하는 하나의 도구입니다. 미술 기법이나 물감을 쓰는 건 전통적인 형태를 띠지만 거기까

아트부산 2022 갤러리스탠 전시 전경

지 가는 데 중간 단계가 디지털인 것이죠."

뿌리 작가는 디지털로 작품을 구성하고 다시 전통적인 순수미술 기법으로 캔버스에 옮긴다. 첫눈에는 마치 사진처럼 보이지만 다 직접 그린 순수미술이라는 점이 놀랍다. 이는 아티스트로서 스킬과 기량이 뛰어나야만 가능한 작품이다. 그래서 가치가 높다. 뿌리 작가의 작품은 오픈 첫날 대부분의 작품이 완판될 정도로 큰 인기다. 갤러리스탠 전시는 한 달에 한 작가씩 스탠바이비와 함께 한 해 20번 이상의 전시가 진행된다. 오픈 당일 대부분 판매가 끝나지만 한 달 동안 작가의 작품 세계를 꾸준히 보여준다. 이를 통해 팬덤을 확보하고, 그들이 구매력이 생겼을 때 이 작품을 컬렉팅하게 하는 것이 갤러리스탠의 역할이기 때문이다.

이렇게 디지털을 기반으로 작업하는 젠지 작가들이었기 송 대표는 자연스럽게 NFT 분야로 뛰어들 수 있었다. 더욱이 NFT는 작품의 보호 장치 역할을 하고 위조 문제도 방지한다. 그리고 작가들의 작품 세계도 더욱 확장된다.

갤러리스탠 작품이 곧 송지인 대표의 취향!

갤러리스탠 소속 작가 발굴의 기준은 100% 송 대표 취향이다. 일단 송 대표 스스로가 꽂히는 포인트가 있어야 한다고 강조한다. 남들이 아무리 좋아해도 송 대표가 끌리지 않으면 갤러리스탠 소속 작가가 될 수 없다.

송 대표는 일본 팝 아티스트 요시모토 나라와 무라카미 타카시, 그리고 일본 애니메이션의 시작점이라 할 수 있는 「아키라」의 작가 오토모 카츠히로를 좋아한다. 그 역시 애니메이션을 보고 자란 세대이기에 일본 작가의 애니메이션과 일러스트 기반의 구상에 유독 마음이 끌렸다. 애니메이션이 가져오는 문화의 파급력도 실제 경험하면서 확신은 더 커졌다.

"2008년경, 요시토모 나라가 LA에서 전시회를 했었는데 당시에는 3,000~5,000만 원 선이면 작품을 구매할 수 있었습니다. 지금은 최고가 300~400억 원을 호가할 정도로 주류 작가가 됐죠. 요시모토 나라의 작품 가격이 평균 100억 원이 넘는데, 여기서 제 취향에 대한 확신과 미래를 보게 되었습니다."

송 대표가 꼽은 작가들은 일본의 버블경제 시대를 지나면서 문화의 대 파도를 맞은 작가들이다. 이런 풍요로운 문화 속에서 탄생한 미술이기에 수준이 상당히 높다. 초창기에는 이게 무슨 그림이냐며 의아해하는 사람들도 많았지만 송 대표의 눈에는 아름답게 느껴졌다. 이를 계기로 자신이 좋아하면 남들도 좋아하겠다는 비즈니스 가능성에 확신이 생겼다.

활짝 웃는 무지개색 꽃 일러스트와 명품 브랜드 루이비통과의 협업으로 유명한 아티스트 무라카미 타카시의 NFT 프로젝트는 물량이 1만 1,664개에 달했지만 당장 살 수도 없을 정도로 인기다. 이는 탄탄한 팬덤과 높은 작품성을 동시에 보유한 덕이다. 익숙함은

선망의 대상이며, 명품의 로고들을 그 예로 들 수 있다.

"일반적으로 자신의 눈에 익숙한 것에 호감이 갑니다. 예를 들어 추상 작품을 봤을 때 가끔 정말 '저거 나도 하겠다.'라고 하는 분들이 있는데, 이는 잘못된 생각입니다. 그 작가는 그 당시 남들보다 먼저 그 추상작업을 실제 했다는 것에 의미가 있죠. 나도 하겠다는 말은 이미 늦었다는 뜻입니다. 애니메이션을 보고 자란 세대들이 당연히 애니메이션에 친숙할 수밖에 없고 이와 같은 작업에 진정성과 가치가 생기는 것입니다."

송 대표는 요즘 가장 핫한 젠지 작가만의 특징을 알려 달라는 말에 너무 다양해서 특징이 없는 게 특징이라고 말한다. 규정되지 않음에서 오는 자유로움이 특징이라면 특징이다. 송 대표는 작품을 봤을 때 유니크한 포인트가 살아 있는 것을 좋아한다. 인스타그램을 통해 마음에 드는 작가를 발견하면 직접 만나고, 주변 아티스트들에게 갤러리스탠과 결이 비슷한 작가를 추천 받기도 한다. 이때 작품만 보는 것이 아니라 작가, 그리고 작가의 스타일도 함께 본다.

"작가의 실제 스타일에서 작업이 나온다고 생각합니다. 평소 작가의 태도가 결국에는 작품에 녹아들거든요. 예를 들어, 나이키 브랜드를 담아낸 작업을 하는 작가라면, 작가 자신이 나이키를 좋아하고 일상에서도 진짜 신고 다녀야 하죠. 저는 이렇게 작가와 작업이 일치하는 동일성을 중시합니다. 그래야 그 작품이 말하고자 하는 메시지가 설득력이 생기죠."

송 대표가 지금 미술 시장에서 풀어야 하는 난관은 바로 코인에 익숙하지 않는 컬렉터들의 크립토 지갑을 만드는 것이라고 말한다. 갤러리스탠 초창기에는 갤러리 자체가 허들이었다. 기존 미술 시장과 다르게 실험적이고 독특했다. 다행히 MZ컬렉터들의 유입으로 하나의 허들은 넘었지만, 여전히 새로움을 찾아야 한다. 이게 갤러리스탠의 역할이자 비전이다. 하지만 새로움도 한발 앞서가면 너무 빠르다. 딱 반발만 앞서야 트렌드를 이끌 수 있다.

꾸준한 신진 작가 인큐베이팅으로 웹 3.0 시대에 부합하는 지속 가능한 성장을 이루다!

갤러리가 자체 소속 작가를 발굴하고 지원하는 것과 단순히 외부 작가들을 초대하는 것은 큰 차이가 있다. 갤러리스탠은 소속 작가를 발굴해 성공할 수 있게끔 육성하는 인큐베이팅Incubating 역할을 한다. 작가에게 작업실을 제공하고 필요하다면 해외 경험도 쌓도록 돕는다.

2007년 6,000억 원까지 성장했던 한국의 미술 시장은 2008년 금융 위기의 직격탄을 맞으며 2020년까지도 그 당시 수준을 회복하지 못했다. 그랬던 시장이 예술경영지원센터 집계에 따르면 2021년 한국 미술 시장 규모는 약 9,157억 원, 2020년 시장 규모 3,277억 원과 비교하면 3배 가까이 커졌다.

"2014년, 갤러리스탠을 시작했을 때도 미술 시장이 지금처럼 뜨겁거나 관심을 받지 못했습니다. 더욱이 갤러리스탠은 기존 국내 미술 시장과 다른 길을 걷고 있었기에 이상하게 보시는 분들이 많았죠. 신진 작가들의 새로운 작업을 실물로 접할 기회가 그동안은 없었기 때문이라고 생각합니다."

송 대표는 이런 국내 미술 시장의 차가운 시선에서 전혀 흔들리지 않고 꿋꿋이 신인 아티스트를 발굴하고 아트 페어도 꾸준히 참가했다. 때마침, 2019년 이후 경제력을 갖춘 MZ세대가 컬렉터로 유입됐고 2020년을 기점으로 코인 시장이 뜨거워지면서, 동시에 미술 시장 역시 급성장했다. 방탄소년단BTS의 리더 RM 등 유명 연예인이나 인플루언서들이 수시로 미술관을 방문하며 화제를 끈 것과 NFT 예술이 세계적으로 관심의 대상이 된 것 등도 대중이 미술 시장에 관심을 두게 된 요인이 됐다.

"갤러리스탠 작가들은 스니커즈와 피규어를 수집하는 것이 당연한 세대입니다. 스니커즈 컬렉팅이 하나의 문화로 자리잡아 지금은 거대 플랫폼에서 거래되고 있죠. 그 문화와도 자연스럽게 어우러지면서 갤러리스탠의 작품들 역시 그 하나의 문화의 범주로 보기 시작했습니다. 이렇게 젊은 컬렉터들이 자연스럽게 유입됐고 탄탄한 미술 시장이 형성됐죠."

갤러리스탠의 비즈니스 모델은 오프라인 작품 판매는 작가와 수익을 5:5로 나눈다. 작가를 전속으로 발굴하고 후원하는 소속사 역할을 하기 때문이다. NFT 발행 시에는 스마트콘트랙트로 작가에게 70~80%, 갤러리스탠은 거래 수수료 20~30%를 가져간다. 여기에는 실제 오프라인 전시 진행비와 온라인 리스팅 비용 등이 모두 포함된다. 현재 구축 중인 메타버스는 다음 단계의 메인 성장 전략을 위한 비즈니스 모델이다. 이제 오프라인과 디지털을 분리하는 시대는 지나갔다. 이런 트렌드를 반영해 해외에서는 온오프 믹스공간을 의미하는 피지컬Physical과 디지털Digital의 합성어 피지털physital이라는 신조어도 생겼다.

"메타버스와 실제 갤러리가 공존하고 이것이 같은 트랙을 형성해서 하나의 문화를 만들어 내는 갤러리스탠이 되고 있습니다. 한마디로 넥스트 제너레이션의 문화를 보여주는 것이죠. 웹 3.0이 본격적으로 도래했을 때, 이미 준비가 다 되어 있을 것입니다."

지금도 아트씬에서는 갤러리스탠이 웹 3.0과 제일 가까이에 있다. 직원은 7명, 메타버스팀은 별도로 구성된다. 기술 개발은 파트너십 회사들이 한다. 송 대표는 이렇게 파트너십 체제로 회사를 운영할 계획이다. 가상자산 분야는 변화가 빠르다. 그 속도를 같이 맞추려면 덩치가 크면 안 되기 때문이다. 핵심 멤버는 소수로, 대신에 파트너십을 통해서 비즈니스를 계속 확장할 계획이다.

BTS RM이 사랑한 제임스 진부터
기안84가 팝 아트 배우기 위해 찾아간 샘바이펜
최근 핫하게 주목받는 갤러리스탠 소속 작가들

갤러리스탠 소속 작가들은 꾸준이 작품 가격이 상승하고 있다. 대표적으로 샘바이펜SAMBYPEN 작가는 첫 번째 개인전 작품의 경우 50호 기준으로 가격이 약 150만 원이었는데 최근 약 1,500만 원으로 10배 정도 상승했다. MBC「나혼자산다」에서는 기안84가 팝 아트에 도전하기 위해 샘바이펜을 찾아갈 정도로 최근 가장 핫한 아티스트로 떠올랐다. 또 챔피언, 나이키, 삼성, MCM 등 많은 대기업의 러브콜을 받으며 활발한 협업 프로젝트를 진행하는 컨템포러리 팝 아티스트로도 유명하다.

샘바이펜(출처: 샘바이펜 인스타그램)

송 대표는 샘바이펜이 결단력으로 성공한 작가라고 말한다. 샘바이펜은 어릴 적부터 외국에서 공부하고 싶은 욕망이 컸고 우연한 기회에 국제학교 선생님인 이모를 쫓아 해외에 갔다. 그러면서 방글라데시, 폴란드 등 다양한 문화를 접했다. 중고등학교를 폴란드에서 국제학교를 다닌 것은 흔치 않은 일이다. 미국 수능인 SAT를 보고 미국 유명 디자인스쿨 중 하나인 파슨스에 입학했다가 딱 1년 만에 작가가 되기로 결단하고 과감히 자퇴했다. 1992년생으로 MZ세대가 가장 주목하는 일러스트레이터로 손꼽히고 있다.

제임스 진James Jean 작가는 일론 머스크가 이끄는 최대 민간 항공우주 기업 '스페이스X' 프로젝트에 함께 한 갤러리스탠 한국 소속 작가다. 1979년생으로 대만에서 출생해 뉴욕비쥬얼아트스쿨The School of Visual Arts에서 학사학위를 받았다. 로스앤젤레스를 기반으로 활동하며 몽환적인 느낌과 선, 화려한 색상 그리고 동-서양의 구분

James Jean
b.1979

스페이스X 프로젝트에 합류한 갤러리스탠 소속 제임스 진

이 없는 스타일로 상업과 예술의 경계를 넘나드는 글로벌 아티스트다. 작품 가격은 100호 기준이 약 1억 원대. 마블과 함께 미국 그래픽노블의 양대산맥인 DC코믹스에서 8년간 표지도 그렸다. DC 코믹스의 Fables 시리즈 커버작업으로 Harvey Awards-best cover artist표지작가상 3년 연속 수상, Eisner Awards를 5년 연속 수상했다. 이 외에도 2021년 5월, 방탄소년단 소속사 하이브의 미술관 '하이브 인사이트' 개관 전에서 제임스 진 작가를 초청해 전시를 열어 화제를 모았으며, 방탄소년단 RM이 애정하는 작가로도 인기다.

미술 작품 NFT 발행부터 NFT 전시관과 플랫폼 컬쳐앤드커머스 기반의 '더 허브' 메타버스로 웹 3.0 미술 시대를 열다!

갤러리스탠은 작가들의 개인전을 전시하는 공간이자 회사명이다. 2호점과 같은 스탠바이비는 NFT와 실물 작품이 같이 전시된다. 그리고 stanbyb.com이라는 NFT 플랫폼도 운영한다. 웹 3.0 시대를 위해 '더허브'라는 메타버스를 2022년 가을 론칭을 목표로 준비 중이다. 작가의 작품을 구매한 NFT 홀더들에게 사용처가 필요하겠다는 생각이 들어 컬처앤드커머스를 기반으로 한 메타버스를 구축하고 있다.

"미술 작품 NFT를 크립토 지갑에만 두고 있기에는 아깝다는 생각이 들었습니다. 이를 예치 서비스나 자산의 형태로 활용할 수 있는 툴과 마켓을 형성하고 싶어 메타버스를 기획했죠. 실물 작품은 벽에 걸 수 있고 사용처가 분명합니다. 그런데 NFT 작품 사용처에는 아직은 부족합니다. 메타버스에 나만의 갤러리 공간을 만들고 거기에 NFT를 전시하면서 동시에 이제 추가 이익까지 볼 수 있는 웹 3.0 미술 생태계를 제공하고자 합니다."

메타버스는 종류가 많은데, 3D를 기반으로 하기에 게임 산업에서 발전할 수밖에 없었다. 하지만 문화를 전문적으로 다루는 메타버스는 없다. 송 대표는 진정한 문화를 담은 메타버스를 선보이는 것이 목표다. 쉽게 비교하면 지금의 무신사 역할이다. 패션과 작품도 판매하고 실물 구매를 원하면 그 사이트에 연동해서 거래할 수 있다. NFT 거래도 여기서 이뤄지고 가상 부동산 시스템도 도입할 예정이다. 궁극적인 목표는 메타버스를 활성화시켜 갤러리스탠만의 문화를 형성해 국내를 넘어 글로벌로 나아가는 것이다.

스탠바이비란 NFT 거래 플랫폼은 대부분 에디션이나 3개 미만의 NFT가 많다. 개수로 따지면 50개가 넘는다. 이더리움 1리더 평균 작품 가격 340~360만 원대다. 2022년 3월, 메타콩즈와 업무협약을 맺고 주재범 작가의 PFP^Profile Pictures NFT 프로젝트를 진행했다. 메타콩즈는 지니어스 해커로 잘 알려진 '멋쟁이 사자처럼' 이두희 대표가 직접 개발에 참여해 성공시킨 국내 유명 PFP 프로젝트다. 1차는 4,500개가 거래됐으며 2차도 거래도 지속해서 발생하고 있다.

갤러리스탠은 국내 NFT 미술 분야의 선두주자 역할을 하기에 협업으로 같이 진행하는 파트너십들이 다양하다. 하지만 중요한 건 아직 미술 분야에는 가상자산 지갑이 없는 컬렉터가 많다는 점이다. 컬렉터들이 크립토 지갑을 만들고 코인과 가까워지는 것에 두려움이 많다. 이것이 허들이다. 하지만 NFT를 구매하려면 무조건 크립토 지갑이 있어야 한다.

커뮤니티도 중요하다. 오늘 가격, 내일 가격으로 왈가왈부가 많았다. 갤러리스탠은 아트 NFT이기에 자체 아트 클래스를 운영하며 교육한다. NFT 홀더들의 오프라인 모임도 열고 아트 페어에 초대해 갤러리스탠이 도슨트 프로그램을 진행한다. 미술은 다른 분야처럼 단순히 할인권 제공으로 커뮤니티가 잘 구축이 되지 않는다. NFT 홀더들은 대부분 참여 형태를 원한다. 앞으로도 메타버스에서 NFT 홀더들이 참여할 수 있는 추가 서비스를 다양하게 제공할 예정이다.

웹 3.0 시대 어느 분야든 아트 콘텐츠가 중요하다!

뛰어난 기술을 가진 회사는 많다. 하지만 기술 회사는 미학이 부족하다. 대중에게 다가가는 포인트는 바로 미학에 있다. 어느 분야이든 아트가 없으면 결국 트렌드에 뒤쳐지는 콘텐츠가 된다. 많은 대기업들이 아티스트를 고용하고, 아티스트들과 협업을 활발히 진행하는 것도 이 때문이다.

"아트가 웹 3.0에서는 핵심이 될 것입니다. 새로운 기술들이 다양하지만, 이를 어떻게 아름다운 아트로 풀어서 다수에게 공감을 살 것인지 기술자들도 항상 고민해야 하죠. 기술 회사를 자주 만나면서 이 점이 아쉬울 때가 많습니다. 결국 기술은 시간이 흐를수록 평이해지고 결국 남는 건 아트, 문화입니다."

송 대표는 그의 꿈을 묻자 '우주 정복'이라고 딱 잘라 말한다. 그 정도 꿈을 가지고 있어야 10분의 1, 아니 100분의 1이라도 해낼 수 있기 때문이다.

"1차 목표는 국내 최고의 갤러리가 되는 것입니다. 그리고 국내에서 첫 번째 글로벌 슈퍼스타가 나온다면 갤러리스탠 작가였으며 합니다. 그만큼 범지구적인 갤러리가 되고 싶고 웹 3.0 미술 시장에서도 긍정적인 영향력을 끼치는 좋은 역할을 했으면 합니다."

송 대표는 아트 NFT를 건강하고 유익한 하나의 문화로 만들기 위해서는 단순히 투자의 목적보다는 내가 좋아하는 작가를 성장시키는 컬렉터의 역할을 해야 한다고 말한다. 이를 위해서는 첫 번째 본인의 취향을 잘 파악해야 한다. 내가 무엇을 좋아하는지, 어떤 작가의 작품을 봤을 때 마음이 움직이는지를 잘 알아야 한다. 두 번째, 돈을 앞세워서는 안 된다. 취향을 알면 내가 아트를 즐길 수 있다. 스스로 즐기면 주변 사람들에게 홍보가 된다. 그러면 같이 성장할 수 있는 하나의 문화가 형성된다. 돈만 바라보게 되면 일회일비하게 된다. 이는 아트와 전혀 결이 맞지 않다. 아트의 스타 작가는 문화를 형성하는 컬렉터가 만드는 것이다. 내가 진심으로 좋아하는 작가를 지원해 줄 수 있는 마음이 밑바탕이 됐을 때 그런 작가에게 투자하는 것이 가장 현명하다.

아티스트들에게는 시대의 흐름을 읽어야 한다고 조언한다. 가수가 되고 싶다고 우리 모두가 인기 가수가 될 수 없는 것처럼, 스타 작가도 한정돼 있다. 소유권을 인증하는 NFT로 인해 많은 아티스트들이 성장할 수 있는 기회의 장이 생긴 건 맞다. 하지만 자신이 무엇을 좋아하는지 시대 흐름을 잘 읽고 대중에게 설득력 있게 다가가야 한다. 마케팅도 스스로 잘 해야 하고 가꿀 줄도 알아야 한다. 웹 3.0이 공평한 기회를 주긴 하지만, 살아남기 위해서는 더 치열한 노력이 필요하다.

탈중앙화 이커머스로 유통을 넘어 IT 기업으로 성장하다!

웹 3.0 이커머스의 퍼스트 무버!
티몬

이제 이커머스 업계도 웹 3.0 탑승 여부에 따라 회사 운명이 갈리는 시점에 다다랐다. 그 첫발을 가장 먼저 내디딘 곳이 바로 국내 최초로 소셜커머스를 도입한 티몬이다. 1세대 이커머스답게 아무도 가지 않는 웹 3.0에도 가장 먼저 올라탔다. 이런 과감한 용기는 티몬이라서 가능하다.

2010년, 20대 동갑내기 청년 5명이 자본금 500만 원을 모아 국내 최초 소셜커머스 티몬을 내놓았다. 이들은 PC나 오프라인에 의존하던 유통업이 시대 변화의 흐름에 따라 온라인과 모바일로 옮겨질 거라 확신했고 구매자가 많을수록 가격을 파격적으로 할인해 판매하는 티몬의 소셜 커머스는 당시 쇼핑 패러다임을 바꿀 정도로 획기적이었다. 사람들은 젊은 창업가들이 선보인 티몬의 참신하고 재기발랄함에 금세 매료됐고 위메프, 쿠팡이 줄지어 등장했다.

티몬은 2014년까지도 쿠팡, 위메프와 치열한 경쟁을 펼치며 업계 1위 자리를 고수했다. 하지만 쿠팡이 '로켓배송'을 도입하면서 선두 자리를 내줬고 대기업들이 거대 자본을 앞세워 이커머스 시장에 대거 합류하면서 티몬은 고전을 면치 못했다. 이렇게 몇 년간 부진했던 티몬은 2021년 6월, 이커머스 업계의 파격과 혁신을 일으킬 비장의 칼을 꺼내 들었다. 이를 위해 국내 스낵컬처 붐을 일으킨 모바일 콘텐츠 플랫폼 피키캐스트 창업자인 장윤석 대표를 새로운 대표로 영입했다.

새로운 티몬을 이끈 장윤석 대표는 막다른 길에 몰린 티몬을 구할 구원투수로 승부수를 던져야 했고, 그 기회를 웹 3.0에서 찾았다. 아마존과 쿠팡으로 대표되는 이커머스 2.0은 치열한 가격 경쟁으로 정작 브랜드는 성장하지 못하고 이커머스 플랫폼도 수익을 내기 어려운 지속가능성의 한계에 다다랐다. 이를 웹 3.0의 탈중앙화 가치로 새롭게 구현할 티몬의 비전을 판매자브랜드, 소비자 모두 기대해봐도 좋을 듯하다.

수많은 '최초' 타이틀을 가진 티몬,
국내 이커머스 플랫폼 '최초'로 웹 3.0에 올라타다!

티몬은 국내 최초 소셜 커머스 도입, 업계 최초 모바일 앱 출시 등 수 많은 '최초' 기록을 지닌 1세대 이커머스 플랫폼이다. 이제 12살 생일을 갓 넘긴 티몬은 유통 기업이라는 타이틀을 과감히 벗어 던지고 웹 3.0이라는 더 큰 세상에 또 한 번 '최초'의 도전장을 냈다. 티몬의 새로운 수장이 된 장윤석 대표는 티몬의 미래는 웹 3.0 시대에 빨리 합승해 우위를 선점하는 것에 생존이 달렸다고 말한다.

"미국의 저명한 과학철학자인 토마스 쿤Thomas Kuhn의 '과학혁명의 구조' 이론처럼 과거 모든 기술의 발전은 결국 산업의 변화를 일으켰습니다. 이제 본격적으로 웹 3.0 시대가 시작됐고 '탈중앙화'가 핵심 가치인 웹 3.0 기술이 발전을 거듭하면서 이커머스 업계도 중앙화된 구조를 벗어날 것이라고 봅니다. 앞으로 시간은 꽤 걸리겠지만 궁극적으로 소비자와 판매자 사이를 잇는 거대 유통 플랫폼인 미들맨middleman, 중간 상인이 사라지거나 그 역할이 매우 축소되는 날이 올 것입니다. 티몬이 첫 출발부터 이커머스의 혁신을 이끌어 왔듯 제일 먼저 웹 3.0에 합류해 이커머스 플랫폼이 나아가야 할 길을 닦아 놓을 것입니다. 티몬은 당장 실행 가능한 프로젝트로 브랜드와 그 팬덤 커뮤니티를 위한 웹 3.0 기술의 적용부터 해보려 합니다."

장 대표는 가격 경쟁만으로 한계에 다다른 이커머스 시장의 진화가 필요하다고 느꼈고 이 시장을 웹 3.0의 커뮤니케이션 기술 관점에서 새롭게 이해하고 전망했다. 웹 1.0이 공급자의 일방적인 소통이었다면 웹 2.0 공급자와 소비자의 양방향 소통, 그리고 웹 3.0은 참여자가 의사 결정에 참여하고 이익을 나누는 새로운 구조의 소통을 말한다. 블록체인 기반의 거버넌스가 커뮤니티로 돌아가는 웹 3.0의 구조는 앞으로 거대 이커머스 플랫폼이 장악하는 이커머스 2.0업계에도 혁신을 일으킬 것이다.

"사용자가 열심히 콘텐츠를 만들어 유튜브 성장에 기여하면 어느 정도 광고 수익은 공유되지만, 이 외에 대부분의 수익은 유튜브 플랫폼이 차지합니다. 웹 3.0은 불공정한 중앙화 대신 이렇게 콘텐츠를 만드는 사용자나 커뮤니티한테도 의사 결정권과 수익을 기여도에 따라 공평하게 나눠주자는 '탈중앙화' 즉 미들맨을 제거하고 거버넌스와 오너십을 참여 커뮤니티로 돌려주는 것이 핵심 가치죠. 지금의 이커머스 플랫폼은 그들의 강력한 매체력으로 헤게모니를 키워 새로운 비즈니스 모델을 만드는 속성을 지니기에 웹 3.0으로 나갈 수 있는 플랫폼은 아직 없다고 봅니다. 하지만 이제 블록체인 기술의 발달로 서비스 성장에 기여한 사람들에게도 수익을 나눌 수 있는 웹 3.0의 투명한 보상체계와 커뮤니티 기반 거버넌스가 가능한 기술이 등장했고 티몬이 가장 먼저 웹 3.0 기반의 이커머스 3.0 생태계를 구축할 계획입니다."

장 대표가 바라본 이커머스 3.0은 단순 판매의 기능을 넘어 브랜드 가치와 팬, 커뮤티니가 공존하는 구조다. 결국 거대 이커머스 플랫폼보다는 탈중앙화된 각각의 브랜드가 성장해야 이커머스 시장이 발전한다. 하지만 브랜드가 성장할 수 있는 플랫폼은 아직까지는 없다. 이에 티몬이 이커머스 3.0 비전을 먼저 제시했고 이 경쟁에서 우위를 점하는 것이 바로 티몬의 방향성과 전략이다.

**이커머스 플랫폼의 가격 경쟁 한계,
단순 판매 기능을 넘어 브랜드 가치에 집중하는
이커머스 3.0 시대를 열다!**

장 대표는 티몬의 비전을 새롭게 재설정하면서 이커머스 흐름에 대해 심도 있게 분석했다. 아마존, 쿠팡으로 대표되는 이커머스 2.0 시대의 핵심이 싸고 빠른 배송이었다면, 곧 다가올 이커머스 3.0 시대는 브랜드와 콘텐츠가 좌우할 것이다.

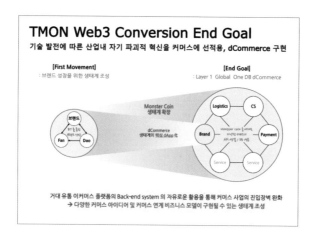

"팬데믹이 2년 이상 지속되면서 디지털 시대를 빠르게 앞당겼습니다. 브랜드들 역시 온라인으로 대거 이동하며 고객들을 많이 보유한 거대 이커머스 플랫폼 입점이 필수인 시대가 됐죠. 이커머스 플랫폼은 각각의 브랜드 상품을 가능한 많이 모아 할인·판매하는 일종의 오프라인 아울렛 역할을 담당합니다. 빠른 배송과 효율적인 쇼핑 서비스를 제공하지만, 여전히 치열한 가격 경쟁에만 집중된 구조는 브랜드 성장을 가로막는 한계를 가져왔습니다."

브랜드가 성장하려면 고객 니즈를 즉각 파악해 그 방향으로 사업을 이끌어야 한다. 하지만 거대 이커머스 플랫폼에 입점하면 고객과의 접점은 사라진다. 브랜드는 플랫폼에 상품을 공급하고 판매하지만 막상 고객 데이터는 거대 유통 플랫폼이 가져간다. 자신의 브랜드를 소비자에게 알리는 것보다 타사에 비해 얼마나 저렴한 상품을 파느냐가 생존을 결정짓는 이커머스 2.0 생태계는 정작 브랜드는 성장하지 못하고 거대 이커머스 플랫폼만 몸집을 키우는 악순환이 계속됐다.

상황이 이렇다 보니 브랜드들은 자연스럽게 D2C^{Direct to Customer. 기업과 소비자간 직거래} 니즈가 커졌고 점차 이커머스 플랫폼을 벗어나 자체 브랜드 플랫폼을 지향하기 시작했다. 대표적인 예가 바로 2019년 아마존을 보이콧한 나이키다. 나이키는 다양한 온·오프라인 마케팅 전략으로 고객 데이터를 빠르게 확보했고 고객 니즈를 반영한 지디 콜라보 상품을 내놓거나 2021년 12월, NFT 기업 RTFKT 스튜디오를 인수해 이더리움 NFT 기반의 첫 메타버스 운동화를 선보이며 북미 점유율 1위를 되찾았다. 나이키가 이런 NFT 프로젝트를 할 수 있었던 건 D2C 전략 덕분이었다. 아마존에 머물렀으면 불가능한 일이었다. 그렇다고 모든 브랜드가 D2C 전략으로 성공하는 건 아니다. 나이키는 이미 든든한 자본력과 충성도 높은 팬덤이 존재했기에 가능했다.

"팬데믹을 겪으며 글로벌 쇼핑몰 구축 및 운영 플랫폼인 쇼피파이Shopify가 급성장했습니다. 기업 가치도 200조 원이 넘고 전 세계적으로 200만이 넘는 입점 파트너를 보유하게 됐죠. 쇼피파이에 입점된 판매자 거래의 총량이 아마존의 1/3을 넘었다는 건 D2C에 대한 니즈가 폭발적으로 증가했다는 의미입니다. 네이버 스마트스토어도 비슷한 전략입니다. 그러면 과연 브랜드 입장에서 이런 플랫폼을 활용하면 D2C 전략에 성공할 수 있을까란 물음이 들었고 불가능하다고 결론지었습니다."

이커머스 3.0은 물건의 기능이 아니라 물건의 가치를 줘야 한다. 곧 브랜드가 주는 가치와 스토리텔링, 소비자가 그 브랜드를 사용하면서 느끼는 만족감 등이 중요하다. 무신사, 마켓컬리, 에이블리 등 여러 분야의 제품을 종합적으로 판매하는 대신 패션, 식품 등 특정 카테고리의 제품을 전문적으로 판매하는 버티컬 커머스 플랫폼Vertical Commerce Platform 역시 이커머스 3.0으로 진화하는 과정이다. 소비자가 이커머스에서 구매 경험을 더 중요한 가치로 여기기 시작했다는 걸 반영했기 때문이다. 값싸고 빠른 제품 판매로 그치는 것이 아니라 브랜드의 가치, 서비스를 제공하는 것이 티몬이 바라본 이커머스 3.0이다.

웹 3.0 이커머스를 위한 초석 다지기 전략!
티몬의 커머스 자산 활용, '브랜드 풀필먼트'로
D2C 브랜드를 성장시키다!

장 대표는 티몬을 '웹 3.0 이커머스 기업'으로 전환시키겠다는 궁극적인 비전을 새롭게 설정하고 이를 단계적으로 구현할 플랜을 제시했다. 그 첫 단계는 '브랜드 풀필먼트'를 제공하는 콘텐츠 플랫폼 기업으로의 전환이다.

"웹 3.0 시대의 이커머스가 풀어야 할 숙제는 많습니다. 하지만 어려운 문제부터 풀기 시작하면 갈 길이 너무 멀죠. 티몬은 이커머스 업계에서 반드시 풀어야 하는 문제부터 하나씩 풀면서 웹 3.0 시대를 대비한다는 전략을 세웠습니다. 그중에서 하나가 바로 브랜드들의 니즈가 증가하는 D2C 문제입니다. 그 시작점을 티몬의 인프

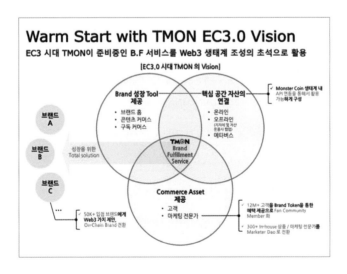

라를 재해석하는 것부터 출발했고, 브랜드들의 진정한 성장을 돕는 '브랜드 풀필먼트'를 기획하게 됐습니다."

나이키는 자체 사이트 만들어 광고비를 집행하고 인력을 모을 수 있는 자본력이 있다. 하지만 일반적인 디지털 네이티브 브랜드 Digital Native Brand는 그런 자본력이나 기술이 없다. 이를 티몬이 먼저 토탈 서비스로 제공한다는 것이 바로 '브랜드 풀필먼트'다.

"티몬이 웹 3.0 시대를 이끌 첫 번째 비전이 바로 '브랜드 풀필먼트'입니다. 풀필먼트가 이커머스 2.0에서는 물류 서비스의 대명사로 알려져 있지만, 사실 풀필먼트의 사전적 의미는 약속의 이행, 수행, 달성이란 뜻을 담고 있습니다. 이커머스 3.0의 풀필먼트는 판매와 물류뿐 아니라 브랜드 성장까지 포괄하는 큰 개념입니다. 브랜드가 고객에게 어떤 가치를 줄 수 있는가가 이커머스 3.0의 핵심이기 때문이죠."

티몬의 이를 위해 관계형 커머스를 추구한다. 이는 티몬 본질의 재해석에서 출발한다. 티몬이 가진 커머스 자산은 티몬이라는 브랜드가 있다. 그리고 셀러, 브랜드, 제조사들을 포함한 5만여 개의 파트너들, 그리고 1년 기준 약 1,200만 명의 구매 고객이 있다. 이런 커머스 자산을 브랜드와 어떤 서비스로 연결할지를 고민한 것이 티몬의 브랜드 풀필먼트다.

"이커머스 2.0의 효율성과 편의성의 가치를 완전 부정하는 것이 아닙니다. 이를 기반으로 새로운 비전에 대응하겠다는 의미죠. 이커머스 2.0에 필요한 구조는 브랜드가 직접 구축하지 않아도 이미 좋은 솔루션들이 많습니다. 제조부터 판매, 물류 등 브랜드에게 맞는 업체를 제휴할 수 있는 파트너도 크게 늘었습니다. 이미 기능적인 부분은 이커머스 2.0 시장에 보편화돼 있고 여기서 더 나아가 브랜드 성장을 위한 팬덤 기반의 솔루션을 제공하는 것이 티몬의 새로운 역할이라고 생각합니다."

우선 브랜드 성장 툴로는 브랜드 홈, 콘텐츠 커머스, 구독 커머스 세 가지가 있다. 우선 브랜드 성장의 핵심은 팬덤이다. 때문에 티몬 화면을 오늘의 추천 메인 피드와 함께 이커머스 버전의 인스타그램처럼 브랜드 각각의 홈을 만들어 인플루언서의 콘텐츠에 좋아요를 누르듯, 브랜드를 구독하는 팬덤 커뮤니티를 연결할 계획이다. 콘텐츠 커머스는 브랜드와 매체력을 가지고 있는 크리에이터나 인플루언서들의 연결이다. 브랜드 입장에서는 이런 다변화된 매체들을 활용해 마케팅 전략을 짜기가 쉽지 않다. 단순히 구독자가 많은 크리에이터와 브랜드를 연결한다고 해서 성공하는 것이 아니기 때문이다. 세부사항까지 세심하게 고려해야만 구매 전환까지 이뤄진다. 티몬은 이와 같은 크리에이터 협업 프로젝트를 통해 성공 패턴을 찾아내고 있다. 구독 커머스도 이와 같은 콘텐츠 커머스가 완성되면 진정한 팬덤이 형성되는 고도화된 구독 시스템이 이뤄질 것이다.

또 온라인, 오프라인, 메타버스 크게 세 가지 자산을 브랜드와 연결하는 것이다. 디지털 네이티브 브랜드에게 중요한 건 오프라인 경험이다. 룰루레몬, 짐샤크, 스위트그린 등은 유니콘 이상으로 성장한 브랜드들인데, 이들의 공통점이 바로 팬덤이고 그 팬덤은 오프라인 기반의 커뮤니티에서 생겨났다.

캐나다에서 탄생한 세계적인 요가복 브랜드 룰루레몬은 인기 요가 강사를 지역 홍보대사로 지정하며 각 지역 매장을 작은 커뮤니티 클럽처럼 활용해 사업을 확장했다. 해외 사업도 커뮤니티 전략은 동일하다. 2013년, 중국 플래그십 스토어 오픈에 맞춰 자금성과 만리장성에서 수많은 고객들이 함께 요가를 하는 대규모 오프라인 행사를 열었고 이는 다양한 채널을 통해 전 세계적으로 빠르게 퍼져나가며 브랜드를 알리는 좋은 계기가 됐다. 미국 샐러드 체인 기업 스위트그린 역시 마니아층 육성을 위해 매년 음악과 요가를 테마로 '스위트라이프' 페스티벌을 개최한다. 첫 시작은 작은 주차 공간이었지만 점차 이에 동참하는 고객들이 늘었고 매번 매진 행렬을 기록하며 워싱턴을 대표하는 축제로 자리 잡았다. 이렇게 브랜드가 성장하는데 요가, 페스티벌이라는 오프라인 행사가 큰 영향을 끼쳤고 그렇게 형성된 커뮤니티와 팬덤을 기반으로 브랜드가 단단하게 발전할 수 있었다.

하지만 작은 규모의 브랜드는 이런 오프라인 행사를 하기가 힘들다. 티몬이 공간을 많이 보유한 자산운용이나 지방자치단체 등과 협업해 브랜드에게 오프라인 공간을 연결할 계획이다. 오프라인 행사 참여도 온라인 플랫폼의 도움이 필요하다. 티몬이 이를 연결하는 플랫폼 역할을 할 것이다. 이것이 바로 오프라인 공간과 연결이다.

"웹 3.0에서 오프라인 역할이 중요합니다. 브랜드 성장에 기여한

다오 개념의 팬들에게 NFT를 발행한 뒤 이들에게 프라이빗 파티나 신제품 론칭쇼에 참여할 수 있는 혜택을 나눠주는데 웹 3.0 역시 이런 행사가 바로 오프라인을 통해 이뤄지기 때문이죠. 결국 온라인, 오프라인 두 공간이 모두 있어야 가능합니다. 독자적으로 존재할 수 있는 것이 아닙니다. 웹 3.0도 온라인과 현실 세상이 연동돼야 의미가 있는 것입니다."

웹 3.0의 핵심 가치인 수익 공유,
브랜드 성장에 기여한 다오 팬덤에게 가상자산 토큰 발행

마지막 브랜드와 메타버스와의 연결은 가상현실VR과 증강현실 AR, 확장현실XR 등과 같은 메타버스 기술이 아니다. 가상자산과의 연결이다. 여기서 웹 3.0 커머스를 먼저 시도해 볼 계획이다.

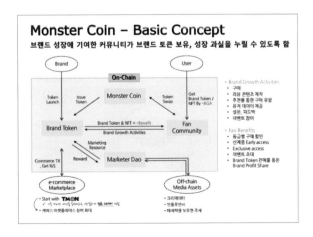

각각의 브랜드를 성장시키는 티몬의 '브랜드 풀필먼트'가 웹 3.0
이 될 수 있는 이유는 웹 3.0 기반의 다오Decentralized Autonomous Orga-
nization, 탈중앙화 자율 조직 팬덤을 연결시키는 한 단계 더 진화된 서비스
이기 때문이다. 앞서 강조했듯 D2C 브랜드 성장은 팬덤을 기반으로
한 커뮤니티가 무엇보다 중요하다. 이를 위해 브랜드 팬을 기여도에
따라 수익을 나눌 수 있는 다오 형태로 구성해 브랜드와 수익 공동
체까지 갈 수 있는 커뮤니티로 설계하고 있다.

한 예로 티몬 이커머스 3.0팀이 매체력을 보유한 유튜브 크리에
이터 '정육왕'과 협업해 한우 브랜드를 판매하고 매출도 급상승한
콘텐츠 커머스 프로젝트를 진행했다. 정육왕 크리에이터는 로열티
높은 구독자를 보유했지만 이 트래픽을 어떻게 지속적으로 수익화
할 수 있는지에 대한 고민이 컸다. 이는 정육왕뿐 만이 아니라 모든
크리에이터들의 고민이다.

이런 정육왕 크리에이터 콘텐츠 커머스 프로젝트를 고도화해

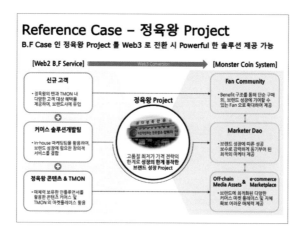

웹 3.0으로 설계하면 한우 브랜드 성장에 기여한 정육왕에게 NFT를 발행해 수익 공유를 나눌 수 있다. 예를 들어 브랜드 초기에 홍보나 추천을 많이 하는 사람들을 순위로 정해서 100명에게 NFT를 발행한다. 그리고 NFT 홀더들에게 신제품 우선 사용권이나 프라이빗 파티 참여권 등의 혜택을 제공한다. 이런 식으로 로열티 프로그램들을 NFT 기반으로, 또는 토큰 이코노미 기반으로 구현할 수 있는 것이다.

한 브랜드에 성장한 기여한 참여자 모두에게 NFT와 소속감을 줄 수 있는 다양한 혜택을 제공하거나 더 나아가 토큰을 발행하면 이를 동기부여 삼아 참여자들이 더 적극적으로 브랜드 성장에 노력할 것이다. 어느 정도 팬덤이 형성되기 전의 브랜드는 NFT를 발행하고 이후 브랜드가 성장하면 개별적으로 토큰을 발행할 계획이다. 그리고 이를 전체로 아우르는 것이 티몬의 거버넌스 토큰이 될 것이고 이를 구체화하기 위해 준비 중이다.

"뷰티 브랜드 경우, 수익의 30~40% 정도를 마케팅에 씁니다. 페이스북 인스타그램과 같은 채널을 사용하는데, 애플이나 안드로이드 정책상 개인 정보 보호 때문에 타깃 마케팅이 잘 안 되고 있죠. 그러다 보면 마케팅 효율이 떨어질 수밖에 없습니다. 그런 마케팅 비용을 티몬의 브랜드 토큰 발행하는데 쓴다면 단단한 팬덤 확보는 물론 지속적인 브랜드 성장에 큰 도움이 될 것이라 봅니다."

이커머스에서 웹 3.0 시스템은 한 번에 전환되는 게 아니다. 기존 성공 모델을 웹 3.0으로 전환시켜야 한다. 그래서 웹 3.0으로 가기 위한 초석으로 브랜드 홈, 콘텐츠 커머스 등을 기획한 것이다. 티몬이 커머스 자산을 나누면서 브랜드들과 함께 상생할 수 있는 생태계가 바로 티몬이 구현하려고 하는 이커머스 3.0의 모습이다. 이 기저에는 웹 3.0이 깔려 있다. 플랫폼이 독점하는 중앙화보다는 모두 함께 상생하는 탈중앙화가 이커머스 3.0을 주도할 것이라고 확신한다.

"2017년 티켓몬스터에서 티몬으로 사명이 변경됐습니다. 이를 다시 티켓몬스터로 바꾸려고 합니다. 티켓이라는 의미가 웹 3.0에서 좋은 가치를 갖기 때문이죠. 가상자산과의 연결, 자신이 스스로 주도권을 행사할 수 있는 권리, 상품을 구매한 영수증 증빙 등 이런 것들이 다 웹 3.0 시대의 티켓이죠. 티켓이라는 좋은 단어를 미리 선정해 놨으니 다행입니다. BI 작업만 다시 하면 되거든요."

장 대표는 궁극적으로는 모든 커머스 트랜잭션 데이터가 블록체인에 기록되는 시점이 언젠간 올 것이라고 본다. 그때는 거대 유통 플랫폼이라는 미들맨도 제거돼 있을 것이다. 이커머스 2.0이 하나의 플랫폼 경제로 돌아갔다면 티몬의 이커머스 3.0은 연결이 중심이 된 API 경제 시스템이 될 것이다. 판매 수수료를 가져가는 유통 플랫폼이 있는 게 아니라 플랫폼이 하나의 인터넷처럼 우리가 활용할 수 있는 데이터가 되는 거다. 일종의 API 형태로 브랜드가 각각의 커머스 데이터를 활용해 서비스들을 만드는 이커머스 3.0 생태계가 곧 만들어질 것이다. 티몬은 이를 위한 시작점으로 브랜드와 팬덤을 연결하고, 브랜드 성장에 도움을 줄 수 있는 NFT부터 바로 시작해 볼 계획이다.

"모든 신기술이 나왔을 때, 시장의 거품이 빠르게 달아올랐다가 빠지면서 옥석이 가려지는 과정을 겪습니다. 블록체인 기술도 이에 따른 가상자산도 그 과정이라고 생각합니다. 아마 웹 3.0이 커머스 산업과 서비스가 연결되는 것은 웹 3.0 기술이 고도화된 이후가 될 것이라고 봅니다. 하지만 티몬이 그 첫 번째 주자로, 실제 성과가 나올 수 있는 실행력을 발휘해 하나씩 웹 3.0 이커머스 시대를 만들어나갈 계획입니다. 티몬이 초장기 최초의 타이틀로 빠르게 움직였듯 웹 3.0 시대도 제일 먼저 정상에 올라 깃발을 꽂는 날이 올 것이라 확신합니다."

거대 이커머스 플랫폼이 헤게모니를 쥐고 있는 이 시장에서 티몬은 좀 더 빠르게 움직여야 우위를 차지할 수 있다. 기존 이커머스 플랫폼은 절대 도전하지 못하는 길이다. 티몬의 절박함이 만들어낸 웹 3.0이라는 기회가 어떤 미래를 그려낼지 기대해보자.

PART 03

웹 3.0
해외 리딩 기업들

01

준비된 NFT 거래 플랫폼, NFT 호황과 함께 동반 성장하다!

세계 최초·최대 NFT 마켓 플레이스, 오픈시

대체 불가능한 토큰인 NFT 등장과 함께 유니콘 기업으로 우뚝 선 회사가 있다. 바로 세계 최대 NFT 마켓 플레이스 오픈시opensea 다. 오픈시는 기업명답게 확장성을 강조하는 전략으로 빠르게 성장 했다.

이곳에서는 누구나 제한 없이 NFT를 발행하고 구매할 수 있다. 블록체인 지식이 없더라도 쉽게 이용할 수 있다는 장점을 바탕으로 세계 '최초', '최대'라는 타이틀을 거머쥐고 NFT 마켓 플레이스를 선 점했다.

창업자 데빈 핀저Devin Finzer는 2017년 최초의 NFT 블록체인 게 임이라 불리는 크립토키티에서 아이디어를 얻었다. 크립토키티는 교배를 통해 탄생한 회귀종이 활발하게 고가로 거래되고 있었다. 기존 디지털 수집품과 다르게 NFT로 발행된 크립토키티는 소유권

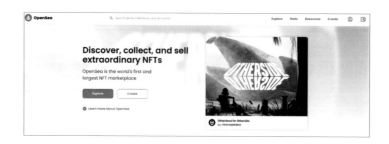

증명이 가능해 희귀종의 가치를 유지하며 새로운 '디지털 자산'의 지위를 갖게 됐다. 크립토키티 NFT 홀더들의 거래는 증가했지만 이 거래를 공인해 줄 플랫폼이 없었다. 그 결과 불신 문제가 커졌고, 이에 시장 가능성을 확신한 데빈 핀저는 2017년 12월 공동 창업자인 아탈라와 함께 오픈시를 설립했다.

준비된 NFT 거래 플랫폼, NFT 호황과 동반 성장하다!

오픈시는 2022년 1월, 약 50억 달러한화 약 6조 4,000억 원의 거래량을 기록했다. 이는 전달 대비 2배 증가한 규모다. 그러나 오픈시가 처음부터 승승장구한 것은 아니다. 지난 2021년 1월 오픈시의 월 이용자 수는 약 7,000명이었으나, 2022년 1월 월간 이용자 수는 약 54만 명으로 1년간 비약적인 성장을 이뤘다. 과연 1년간 무슨 일이 있었을까?

오픈시는 오래전부터 NFT 바람이 불기만을 기다리며 만반의 준비를 취하고 있었다. 2017년 창업 후, 성장에 목마른 오픈시 창업자들은 2019년도에 본사를 샌프란시스코에서 뉴욕으로 옮겼다. 블록체인 기반 아트 작품의 잠재력을 믿었기 때문이다.

오픈시는 뉴욕을 중심으로 활동하는 디지털 예술 업계와 어울리면서 컨템퍼러리디지털아트페어CADAF의 모든 업무를 맡아 처리했다. 이후 컨템퍼러리디지털아트페어에서 주관하는 행사에서 페이스북 최초의 아이디어 제공자이자 비트코인 초기 투자자로 유명한 윙클 보스 쌍둥이 형제가 오픈시를 통해 크립토펑크를 구매했다. 이를 계기로 오픈시는 디지털아트계에서 NFT 거래소로 공신력을 공고히 다지게 됐다. 이후 2021년 4월 지루한 원숭이들의 요트클럽BAYC과 미비츠와 같은 NFT 프로젝트에 붐이 거세게 일면서 많은 사용자들이 오픈시를 찾았다.

그 결과 오픈시는 웹 2.0 시대의 거대 플랫폼 기업과 같이 폭풍 성장할 것이라는 투자자들의 기대를 한 몸에 받고 2022년 1월, 시리즈 C 투자에 약 3억 달러한화 약 3,800억 원를 유치해 기업가치 133

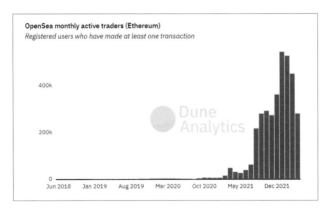

오픈시 월간 이용자 그래프. (출처: 듄애널리스틱스)

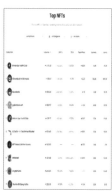

오픈시 판매 카테고리 & NFT 거래 랭킹

억 달러한화 약 17조 원를 달성했다. 유니콘 기업에서 반년 만에 데카콘 기업기업 가치 100억 달러 이상인 스타트업으로 성장한 웹 3.0 기업의 저력을 보여준 것이다.

웹 3.0의 정신이자 오픈시의 철학, '확장성'을 추구하다!

오픈시가 세계 1위 NFT 거래 플랫폼이 된 차별화 전략은 다양하다. 우선, 다른 NFT 마켓 플레이스를 살펴보자. 슈퍼레어 NFT 마켓 플레이스는 폐쇄형 플랫폼으로 자체 심사를 통과한 작가들만의 NFT 작품을 올릴 수 있다. 카카오의 블록체인 계열사인 그라운드엑스가 만든 한국의 NFT 마켓 플레이스 클립드롭스도 하루에 한 작가만을 선별하거나 한정으로 판매한다. 이와 달리 오픈시는 누구나 손쉽게 NFT를 발행하고 거래할 수 있다는 것이 강점이다.

우선 초보자도 접근이 쉬운 직관적인 인터페이스를 갖췄다. 이더리움, 클레이튼, 폴리곤 그리고 최근 솔라나까지 추가해 다양한 코인 거래가 가능하다. 옵션도 자유롭게 선택할 수 있다. 사용자는 NFT 이름부터 판매 수량, 가격, 기간, 판매 방식까지 원하는 대로 설정이 가능하다. 특히 판매 방식은 NFT 마켓 플레이스마다 다른데 오픈시는 지정가 판매, 경매, 묶음판매 세 가지 중 원하는 방식을 고를 수 있다. 창작물은 JPG, PNG, GIF, MP4 등의 형태로 최대 100MB까지 업로드할 수 있으며 판매 시 2.5% 수수료를 받는다.

이렇게 오픈시는 쉽고 간단한 NFT 발행 및 거래 인프라 구축으로 기존 NFT 홀더는 물론 새로운 사용자들을 빠르게 불러 모았고 NFT 시장 활성화와 대중화를 이끄는 선도적인 역할을 했다. NFT 발행과 거래가 활발하게 이뤄진다는 것은 오픈시 역시 그만큼 동반 성장한다는 의미다.

NFT라는 새로운 바다의 방향성을 제시하다!

NFT 마켓 플레이스 선두주자인 오픈시는 NFT 애그리게이터인 'Gem'과 가상자산 지갑 플랫폼 '다르마랩스'를 인수해 단순 NFT 마켓 플레이스를 넘어 웹 3.0 시대의 한 획을 긋는 거대한 영향력을 행사한다는 비전을 새롭게 설정했다. 그리고 메타전 페이스북 커머스 부사장 출신인 시바 라자라만을 상품 부문 부사장으로도 새로 영입해 세계 1위 NFT 마켓 플레이스의 자리를 단단히 지킬 채비를 마쳤다.

오픈시는 이렇게 공격적인 투자와 기업 인수, 인재 영입까지 앞세우며 다음 단계로의 도약을 준비 중이다. 하지만 오픈시의 전 직원이 내부자 거래로 시세차익을 챙긴 혐의로 기소된 사건이 NFT 시장에 큰 화제가 되기도 했다. 오픈시의 메인페이지에 올라가는 NFT의 가격은 상승 효과가 큰데, 메인페이지 NFT를 선정하는 직원이 먼저 이를 매수해 2~5배의 시세차익을 얻은 것이다. 이런 내부 조작 문제와 빈번하게 일어나는 해킹 이슈 역시 오픈시가 빠르게 해결해야 할 숙제다. 또 NFT는 아직 초기 단계의 시장이라 가격 변동성이 크다. 점차 시장이 안정되고 작품성으로 가격의 가치가 형성되면 큰 변동성 역시 줄어들 것으로 기대한다.

웹 3.0의 탈중앙화, 개인 소유권 확보 정신을 바탕으로 시작된 오픈시가 제대로 그 가치와 역할을 발휘하기 위해서는 사용자들을 보호할 안전망, 보안과 관련된 문제를 더 철저히 관리해야 한다는 책임도 강하게 요구되고 있다. 이에 오픈시 대표는 고객 지원과 보안 강화를 선언하며 건강한 NFT 시장의 대중화를 위해 또 한 번의 고비를 슬기롭게 헤쳐나가고 있다.

현재 잠시 침체된 NFT 시장에는 아직 무궁무진한 잠재력이 존재한다. 오픈시는 NFT라는 새로운 바다의 길을 항해하는 선두주자로서 제대로 된 방향성을 보여주리라 기대해 본다.

글·최진리(웹 3.0 라이브씬 연구원)

02

NFT 미래 방향성을 제시하며 오픈시 거래량 1위를 달성하다!

글로벌 아트&기술 리더 팀이 만든
NFT 프로젝트, 아주키

2021년은 NFT의 해였다고 말할 정도로 NFT의 광풍이 불면서 투자 열기가 본격화됐다. 2022년 역시 그 여세를 이어 각종 NFT 프로젝트가 하루가 다르게 등장하고 몸값도 천정부지로 치솟았다 다시 하락하기를 반복하는 추세다.

한 예로, 2021년 3월 트위터 창업자 잭 도시가 2006년 처음 남긴 '방금 내 트위터를 실정했나Just setting up my twitter'라는 트위터 캡처 NFT가 NFT 경매에서 290만 달러한화 약 36억 8,000만 원에 이란의 암호화폐 기업인 시나 에스타비Sina Estavi에게 낙찰돼 큰 화제를 불러 모았다. 이후 1년이 지난 2022년 4월, 잭 도시의 사상 첫 트위터 캡처 NFT는 다시 경매 시장에 등장했고, 예상과 달리 약 6,200달러한화 약 780만 원이라는 충격적인 입찰가를 받았다. 이는 대체 불가능한 속성을 지닌 NFT라고 하더라도 어떤 가치와 유용성을 지니는가가

무엇보다 중요하다는 배움을 다시 한번 일깨워주는 대표 사례다.

NFT 시장은 초기 단계다. 인터넷 초창기에도 수많은 거품은 일었지만 그렇다고 인터넷이 사라지지 않았다. NFT 또한 거품이 걷어지면 웹 3.0 시대를 대표하는 또 하나의 디지털 자산으로 존재할 것이다. 어떤 NFT 프로젝트가 살아남을지 그 과정을 좀 더 자세히 지켜보고 자신만의 옥석을 가리는 기준을 설정하는 것이 웹 3.0 시대를 현명하게 즐기는 방법이다. 유가랩스의 BAYC^{Bored Ape Yacht Club,} 지루한 원숭이들의 요트클럽 거래량을 첫 민팅 후 2주만에 따라잡은 PFP NFT가 나왔다. 바로 NFT 시장의 새로운 블루칩으로 떠오르고 있는 아주키^{Azuki}다.

아주키는 오픈시 등장 2주 만에 거래량 1위, 최초 발행가 대비 100배가 넘는 평균가를 지속했지만 2022년 5월을 기점으로는 잠시 주춤한 상태다. 이렇게 빠르게 성장하는 NFT 프로젝트는 어떤 특성이 있는지 잘 살펴보면 NFT 가치를 판단하는 폭넓은 시야와 날카로운 판단력을 기르는 데 도움이 될 것이다.

오픈시 2022년 6월 9일 아주키 거래량 데이터 (출처: 오픈시 사이트)

유가랩스의 BAYC 프로젝트를
뛰어넘어 출시 2주만에 오픈시 거래량 1위 달성!

2022년 1월, 아주키는 세계 최대 NFT 거래소 오픈시에서 NFT 열풍의 중심에 있는 유가랩스의 BAYC 프로젝트를 단번에 제쳤다. 출시 2주만에 당당히 거래량 1위를 차지한 것이다.

2022년 1월 12일, 0.08ETH한화 약 25만 원로 첫 민팅을 시작, 4월 10일 기준 3개월 평균가 8.2565ETH한화 약 3,350만 원로 약 100배 이상 가격이 급상승하며 NFT 홀더들의 뜨거운 반응을 불러일으켰다. 개당 3,400달러한화 약 426만 원에 출시된 첫 번째 묶음은 오픈시에서 3분만에 매진돼 약 2,900만 달러한화 약 394억 원 이상의 수익을 얻었고 이후 4주 동안, 오픈시를 포함한 여러 주요 NFT 거래소에서 3억 달러한화 약 3,795억 원에 가까운 거래량을 기록하며 세계 최고의 NFT 프로젝트로 우뚝 섰다. 모든 아주키 NFT는 재판매 시 로열티 5%를 받으며, 로열티로만 1,500만 달러한화 약 188억 원의 추가 수익을 보았다.

아주키는 팥이라는 뜻의 일본어다. 그림은 얼핏 일본 일러스트 레이터의 PFP처럼 보이지만 미국 캘리포니아주 로스앤젤레스를 기반으로 활동하는 10명의 핵심 멤버가 한 팀을 이뤄 만든 NFT 프로젝트다. 출시 직후부터 아주키가 NFT 최강자로 떠오른 이유 역시 이 핵심 멤버에 대한 신뢰도와 이들이 앞으로 펼쳐나갈 NFT 로드맵에 큰 무게가 실렸기 때문이다.

아주키 NFT 프로젝트팀은 블리자드 엔터테인먼트Blizzard Entertainment의 글로벌 온라인 게임 오버워치Overwatch 아트디렉터 아놀드 창Arnold Tsang을 중심으로 구글과 페이스북에서 엔지니어로 근무한 개발자, 캠콤과 마블에서 일한 아티스트와 디파이빌더, 그리고 골드만삭스 전 소속 분석가 등 암호·기술 및 게임 분야의 배경을 가진 전문가들로 구성되었다. 아주키의 궁극적인 목표는 '커뮤니티 중심의 탈중앙화 메타버스 브랜드 구축'에 있으며, 이를 더욱 단단히 다지기 위해 2022년 5월, 헬로키티로 유명한 산리오의 전 사장 리히토 하토야마Rehito Hatoyama를 최고전략책임자로 영입했다.

아주키가 출시부터 뜨거운 관심을 받는 이유 중 하나는 안티화이트리스트anti-white list, NFT 프로젝트가 출시될 때 특정 조건을 달성하면 NFT를 선점할 수 있는 권리 방식의 민팅을 새롭게 도입했기 때문이다. 민트리스트에 할당된 물량 이외의 컬렉션은 누구나 참여할 수 있는 옥션 방식으로 NFT를 판매했고 1만 개 NFT를 판매해 성공으로 이끌었다. 이는 메타버스에서 가장 규모가 큰 탈중앙화 브랜드 구축을 위한 초석으로, 가능한 한 많고 진정으로 아주키를 사랑하는 사람들의 참여를 목표로 삼았기 때문이다. 또 비싼 수수료를 줄이기 위해 ERC-721A 모델을 채택해 가스비를 절약하는 차별화 전략을 앞세웠다.

아주키는 샌드박스VR, 디센트럴랜드, 크립토복셀, 솜니엄스페이스 등과 호환되는 메타버스 플랫폼 진출도 준비 중이다. 기존 2D로 만들어진 PFP NFT를 3D로 업그레이드할 계획이며 관련 게임 역시 개발 중에 있다.

NFT의 가치, 어떤 미래를 구축하느냐가 관건
커뮤니티 결속력 높이고 메타버스 확장 로드맵 제시하는
아주키만의 독창적 프로젝트!

아주키 NFT는 총 1만 개의 아바타로 발행됐다. 아주키 NFT 홀더는 '더가든The Garden'에 입장할 수 있는 멤버십 자격을 얻으며 NFT 드롭, 라이브 이벤트 등 혜택도 다양하다.

아주키는 스스로에 대해 '커뮤니티에 의해 함께 만들어가는 탈중앙화 메타버스 브랜드'라고 소개한다. 많은 사람이 만들어 소수가 소유하는 세상이 아닌, 더 많은 사람이 만들어 모두가 소유하는 세상을 만든다는 것이 아주키의 비전이다. 이를 위해 그들이 제시한 '더가든'은 예술, 공동체, 문화가 융합해 마법을 창조하며 물리적 세계와 디지털 경계가 모호하고 새로운 규칙이 적용된 가상 세계다. 최고의 게임 개발자들이 속한 팀답게 아주키의 세계관 역시 현실을 잊게 만드는 게임과 닮았다. 모두가 소유권을 갖는 것이 당연한 세상, 그 세상을 만들어 가는 것이 아주키의 로드맵이고 이를 위해 단계적 프로젝트를 하나씩 선보이고 있다.

지난 2022년 3월 29일, '아주키AZUKI'라고 쓴 배너가 LA를 상징하는 랜드마크를 모두 지나가는 42초짜리 영상이 공개됐다. 이는 할리우드, LA다저스스타디움, 산타모니카비치 등 가까운 미래에는 어디든 아주키가 함께할 것이라는 의미한다. 이 프로젝트는 아주키가 추구하는 현실과 가상 세계의 모호함을 잘 표현한 프로젝트 중 하나로 손꼽힌다. 지난 4월 16일에는 아주키의 로드맵 중 하나인 '피지컬월드Physical World' 일환으로 독점 판매할 옷, 인형, 장난감, 스케이트보드 등을 트위터 영상을 통해 공개했다. 또 IRLIn Real Life 이벤트로 모임, 전시, 음악 축제 등을 준비 중에 있다고 밝혔다.

국내를 넘어 세계적인 아티스트로 주목받는 에픽하이와의 협업도 추진했다. 매년 봄 캘리포니아 인디오에서 2주간 개최되는 뮤직페스티벌 '코첼라밸리 뮤직앤드아츠 페스티벌 2022COACHELLA Vally Music and Arts Festival 2022'에 에픽하이가 초청받았고 아주키가 에픽하이의 비주얼아트를 직접 제작해 아주키의 철학을 널리 알리는 마케팅 효과를 톡톡히 봤다. 또 2022년 5월, '아주키 트윈 타이거스 재킷AZUKI TWIN TIGERS JACKET'을 공개했는데 이는 아주키가 제시한 가상 세계 더 가든의 결속을 상징하는 작품이다. 아주키 NFT 홀더들에게만 무상 배분에어드롭 했다. 이 토큰으로 재킷을 교환할 수 있는 혜택을 줬다. 재킷 판매 토큰은 자체 커뮤니티 펀드를 지원하는데 사용되며 토큰을 실물 경제에 활용한 좋은 예시를 보여줬다고 평가받는다.

아주키는 여기서 더 확장해 오프라인 행사 때 아주키 NFT 홀더들이 이 재킷을 입고 모이는 더가든파티를 열 계획이다. 이처럼 아주키는 현실과 가상 세계를 모호하게 만드는 자신들만의 세계관이 잘 드러나는 프로젝트들로 커뮤니티의 결속력을 다지고 아주키의 철학을 더욱 단단히 구축하고 있다. 아주키 NFT 프로젝트를 통해 앞으로의 NFT 미래가 어떤 모습일지 기대해봐도 좋을 듯하다.

글·이지혜(웹 3.0 라이브씬 연구원)

03

메타버스 확장으로 NFT 시장을 정복한 거대 공룡
웹 3.0 시대의 디즈니,
유가랩스

2021년 옥스퍼드 사전이 선정한 올해의 단어는 'NFT'였다. 그만큼 2021년은 NFT의 성장이 두드러진 해였다. NFT는 예술 작품이나 수집품 등 개인 자산의 소유권 기록을 위해 사용되는 디지털 증명서다. 기존 미술시장을 빗대 설명하자면, 수많은 모나리자의 복제품들이 있음에도 불구하고 모나리자의 원본만이 귀중한 가치를 갖는 것처럼 NFT는 디지털상의 원본과 복제품을 구분하고 원본이 세상에 단 하나뿐이라는 희소성을 증명함으로써 그 가치를 인정하는 도구다.

NFT의 첫 탄생은 2014년이었지만 이후 수년간은 수면 아래에 잠들어 있었다. 2017년 1차 코인 붐을 타고 최초의 PFP NFT인 크립토펑크와 최초의 NFT 거래소인 오픈시가 등장하면서 NFT의 개념이 다시 수면 위로 떠올랐다. 이후 가상자산 암흑기를 지나 2021

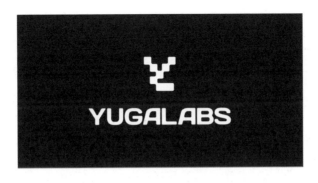

년 2차 코인 붐을 맞으면서 NFT 시장이 폭발적으로 성장했다. 가상 자산 관련 분석 플랫폼 댑레이더에 따르면 지난 2020년 9,490만 달러에 불과했던 NFT 거래액은 2021년 249억 달러로 1년 만에 262배 성장했다. 이런 배경 속에서 유가랩스는 2021년 4월, NFT 시장의 후발주자로 첫선을 보였지만 차별화된 전략으로 거대한 파급력을 몰고 왔다.

'지루한 원숭이들의 요트클럽' 만의 특별한 스토리텔링

유가랩스가 2021년 4월 발행한 NFT Bored Ape Yacht Club이하 BAYC, 일명 지루한 원숭이들의 요트클럽은 현재 세계에서 가장 영향력 있는 NFT 프로젝트가 됐다. '탈중앙화된 디즈니'라는 극찬을 받는 BAYC는 4명의 익명의 창업자들로부터 시작됐다.

유가랩스는 다른 NFT 프로젝트들과 마찬가지로 알고리즘을 통해 배경, 모자, 눈, 의상 등 170여 개의 다양한 특성을 생성해 각각

지루한 원숭이들의 요트클럽 이미지. (출처: BAYC)

고유의 특성을 가진 원숭이 NFT 1만 개를 만들었다. 많은 동물 중 원숭이를 캐릭터로 삼은 이유는 원숭이Ape가 가상자산 투자자들을 비하하는 별명이었기 때문이다. 그간 제도권에서는 가상자산 투자자들을 무지성으로 투자하는 세력으로 여겼고, 이런 투자 방식을 미개한 원숭이에 비유하며 조롱했다. 유가랩스는 이를 위트 있게 활용해 원숭이를 그들의 프로젝트의 심볼로 삼아 흥미로운 이야기를 썼다.

'지루한 원숭이들의 요트클럽'의 배경은 가까운 미래, 가상자산에 투자한 원숭이들이 돈을 너무나 많이 벌어버린 이후의 세상이다. 엄청난 부를 얻은 원숭이들은 세상 모든 것들이 지루했고, 늪에 자신들만의 아지트를 만들어 숨어버렸다. 그곳이 그들만의 비밀 사교클럽인 '지루한 원숭이들의 요트클럽'이다.

가상자산 투자자들의 정체성을 담고 있는 원숭이 캐릭터, 그리고 그들의 꿈을 담고 있는 스토리텔링은 많은 가상자산 투자자들의 공감을 얻었고, BAYC의 가치는 단기간에 크게 상승했다. 발행 당시 0.08EHT[22]달러에 불과했던 BAYC NFT는 2022년 4월 22일 기준, 바닥가 150ETH까지 치솟았다. 이는 당시 시세로 한화 약 5억 6,000만 원에 달하는 금액이다. 1년 새 약 1,875배 성장한 것이다. 2022년 6월 10일 기준으로 여전히 90~100ETH 사이의 바닥가를 유지하고 있다.

크립토 투자자들의 놀이터가 된 '지루한 원숭이들의 요트클럽'

2021년 5월 1일, 1만 개의 NFT를 완판한 유가랩스는 이 프로젝트가 단순 일회성에 그치는 판매가 아닌 크립토 투자자들의 커뮤니티로 성장하길 원했다. 그렇기에 이 BAYC NFT를 단순한 PFP가 아닌 멤버십 카드로 활용하는 방법을 고안했다.

BAYC NFT를 보유한 홀더들은 BAYC의 클럽 멤버로 인정되고, BAYC의 디지털 공간에 접근이 가능하다. 이후 BAYC에서 제공하는 여러 가지 혜택들도 받을 권리를 얻었다.

사전판매가 종료된 후 유가랩스가 BAYC 홀더들에게 처음으로 제공한 것은 온라인상의 협업 공간, '화장실The bathroom'이다. 이 공간은 BAYC NFT를 하나 이상 보유한 지갑에서만 입장이 가능하다. 홀더들은 15분마다 1번씩 화장실 벽에 낙서를 할 수 있다. 일종의

The bathroom. (출처: BAYC)

협업 아트 캔버스인 것이다.

유가랩스는 온라인뿐만 아니라 오프라인에서도 BAYC NFT 홀더들만 입장 가능한 행사들을 개최하며 결속력을 다졌다. 2021년 11월, 세계적인 NFT 컨퍼런스인 NFT NYC가 열리는 시기, 같은 도시인 뉴욕에서 유가랩스도 '에이프 페스티벌Ape Fest'을 열었다. BAYC 홀더는 누구나 행사에 무료로 참석할 수 있다. 단, 단순히 NFT만 있다고 입장이 가능한 것은 아니었다. 일단 첫 행사인 'APED NYC' 전시에 참여해야 요트 파티 입장권을 얻는다. 요트 파티에 참석할 때 받았던 손목 밴드가 다음 행사인 브루클린 창고 파티의 입장권이 된다. 이렇게 꼬리에 꼬리를 무는 방식으로 커뮤니티에 진심인 홀더들이 즐길 수 있는 오프라인 행사를 진행했다. 축제의 하이라이트인 요트파티에는 BAYC를 보유하고 있는 유명인사들도 참석해 더욱 화제를 몰고 왔다. 마돈나, 스눕독, 저스틴 비버, 패리스 힐턴, 에미넘 등 유명인사들이 BAYC NFT를 보유하고 있다는 점도 BAYC 커뮤니티를 특별하게 만들었다. BAYC 홀더들은 이러

APED NYC와 브루클린 맥주창고 파티. (출처: Twitter via Ryan(@Neutral_Spirit), @brinkmanatee)

한 온·오프라인 행사에서 다양한 아이디어를 나누고 자체모임을 주선하며 결속력을 다졌고 커뮤니티는 더욱 활기를 띠게 됐다.

업계 최초, 상업적 권리를 허용하다

기존 NFT는 홀더에게 NFT '소유권'만 허용했다. NFT를 상업적으로 활용할 수 있는 권리는 홀더가 아닌 NFT 재단에게 있었다. 이는 결과적으로 NFT의 활용처를 SNS의 프로필용 혹은 소장 목적 정도로만 한정 짓게 했다. 유가랩스는 이 규칙을 과감히 깨고 업계 최초로 홀더들의 상업적 권리IP, 지적재산권을 허용했다. 이는 BAYC 생태계가 생명력을 가지고 무한하게 확장될 수 있는 핵심 역할을 했다.

상업적 권리를 갖게 된 홀더들은 상상력과 다양한 아이디어를 동원해 여러 파생 프로젝트들을 만들었다. 자신의 브랜드에 BAYC NFT 디자인을 활용하고, 자신이 보유하고 있는 원숭이의 특성을 활용해 BAYC의 세계관에 연동되는 NFT를 발행하기도 했다. 몇 가지 예를 살펴보자.

1. 보어드와인컴퍼니

BAYC #1839의 홀더는 와인바 직원과 비슷한 모습을 한 자신의 원숭이에게 디오니소스라는 별명을 붙였다. 그리고 '끝없는 항해 끝에 전설의 포도 농장을 찾은 디오니소스는 NFT 세계에 와인을 전파하기 위해 보어드와인컴퍼니를 세우고, 원숭이들에게 와인을 판다.'라는 새로운 세계관을 설정했다. 실제 디오니소스의 홀더는 와인 회사를 세웠고 BAYC 홀더들을 대상으로 0.2ETH를 받고 홀더의 BAYC 캐릭터가 그려진 와인 6병을 제공했다. 이 와인은 런던의 한 창고에 보관되며, 주문자는 이 와인의 소유자라는 NFT 증서를 받을 수 있다.

(출처: the bored comic.com)

(출처: metasaurs.com)

2. 메타사우르스

BAYC #4588은 Dr. DMT라는 불리는 유전자 조작 과학자다. Dr. DMT는 메타DNA실험을 통해 자신의 유전자와 공룡 티렉스가 반반 섞인 돌연변이인 메타사우르스를 창조했다. 이런 시나리오를 바탕으로, BAYC #4588 홀더는 메타사우르스 NFT 9,999개를 발행했다. 메타사우르스 프로젝트는 이후 NFT 기업 WAX와 함께 메타게임즈를 설립하고, 메타사우르스 P2E 게임을 개발하고 있다.

이 외에도 BAYC 세계관을 바탕으로 한 시나리오로 최초의 웹 3.0 책을 발간 중인 관리인 젠킨스 프로젝트, 유니버설뮤직과 계약 후 메타버스 원숭이밴드 킹십KINGSHIP의 멤버가 된 BAYC NFT 등 기발한 상상력으로 BAYC는 무한하게 확장 중이다.

또 다른 성공전략, 수익공유 시스템

그동안 NFT 시장에서는 단순히 시세차익을 목적으로 NFT를 보유한 홀더들이 많았다. 이렇게 시세차익을 목적으로 NFT를 보유하면 NFT 가격이 급락할 경우 시장에 물량이 대량으로 풀리고, 이후 NFT 가치가 유지되기 힘들어 원히트원더one-hit wonder, 히트 곡이 하나뿐인 가수로 사라지게 된다.

유가랩스는 이런 문제를 강력한 커뮤니티 구축으로 돌파했고, 이와 더불어 수익적인 측면도 고려했다. 유가랩스는 BAYC NFT 판매 2달 만에 홀더들에게 무료로 새로운 NFT 컬렉션을 지급했다. 늪에 사는 원숭이들에게 친구가 필요하다며 강아지를 입양할 기회를 주고, 민팅을 위해 발생하는 비용만 내면 BAYC NFT 하나 당 1개의 강아지 NFT를 지급했다. 이것이 BAYC의 다음 컬렉션인 'BAKCBored Ape Kennel Club'이다. 랜덤으로 1만 개의 강아지 NFT가 민팅됐고 민팅을 신청하지 않은 수량은 소각했다. 이 강아지의 가격은 한때 14ETH까지 치솟았다.

이후 다음 컬렉션인 돌연변이 원숭이인 '뮤턴트 원숭이Mutant

bored ape kennel club 컬렉션. (출처: 오픈시)

Ape'를 발행하면서도 기존 홀더들을 챙겼다. 총 2만 개의 뮤턴트 원숭이 중 1만 개는 바닥가 3ETH에서 시작하는 경매로, 나머지 1만 개는 기존 BAYC 홀더들에게 무료로 제공했다. 2022년 6월 10일 기준, 뮤턴트 원숭이는 바닥가 19ETH에 거래되고, 한때 평균가 43ETH까지 상승했다. 보유자들은 이 뮤턴트 원숭이 NFT를 판매해 수익을 냈는데 희귀도에 따라 한화 약 70억 원에 팔린 NFT도 있다.

2022년 3월, 유가랩스는 이 생태계의 토종 가상자산이자 거버넌스 토큰인 APE코인을 발행할 때도 홀더들에게 무료로 1억 5,000만 APE를 선물했다. 홀더는 보유한 NFT에 따라 최대 1만 950개의 APE코인을 무상배분에어드롭 받을 수 있었다. APE코인은 한때 한화 3만 3,328원까지 올랐다. 최고가에서 팔았다면 한화로 약 3억 6,000여만 원의 수익을 얻는 셈이다. 만약 2021년 4월 BAYC 1개를 샀다면 추가적으로 받은 NFT와 코인을 더해 1년 만에 수억 원을 벌 수 있었다. 이렇게 유가랩스는 홀더가 보유하고 있는 NFT를 팔지 않아도 꾸준히 수익을 얻을 수 있는 방법을 제시하면서 홀더들의 충성도를 높였다.

새로운 도약, 메타버스 프로젝트 아더사이드

유가랩스는 2022년 초, 메타버스 프로젝트 '아더사이드Otherside'

를 만들겠다고 발표했다. 아더사이드는 유가랩스와 애니모카브랜드가 공동으로 개발한 메타버스 게임 프로젝트다. 아더사이드에서는 플레이어가 보유한 NFT를 캐릭터로 활용할 수 있다.

메타버스 구성 요소는 배경이 되는 가상공간, 화폐 역할을 하는 가상자산, 공간을 채울 콘텐츠NFT 크게 3가지다. 유가랩스는 1년 만에 시가총액 2위에 등극하며 가장 인기 있는 NFT가 됐고 2022년 3월, 시가총액 1위였던 원조 NFT 크립토펑크, 시가총액 6위의 미비츠를 인수했다.

같은 달, 아더사이드의 화폐이자 거버넌스 토큰이 될 Ape코인도 발행했다. 이후 아더사이드의 가상토지 아더디드Otherdeeds와 아더디드에 살고 있는 외계 생명체 KODA의 NFT도 새롭게 선보이며 메타버스 구축을 완성했다.

유가랩스의 메타버스 아더사이드는 출시 직후부터 뜨거운 관심을 불러 모았으며 가상토지 판매 등으로 2억 8,500만 달러한화 약 3,600억 원의 수익을 얻었다. 유가랩스는 새로운 메타버스 프로젝트,

(출처: 코인니스)

아더사이드를 통해 다양한 NFT 프로젝트들이 한데 모이는 공간을 구현한다는 비전을 설정했다.

유가랩스의 기업가치는 40억 달러한화 약 4조 5,000억 원에 이른다. 2022년 3월 애니모카브랜즈, 해시드 등 글로벌 유명 벤처캐피털과 삼성의 벤처투자사 삼성넥스트로부터 시드투자로만 4억 5,000만 달러한화 약 5,500억 원를 조달했다. 수억 달러대의 투자금을 시드 투자 단계에서 유치한 것은 전무후무한 일이다. 더 놀라운 것은 이 모든 것이 불과 1년 만에 벌어진 일이란 점이다.

BAYC는 웹 3.0의 성장 가능성을 제대로 보여준 사례다. 탈중앙화된 세계 안에서 참여자 모두가 주체적으로 활동하며 성장 가능한 잠재력을 가진 커뮤니티의 본보기가 됐다. 이 세계가 어디까지 확장될 수 있을지 지켜보면 NFT에 대한 답을 찾을 수 있을 것이다.

글·한효재(웹 3.0 라이브씬 연구원)

04

계좌개설도, 상장도 필요 없는 진정한 '탈중앙화' 디파이 시장을 개척하다!

디파이의 게임 체인저, 유니스왑

2020년 디파이 시장은 무려 22배 성장했다. 이 시기 혜성처럼 등장해 디파이 붐을 선도한 기업이 바로 탈중앙화거래소DEX 유니스왑Uniswap이다. 유니스왑을 소개에 앞서 우선 디파이에 대해 알아보자.

디파이DeFi는 Decentralized Finance의 약자로, 탈중앙화 금융을 뜻한다. 블록체인의 서비스 중 금융 부분을 일컫는다. '탈중앙화'의 개념이 깃든 만큼 모든 참여자가 은행, 증권사 등 통제하는 중앙 금융기관 없이도 시스템과 알고리즘을 통해 금융서비스를 이용할 수 있다는 것이 핵심이다. 가상자산을 대상으로 한다고 모두 디파이는 아니다. 업비트, 빗썸 같은 가상자산거래소는 중앙화된 거래소로 시파이CeFi, Centralized Finance로 불린다. 이 둘의 차이점은 다음과 같다.

핀테크, CeFi와 DeFi비교

구분	핀테크	시파이(CeFi)	디파이(DeFi)
거래수단	법정화폐	가상자산	가상자산
규제	전자금융거래법	특정금융정보거래법	-
관리 주체	중앙화	서비스 제공자	탈중앙화
거래장부	단일	단일·분산	분산
데이터 접근	허가받은 사용자	등록 사용자	모든 참여자
데이터 저장	중앙화	중앙화	노드 참여자
익명성	실명거래	익명거래	익명거래
투명성*	불투명	불투명	투명

* 투명성-모든 거래가 블록체인에 기록되며 평등하게 공개되는지 여부를 나타내는 의미.
(출처: 한국4차산업혁명정책센터(KPC4IR)2020)

최근 코인 폭락과 해킹 등 여러 가지 사건으로 디파이 시장이 주춤하다. 하지만 디파이가 가장 성장했던 2021년 말, TVLTotal Value Locked, 디파이 프로젝트에 예치된 총자산이 2,500억 달러를 돌파했다. 이는 모건스탠리1,730억 달러, HSBC1,950억 달러의 자산규모를 넘어선 것으로, 글로벌 은행들과 어깨를 나란히 하는 수준이다.

초기 탈중앙화 거래소는 느린 속도, 과도한 가스비, 부족한 유

(출처: 디파이라마(DefiLlama))

동성 등 명확한 한계가 있었다. 거래가 이뤄질 때마다 블록체인을 이용하는데, 블록체인 속도가 매우 느린 편이다. 한 번 거래를 마치는데 10분 이상이 소요되고, 주문을 제출할 때마다 수수료인 가스비를 냈다. 유동성을 확보하기 위해서는 유동성을 공급하는 마켓메이커Market Maker를 고용해야 하는데 이 비용은 매년 수백만 달러에 달하는 부담스러운 가격이다. 마켓메이커들도 중앙화된 거래소를 선호해 탈중앙화 거래소에서 마켓메이커를 활용하기가 쉽지 않았다. 이러한 문제들로 인해 유니스왑의 등장 전까지 탈중앙화 거래소는 시장에서 외면받았다.

자동화된 마켓메이커의 등장

유니스왑은 자동화된 마켓메이커AMM, Automaded Market Maker라는 프로토콜을 통해서 이런 문제점을 혁신적으로 해결했다. AMM은 서로 다른 토큰페어에 대해 유동성 풀 적립금 역할을 하는 스마트 콘트랙트를 만들어 환율을 창출한다. 이때 사용되는 공식은 단순하다.

$$X×Y=K$$

여기서 X는 유동성 풀 안의 한 토큰의 수량을 의미하고, Y는 다른 토큰의 수량을 의미한다. K는 고정 상수다. 즉, 이 공식을 바탕으로 전체 유동성 풀은 언제나 동일하게 유지된다. 이 공식을 그

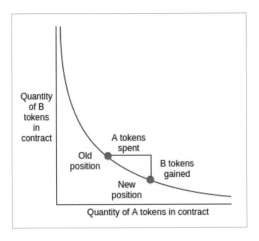

(출처: 비탈릭부테린 리서치)

래프로 표현하면 위와 같다.

X개의 A 토큰, Y개의 B 토큰이 있다고 가정할 때, 이 계약에 X ×Y로 얻은 K값은 변하지 않는다. 따라서 X와 Y의 관계는 위의 그 래프처럼 나타나고, 곡선상에서 토큰을 매수, 매도할 수 있다. B가 대량의 A 토큰을 사면 시장에서 A 토큰이 부족해진다. 따라서 빨간 색 점은 왼쪽으로 이동하고, 이때 A 토큰의 구매 가격은 높아진다. 수요와 공급에 따라 토큰의 환율이 결정되는 것이다.

만약 우리가 탈중앙화 거래소에서 이더리움을 비트코인으로 교환할 경우, 반대편에는 비트코인을 이더리움으로 교환하는 상대 가 있어야 한다. AMM은 이 거래 상대가 스마트콘트랙트이다.

사용자와 사용자 간 거래가 있을 시에는 이를 사고파는 가격 호가이 맞아야 거래가 이뤄지지만, AMM은 사용자-스마트콘트랙트 간 거래로 자산 가격은 정해진 공식에 의해 결정된다. 결과적으로,

거래 상대방이 없어도 누구든 시장을 생성할 수 있게 된 것이다. 단, 거래 대상 역할을 해줄 스마트콘트랙트의 유동성은 유동성 공급자LP에 의해 공급된다. LP를 유인하기 위한 보상은 LP가 제공한 유동성 풀에서 발생한 거래 수수료다. LP는 유동성을 공급한 대가로 거래 수수료를 받는다. 기존 중앙화 거래소에서 거래 수수료는 모두 거래소의 몫이었다. 그러나 유니스왑은 발생하는 거래 수수료를 유동성을 제공한 LP의 몫으로 돌아가는 파격적인 방식을 취한 것이다.

사용자가 유니스왑에 유동성을 공급하는 방법은 단순하다. 동등한 가치의 두 가지 토큰을 예치하고, 거래 가격 범위와 수수료를 지정한다. 해당 거래가 승인되면 확인된 예치된 자산은 유니스왑 거래자에게 유동성을 제공하고, 그에 따라 수수료를 받는다.

기존의 마켓메이커는 전문 기업을 이용해야 했고, 엄청난 자원,

(출처: 유니스왑)

복잡한 전략이 사용됐다. 그러나 유니스왑은 AMM 프로토콜의 도입으로 누구나 유동성 공급자이자, 거래소의 일부가 될 수 있도록 하는 탈중앙화 방식으로 유동성 문제를 해결했다. 이 모델은 큰 인기를 끌었으며 2020년 디파이의 폭발적인 성장을 견인했다.

예치 자금보다 거래량이 폭발적으로 늘어나면서, 예치 대비 연수수료 수익률은 30~10,000%까지 증가했다. 유니스왑은 2020년 5월 첫 서비스를 제공한 지 3개월 만인 2020년 8월, 일일거래량이 3억 달러에 육박하며 코인베이스2억 8,392만 달러를 넘어서 세계 3위 거래소로 성장했고 디파이 시장도 폭발적으로 확장됐다.

계좌 개설도, 상장도 필요 없는 진정한 '탈중앙화'로 시장을 혁명하다

빗썸, 코인베이스와 같은 중앙화 거래소는 거래소가 심사해 상장된 코인만을 거래할 수 있다. 이 상장 과정은 오랜 기간이 걸리고 심사가 까다롭기에 불편함이 크다. 또, 기존 중앙화 거래소들은 회원가입, 본인인증, 계좌 등록, 강화된 KYCKnow Your Customer, 고객 확인 제도까지 거래를 하기 전 단계가 많다. '탈중앙화'의 목표를 가지고 탄생한 블록체인 코인들을 '중앙화'된 관리 아래 거래한다는 것은 다소 아이러니하다. 유니스왑이 디파이 시장에서 가지는 상징성이 여기에 있다. 탈중앙화 이념과 일치하는 탈중앙화 거래소의 탄생인 것이다.

그렇다면, 유니스왑에서는 어떤 상장 방식을 취할까? 답은 '상장이 필요 없다'이다. 앞서 말했던 유니스왑은 모두가 마켓메이커로서 유동성 풀을 제공하고, 프로토콜에 따라 가격이 정해진다. 따라서 어떤 코인이든, 누군가가 유동성만 제공한다면, 다시 말해 유니스왑에 해당 코인을 예치한다면 그 코인은 거래 가능한 코인이 된다.

서비스를 이용하기 위해 본인인증도, 계좌개설도 필요가 없다. 메타마스크와 같은 전자지갑만 있다면 충분하다. 거래소에 새로운 계좌 혹은 계정을 만들지 않고 지갑을 바로 연동해 서비스를 제공하고 수수료를 받는다.

유니스왑은 코드조차도 오픈소스 기반으로 기술적 탈중앙화를 실현했다. 오픈소스 기반이라는 것은 코드가 공개돼 누구나 유니스왑의 소스코드를 복사해 비슷한 거래소를 만들 수 있다는 것이다. 유니스왑 이후 스시스왑, 팬케이크스왑 등 '~스왑'을 달고 등장한 다양한 탈중앙화 거래소들로 시장이 성장했다.

재미있는 것은 스시스왑은 유니스왑을 포크fork, 개발자들이 하나의 소프트웨어 소스 코드를 통째로 복사해 독립적인 새로운 소프트웨어를 개발하는 것해 만든 거래소고, 팬케이크스왑은 유니스왑을 포크한 스시스왑을 포크해 만든 거래소라는 것이다.

2020년 혜성처럼 등장한 유니스왑은 자사의 성장뿐 아니라 디파이 업계에도 큰 영향을 줬다. 유니스왑에 예치하고 싶은 사람들은 자신이 보유한 가상자산과 함께 쌍으로 예치할 다른 가상자산을 찾게 되고, 이를 얻기 위해 대출 플랫폼에 간다. 자신이 주로 보유한 가상자산의 반을 담보로 다른 가상자산을 빌리고, 이를 짝지어 예치한다. 수익률이 좋은 가상자산 페어를 찾아다니며 수수료 농사를 하는 사람들이 늘어나며 대출 건수가 증가했고, 탈중앙화 거래소가 성장할수록 대출플랫폼도 함께 성장했다. 탈중앙화 거래소DEX와 대출플랫폼, 이 두 가지 축을 중심으로 2020년 디파이 붐이 일어나게 된 것이다.

최근 디파이 업계는 높은 이자율을 앞세웠다가 허무하게 몰락한 여러 디파이 프로젝트, 금리인상에 따른 경기 둔화 및 규제 이슈 등 대내외 변수들로 위축된 상태다. 일각에서는 여전히 미성숙한 시장에 대해 회의적인 시선을 보내기도 한다. 그러나 불가능한 문제를 혁신적으로 풀어내며 큰 반향을 일으킨 유니스왑처럼, 혼란 속에서도 지금의 문제들을 해결할 다양한 디파이 프로토콜들은 계속 등장할 것이다.

글·한효재(웹 3.0 라이브씬 연구원)

05

최초의 나스닥 상장으로 웹 3.0 경제 포문을 열다!

미국 최대 가상자산 거래소,
코인베이스

가상자산은 17세기 네델란드에서 불었던 튤립 투기 광풍과 비교하는 이들이 많다. 당시 튤립 가격이 한 달 만에 50배 이상 상승했지만, 국가 법원에서 재산적 가치를 인정하지 않아 가격이 급락한 사건이다. 가상자산 역시 투기성 상품으로 가격이 급등했다가 급속도로 빠질 것이라 여겼다.

예상과 달리 가상자산 시장은 상승과 하락을 반복하며 꾸준히 성장했다. 2020년 글로벌 간편결제 서비스 업체 페이팔이 비트코인, 이더리움 등 가상자산 결제서비스를 도입하고, 미국 기관투자자들이 가상자산 투자에 적극적으로 참여했다. 2021년 4월, 가상자산이 도박, 사기라는 풍문을 넘어 미국 최대 거래소 코인베이스가 기업가치 1,000억 달러^{한화 약 128조 원} 평가를 받으며 나스닥에 성공적으로 안착했다. 코인베이스가 가상자산 시장 제도권 진입의 포문을 당당히 연 것이다.

창업자 브라이언 암스트롱은 인류에게 불을 선물하며 인류 문명을 발전시켰던 프로메테우스에 자주 비유된다. 이유는 중앙화 거래소인 코인베이스로 인해 가상자산을 보다 쉽고 편리하게 거래할수 있기 때문이다.

2010년 사토시 나카모토가 쓴 비트코인 백서를 접한 암스트롱은 조작이 불가능하고 거래의 투명성이 완벽히 보장되는 통화시스템인 비트코인에 푹 빠졌다. 당시 비트코인은 일반인이 다가가기에는 과정이 복잡했다. 관련 프로그램을 깔아 노드를 작동시키고 네트워크를 생성해야만 했다. 이 복잡한 과정이 생략된다면 일반인도쉽게 접근해 비트코인 대중화를 이룰 수 있을 것이라 확신했다. 에어비앤비 결제시스템 엔지니어였던 암스트롱과 골드만삭스 출신 공동창업자 프레드 어삼은 아파트에 틀어박혀 코인베이스를 만드는코딩 개발에 성공했다.

10년 간의 암흑기였던 가상자산 시장에 불을 켜다!

2017년 말, 치솟던 가상자산의 가격이 70~80% 하락하며 가상자산 시장에 암흑기가 찾아왔다. 2012년 설립된 코인베이스는 이러한 과정을 모두 겪으면서도 가상자산 시장에 등대와 같은 역할을 하며 자리를 든든하게 지켰다. 비트코인을 안전하게 저장하기 위해 자체 개발 금고시스템을 출시하고, 네트워크 북마크 시스템을 활용해 사용자가 콘텐츠를 수집·공유할 수 있는 킵트kippt를 인수했다. 이후 2014년 델Dell, 익스피디아Expedia 등과 제휴해 비트코인 지불 서비스를 본격 도입하고 가장자산 시장의 한 축을 오랫동안 유지하며 점진적으로 성장했다. 차곡차곡 쌓은 공신력은 2021년 매출 78억 3,900만 달러로 전년 약 12억 7,700만 달러에 비해 6배 증가하는 기염을 토해냈다.

코인베이스 매출은 거래 수수료다. 지난 2021년 가상자산의 붐이 얼마나 뜨거웠는지를 알 수 있는 대목이다. 코인베이스 매출 구

가상자산 변동성과 코인베이스 거래량 추이. (출처: 코인베이스 IR자료)

조 80% 이상이 리테일 수수료를 통한 매출이고 나머지는 스테이킹 예치과 자산보관 등 구독과 서비스 관련 매출이다.

코인베이스는 자산이 비트코인, 이더리움 등 가상자산이 대부분을 차지해 매출 변동성이 있다. 하지만 장기적 관점으로 가상자산이 지속적으로 성장할 것이라고 전망했고 수수료 비즈니스를 넘어 구독 경제 서비스와 NFT 플랫폼 분야까지 사업을 확장했다. 이외에도 웹 3.0 생태계를 구축할 블록체인 스타트업에도 적극적으로 투자를 추진했다.

안정성과 신뢰성을 무기로 가상자산 선두를 달리다!

코인베이스는 2021년 4월, 기업가치 약 1,000억 달러한화 약 128조 원로 가상자산 거래소 최초로 나스닥에 상장됐다. 수많은 가상자산 거래소 중 코인베이스가 가장 먼저 증시 데뷔에 성공한 이유는 무엇일까?

거래량 기준만 따지면 가상자산 최고 거래량 1위는 바이낸스다. 세계 가상자산 거래소의 치열한 경쟁 속에서 코인베이스는 규제를 피해 몰타Malta에 본사를 둔 바이낸스와 달리 규제를 적극적으로 수용했다. 제도권 내에서 정부에 협조하며 가상자산이 잘 뿌리내릴 수 있도록 신뢰를 단단히 쌓았다.

최근 테라 사태로 스테이블코인달러, 유로화 같은 법정화폐에 페깅(pegging)

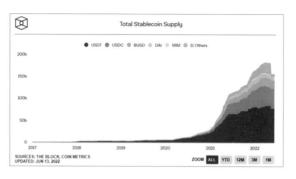

스테이블코인 발행량 추이. (출처: 더블록(The Block))

되는 토큰의 안정성에 대한 중요도가 부각되면서 코인베이스가 더욱 빛을 발했다. 미국 최고의 투자은행 골드만삭스 자회사인 서클Circle 과 코인베이스가 발행한 USDC는 테라 UST의 알고리즘형과 달리 자산 담보형으로 운영된다. 가격 유지를 위해 발행사가 보유한 담보물이 가격을 안정시킨다. 스테이블 코인 시가총액 1위인 테더Tether 사의 USDT 담보물과도 비교해도 서클-코인베이스의 USDC는 현금성 자산을 24% 구성해 안정성을 자랑한다. 테더가 발행하는 USDT 의 기업어음은 중국기업 관련 어음이라는 소문에도 묵묵부답으로 일관하며 동시에 낮은 현금성 자산 보유로 안정성에 불안이 커지면서 세계 가상자산이 USDC로 빠르게 이동하고 있다.

이렇게 세계 가상자산 시장이 흔들릴 때마다 코인베이스는 투자자들에게 더욱 신뢰를 주며 가상자산의 가능성을 보여줬다. 상장시 미국 상품선물거래위원회CFTC의 지침을 준수하며 마진거래 서비스를 종료한 것 역시 바이낸스의 최대 125배 레버리지 마진거래를 허용하는 점과 비교되는 부분이다. 코인베이스는 이렇게 안정성과

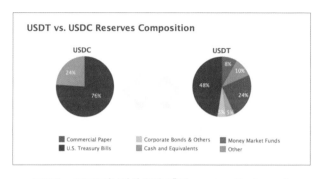

USDC vs USDT 담보자산 구성. (출처: crypto valley journal)

신뢰성을 기반으로 가상자산 시장에 충돌이 생길 때 제도권 안의 규제 마찰을 줄이며 가상자산 경제를 안정적으로 뿌리내리는 데 든든한 역할을 했다.

가상자산 업계의 아마존을 꿈꾸며
웹 3.0의 미래를 그리다!

코인베이스는 2022년 설립 10주년을 맞이하며 중장기적 성장에 포지션을 확실히 다질 계획을 밝혔다. 그간 매출이 가상자산 개인 간 거래 수수료가 대부분을 차지해 코인베이스의 안정화에 변수로 작용했다. 2021년 가상시장 활황과 더불어 수익성이 높았던 만큼 변동성 역시 높았다. 2022년 1분기에는 전분기 대비 매출이 56%가 감소했지만 여전히 가상자산 미래를 위해 수익을 다각화하고, 웹 3.0 시대 선두 기업이 되기 위해 M&A 및 스타트업 투자에 열중했다.

    2021년 코인베이스의 성장을 위해 AI 기반 고객 지원 플랫폼인 아가라Agara를 인수했다. 코인베이스 클라우드크립토 전용 AWS의 개발자를 위한 호스팅 서비스와 기관투자자를 위한 가상자산 거래플랫폼인 코인베이스프라임도 함께 출시했다. 최근 코인베이스카드를 출시하며 커머스 결제서비스에도 발을 넓혔다. 더불어 2022년 4월에는 코인베이스 NFT라는 이름의 NFT 마켓 플레이스를 출시하며 웹 3.0 업계 전방위로 활약을 예고했다. 가까운 미래에 가상자산 업계의 종합 플랫폼이 될 코인베이스가 그려낼 웹 3.0의 미래를 잘 눈여겨보자.

글·최진리(웹 3.0 라이브씬 연구원)

06

기업 구성원, 소비자 모두 기여도에 따라 수익 창출!

DAO 헤드리스 패션기업,
메타팩토리

글로벌 가상자산 리서치 기업 메사리Messari는 "2020년이 디파이의 해였고 2021년이 NFT의 해였다면 2022년은 다오의 해가 될 것"이라는 긍정적인 견해를 내놨다.

다오DAO란 무엇일까? DAO는 Decentralized Autonomous Organization의 약자로, 탈중앙화된 자율조직을 뜻한다. 특정 중앙 집권자의 개입 없이 공통 목표를 가진 사람들이 자율적으로 모여 정해진 프로토콜규약에 의해 의사 결정을 내린다. 공정하게 보상하는 조직이며 이 모든 것은 코드로 돌아간다. DAO에서는 합의된 규약이 스마트콘트랙트 형태로 기록되고, 그에 따라 자동으로 업무가 수행된다. 활동과 거래 내역이 모두 블록체인에 기록돼 누구나 확인할 수 있어 투명성이 보장된다. 또 코드에 따라 운영되기에 특정인에게 막대한 권한을 부여하지 않는다. 기존의 전통 조직과 비

DAO의 조직구조와 특징

전통적 조직	VS	DAO
수직적 구조	조직 구조	수평적 구조
법(조직 내규)	의사결정 규약	코드(스마트콘트랙트)
중앙집권, 간접민주주의	의사결정 구조	분산형 거버넌스 직접민주주의
전통자산	거래 방식	가상자산, NFT

교하면 위와 같다.

DAO는 가입과 투표, 보상 등 모든 활동은 토큰을 통해 이뤄진다. 토큰을 보유한 사람은 조직의 의사 결정에 참여할 수 있으며, 조직에 도움이 되는 활동을 하면 토큰으로 보상받는다. 조직을 나가고 싶다면 토큰을 매도하면 된다. 가까운 미래에 우리는 하나의 직장 혹은 하나의 단체에 소속되는 것이 아니라 다양한 DAO 조직 속에 참여해 경제활동을 할 것이라는 예측도 있다.

현재 DAO를 활용한 NGO, 기업, 투자조합 등 다양한 형태의 조직이 설립되어 실험 중에 있다. 국내는 아직 다오에 대한 본격적인 논의가 없지만, 해외에서는 논의가 활발히 진행 중이다. 미국 와이오밍주는 '더아메리칸크립토페드'라는 다오를 유한책임회사LLC로 인정하면서 영업을 허가했다.

최근 세계 최초 투자조합 형태의 다오인 '헤리티지DAO'가 경매에서 대한민국 국보인 '금동삼존불감'을 낙찰받아 미술관에 기증한 사례도 있다. 이렇듯 다오는 세상에 성큼 들어온 상태다. 활동 영역도

정치, 경제, 사회 예술 등 넓고 다양하다. 우리가 살펴볼 기업 '메타팩토리Meta Factory'도 위와 같이 다오 형태로 운영되는 패션 기업이다.

크립토가 패션을 만났을 때

패션산업은 소수의 명품 브랜드가 이끌고, 소비자는 그들이 제공하는 범위 내에서 선택하는 극도의 중앙집중화, 소수 독점체제의 산업이다. 과대광고와 마케팅, 제품 품질에 대한 정보도 비대칭적이라 합리적인 가치를 결정하기 어렵고, 이는 소매 판매 부진, 브랜드 성장의 어려움, 고객 불만족을 불러온다.

메타팩토리는 이런 문제를 해결하기 위해 2020년에 설립된 패션 회사다. 패션 디자이너, 브랜드, 고객 간의 인센티브를 공정하게 나누고, 디자이너와 소비자가 함께 만들어가는 커뮤니티 소유의 브랜드를 구축하는 것이 목표다. 메타팩토리와 기성 기업의 차이는 다음과 같다.

기성 기업	MetaFactory
수직적 명령체계	공동의 목표와 이를 달성하기 위한 인센티브
기여시간과 대체가능성에 근거한 수직적 보상 결정 체계	발생된 가치와 기여를 바탕으로 한 상향식 보상 결정 체계, 상호 동료 평가
소유권은 주주, 임원이 대부분 보유	기여자에게 분배되는 소유권
고객과 오너, 직원 간의 엄격한 분리	고객과 소유자, 직원 간의 경계가 희미함

메타팩토리의 플레이어는 디자이너를 포함한 핵심 워킹그룹, 거버넌스 참여자, 소비자 세 가지 분류로 나뉜다. 각각의 경계는 모호하다. 한 사람이 참여자이자 소비자, 혹은 워킹그룹이자 소비자가 되기도 한다. 메타팩토리에서는 $ROBOT달러로봇이라는 토큰을 거버넌스 토큰으로 사용한다. 메타팩토리에 합류하고 싶다면 $RO-BOT을 구매하면 된다. 토큰을 가진 누구라도 거버넌스 투표를 올릴 수 있고, 투표에 참여할 수 있다. 투표 주제는 재무 운용, 마케팅, 디자인, 파트너십 및 전략 등 사업에 필요한 모든 것들이다. 1$RO-BOT의 시세는 한때 161.67달러를 기록했고 2022년 6월 1일 기준, 시세는 약 18달러다.

각 플레이어들의 역할은 다음과 같다. 디자이너들은 옷을 디자인하고 거버넌스 투표에 올린다. $ROBOT 토큰을 보유한 멤버들은 이 투표를 통해 제작하고 싶은 디자인을 고른다. 선택된 디자인은 실제로 옷으로 제작해 판매된다. 소비자는 메타팩토리 사이트에서 옷을 주문할 수 있는데, 이를 통해 매출이 일어나면 매출에 기여한 모두가 기여도에 따라 $ROBOT을 보상으로 받는다. 소비자도 구매를 통해 조직에 기여한 부분을 인정받아 구매 금액에 대해 일정 비율을 $ROBOT으로 보상받는다.

실제 뮤턴트원숭이MAYC와 합작한 의상도 250달러에 판매됐는데, 다소 높은 가격에도 모두 팔려 매진 사례를 이뤘다. 메타팩토리 소비자는 자신들이 선택한 옷의 제작 과정과 판매까지 모든 순간을 함께하기에 브랜드에 대한 충성도가 높다.

메타팩토리에서 판매하는 의상. (출처: 메타팩토리MetaFactory)

주체적인 환경과 경제적 보상의 강력한 시너지

이렇게 자신의 창의성을 펼칠 기회와 강요 없는 주체적인 업무 방식은 경제적 보상이라는 매력적인 동기와 함께 강력한 시너지를 낸다.

다음 자료는 2020년 12월부터 2021년 2월까지, 3달간 발생한 180만 달러의 매출에 대한 토큰 보상에 대한 안건이다. 구매자와 디자이너에게 기여분대로 $ROBOT을 분배할 것을 안건으로 올렸고, 만장일치로 통과됐다. 가장 많이 분배받은 사람은 4,056$ROBOT을 빋있는데, 해당 기간 토큰의 시세로는 약 25만 달러를 보상반은 것이다. 메타팩토리는 디자인 선정, 제작 과정, 매출까지 모두 투명하

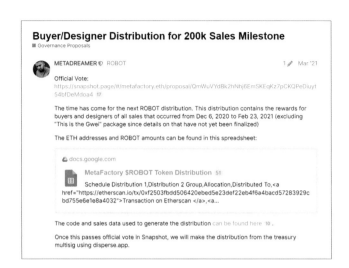

게 공개해 자신의 기여분을 분명하게 요청하고 확인할 수 있다. 이러한 투명한 보상 체계는 메타팩토리를 성장시키는 원동력이 됐다.

2021년 한 해 동안 메타팩토리는 다오로 돌아가는 운영체제를 도입하고 물리적인 제품 생산 공정을 갖추는 데 주력했다. 현재 인쇄 및 자수, 맞춤형, 재단 및 봉제에 이르기까지 전 생산공정을 전문으로 하는 생산 파트너를 확보한 상태다. 최근에는 독일 베를린에 최초 전용 공장을 도입할 것이라고 발표했다. 메타팩토리가 발표한 수치에 따르면 2021년 한 해 300명 이상의 크리에이티브 기여자가 참여해 약 150개의 제품을 제작 및 판매했다. 2.4일마다 1개의 제품이 제작·출시된 것이다. 주문 건수는 6,000건을 넘었으며 제품 판매 매출은 130만 달러를 돌파했다.

메타버스 속 디지털 패션계에 진출하다

메타팩토리의 사업 규모가 커지면서 조직을 크게 4개의 핵심 작업 그룹으로 재구성했다. 패션 연구 및 생산 그룹, VR메타버스 그룹, 다오 운영 그룹, 토크노믹스 인센티브 디자인 그룹이다. 그중 VR메타버스그룹은 2022년 본격적으로 메타버스 패션에 도전한다.

최근 사명을 메타플랫폼Meta Platforms으로 변경한 페이스북처럼 거대 플랫폼 기업과 글로벌 게임 회사들이 우후죽순 자신만의 메타 버스를 만들고 있다. 미래에는 메타버스 속 아바타가 입는 디지털 패션도 정체성 표현으로서 중요한 가치를 가지게 될 것이다. 이미 구찌와 같은 명품브랜드들도 '제페토'에서 아바타에게 입힐 의상을 출시하는 등 디지털 패션계에 진출했다.

메타팩토리의 VR메타버스팀은 지금까지 생산했던 모든 의상 들의 디지털 버전을 만들어 출시할 예정이다. 이 NFT들은 상호호

디지털화 작업 중인 의상들. (출처: 메타팩토리(MetaFactory))

메타팩토리의 VR매장. (출처: 메타팩토리(MetaFactory))

환성을 높이기 위해 모든 파일 형식에 엑세스 기능을 도입했다. 기존 소비자들은 누구나 자신이 구입한 옷의 디지털버전 NFT를 무료로 받을 수 있다. 현재는 가장 대중성 높은 3D아바타 제작툴 VOX, VRoid에서 호환 가능한 디지털 의상을 제작 중이다. 이후 크립토복셀, 디센트럴랜드 등 메타버스 플랫폼에서도 호환 가능한 디지털 패션을 제공할 계획이다.

메타팩토리의 VR메타버스팀은 이미 메타버스 플랫폼인 크립토복셀에서 디지털패션에 대한 팝업스토어를 열었고, 디지털화 작업 중인 다양한 아바타 의상들을 선보이는 맞춤형 VR매장을 구축했다. VR기기만 있으면 누구나 접속해 매장을 구경할 수 있다. 아바타 드레스룸, 결제 시스템, 진열대 등 실제 매장과 같은 모습을 갖췄다. 곧 메타버스가 활성화되면 아바타들이 메타버스 내 메타팩토리의 매장에서 디지털 의상을 입어보고, 구매하는 가상쇼핑을 경험할 수 있을 것이다.

다오라는 실험적인 조직 운영방식을 도입해 보수적인 패션계에 도전장을 내민 메타팩토리. 이제는 물리적인 세계의 패션뿐 아니라 디지털 세계의 패션까지 진출한다는 큰 꿈을 안고 항해 중이다. 메타팩토리의 다음 행보가 어떨지 기대를 안고 지켜봐도 좋을 것이다.

글·한효재(웹 3.0 라이브씬 연구원)

PART 04

핑크프로그
NFT 프로젝트

한국의 유가랩스에 도전한

웹 3.0 괴짜들의
핑크프로그 NFT 프로젝트

2022년 4월, 삼성동에 위치한 한 회사에 금융, 블록체인 기술 개발, 게임, 콘텐츠 및 이커머스 플랫폼, 갤러리 등 각 분야를 대표하는 웹 3.0 전문가들이 한 자리에 모였다. 바로 핑크프로그 NFT 프로젝트를 위해서다.

핑크프로그는 말 그대로 핑크색을 띠는 돌연변이 개구리다. 특이한 생김새답게 말 안 듣기로 유명한 청개구리보다 한 수 위의 괴짜 성격을 지녔다. 그러다 보니 어릴 적부터 곁에 친구 하나 없이 외롭게 지냈다.

평소처럼 개울가를 홀로 맴돌던 어느 날, 핑크프로그는 물에 비친 자신의 모습이 새롭게 보였다. 분명 어딘가에는 자신을 이해하고 자신처럼 괴짜 행동을 하는 친구들이 있을 거라는 생각이 들었

다. 그렇다면 더 이상 개울에서만 머물 수 없었다. 친구들을 만나러 더 큰 바다, 아니 더 넓은 세상으로 여행을 떠났다. 핑크프로그는 그 곳에서 특유의 재치와 엉뚱한 아이디어로 큰 부를 축적했다. 골프라는 새로운 취미도 갖게 됐다. 골프 역시 세상의 룰을 따르지 않고 펄쩍 뛰어오르며 자기 만의 방식을 즐겼다.

그렇게 골프에 푹 빠져 지낸 어느 날, 핑크프로그는 집으로 가는 길에 작은 개울을 만났다. 개울을 보자 자신이 이 곳에 왜 왔는지 그 목적이 머리 속을 스쳤다. 바로 자신을 진정으로 이해하는 괴짜 친구들을 만나기 위해서였다.

핑크프로그는 괴짜들을 위한 모임을 만들고 그가 자랑하는 골프 스윙과 세상을 여행하며 많은 돈을 벌 수 있었던 방법들을 전하며 멤버들을 빠르게 불러모았다. 핑크프로그 모임 멤버가 되기 위해서는 괴짜 같은 생각을 하고, 골프를 사랑하고 웹 3.0 산업 발전을 지원해야 한다는 조건이 있다. 그렇게 모인 핑크프로그 멤버들은 서로 정보를 나누며 프라이빗한 골프를 즐겼고 웹 3.0과 예술 산

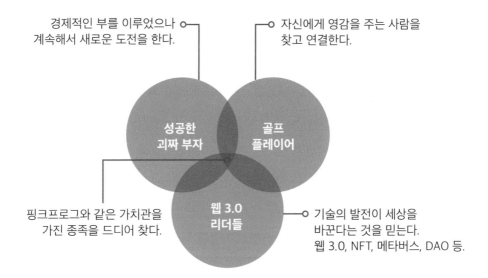

핑크프로그는 어떤 종족인가?

경제적인 부를 이루었으나
계속해서 새로운 도전을 한다.

자신에게 영감을 주는 사람을
찾고 연결한다.

성공한
괴짜 부자

골프
플레이어

핑크프로그와 같은 가치관을
가진 종족을 드디어 찾다.

웹 3.0
리더들

기술의 발전이 세상을
바꾼다는 것을 믿는다.
웹 3.0, NFT, 메타버스, DAO 등.

업의 긍정적인 영향력을 행사하며 다오 형태로 커뮤니티를 단단히
다져나갔다.

단순 PFP NFT를 넘어, 웹 3.0 시대에 새롭게 부활한
메디치 가문 역할로 세계관을 확장하다!

수십 억 원을 호가하는 단순 PFP NFT 열풍은 곧 사그라질 것
이다. NFT가 웹 3.0 시대에 진정한 가치를 구현하기 위해서는 희소
성을 갖는 디지털 자산을 넘어 커뮤니티가 추구하는 본질부터 구
축하는 것이 먼저다.

우선 핑크프로그 NFT 프로젝트의 목적은 '성공한 괴짜들이 모인 하이엔드 프라이빗 커뮤니티이자 웹 3.0 블록체인 기술 기반의 아너 소사이어티를 표방하는 리더들의 모임'이다.

핑크프로그는 첫 출발은 단순 PFP였지만, 지속 가능한 실현을 위해 세계관을 더 확장해 웹 3.0 시대의 메디치 가문 역할을 하는 프로젝트로 발전했다. 금융으로 큰 돈을 번 메디치 가문은 중세시대에 위축됐던 예술과 문화를 적극 후원하며 르네상스 시대를 열었다. 핑크프로그 커뮤니티 또한 웹 3.0 시대의 메디치 가문 역할을 맡아 르네상스의 보티첼리, 레오나르도 다빈치, 미켈란젤로가 될 웹 3.0 기업들을 후원한다. 웹 3.0 기업뿐 아니라 젠지 아티스트들도 적극 지원하며 산업과 문화를 함께 아우르는 커뮤니티로 발전시킬 계획이다.

커뮤니티 역시 탈중앙화 가치를 실현하는 웹 3.0 방식으로 운영된다. NFT 시세차익을 목적으로 NFT를 보유하는 것을 지양하고 차별화된 방식의 수익 제공을 위해 여러 비즈니스 모델을 넓혀 나갈 것이다. 수익은 기여도에 따라 배분한다.

커뮤니티는 크게 세 부류로 나눌 수 있다. 경제적인 부를 이뤘지만 새로운 도전을 즐기는 '성공한 괴짜 부자들', 골프를 통해 연결의 연결을 추구하고 단단한 인맥을 쌓으며 성장을 도모하는 '골프 플레이어', 기술의 발전이 세상을 바꾼다는 것을 믿는 '웹 3.0 리더들'이다. 이들이 만들어 낼 교집합은 과연 어떤 가능성을 실현시킬지 기대가 크다.

이 세 그룹들은 오프라인에서 골프와 디너를 즐기고, 프라이빗 파티에 참석하며 새로운 비즈니스 모델을 창출해 커뮤니티를 확장시킨다. 단순히 NFT의 가치를 높이고 커뮤니티 결속력을 높이는데 그치지 않는다. 웹 3.0과 예술 등 분야를 넓히며 사회에 선한 영향력을 행사하는 것을 목표로 한다.

웹 3.0 기반의 지속 발전 가능한
핑크프로그 커뮤니티를 구현하다!

그 동안 새로운 기술은 새로운 산업을 이끌었다. 하지만 새로운 기술이 인간의 욕망을 충족시키지는 않는다. 반대로 인간의 욕망, 사회의 니즈가 새로운 기술 발현을 돕는다. 그 중심에는 상호운용성이 자리한다. 웹 3.0이라는 툴을 활용해 각 분야의 사람들을 연결하면 의미 있는 비즈니스들이 생겨날 것이다.

핑크프로그의 클럽하우스는 골프장 클럽하우스처럼 멤버들이 골프라는 취미를 즐긴 후 담소를 나누는 공간이자 다양한 아이디어로 새로운 비즈니스를 창출할 수 있는 가능성의 공간이다. 까다로운 심사를 거쳐 회원 자격을 얻을 수 있는 상위 1%의 골프장처럼, 검증된 회원들만 입장이 가능한 프라이빗 공간이다. 여기서 더 나아가 메타버스에 핑크프로그 클럽하우스를 구축해 가상과 현실 세계에서 모두 활발히 소통할 수 있는 공간을 구축할 예정이며 이를 위해 메타버스 기술 개발 기업의 대표도 영입했다.

핑크프로그 NFT는 커뮤니티 입장이 가능한 멤버십 카드다. 핑크프로그 NFT는 아트 NFT&메타버스 갤러리 소속의 젠지 아티스트들이 직접 아트워크를 제작한다. 커뮤니티 멤버는 부캐로 활동한다. 첫 번째 제네시스 NFT는 30개가 발행된다. 제네시스 NFT 홀더는 두 장의 초대장을 받고 두 명의 회원을 초대한다. 초대 받은 사람은 민팅이 확정되는 화이트리스트에 등재된다. 회원이 되면 커뮤니티 미션을 수행할 수 있다. 미션은 투자 및 자금 운용, 외부 협업 프로젝트, 기부, 이벤트 등 다양한 형태로 가능하며 회원들의 투표로 결정되고 실행된다. 또 커뮤니티 내 멤버들간의 경매도 진행한다. 자신의 재능이나 인적 자원을 활용한 소셜 활동을 경매에 올릴 수 있다. 낙찰금은 커뮤니티에 기여되고 일부는 본인 수익으로 돌아간다. 이런 경매 참여 방식과 수익률은 모두 웹 3.0의 탈중앙화 철학에 따라 멤버들의 투표로 결정된다.

지난 2달 여 간, 매주 핑크프로그 NFT 프로젝트를 진행했다. 첫 회의 때 나눈 뜬구름 같았던 이야기들이 이제 제대로 구체화됐다. 그 2달간 웹 3.0의 흐름도 빠르게 발전하면서 프로젝트 방향도 긍정적으로 이끌었다. 웹 3.0 분야의 최고 전문가들이 머리를 맞대고 만들어 낸 핑크프로그 NFT 프로젝트! 웹 3.0 시대의 진정한 노블레스 오블리주의 모범 사례를 반드시 보여 줄 것이다. 앞으로 핑크프로그의 다음 행보를 기대해 봐도 좋다.

●

epilogue

웹 3.0은 이미 정해진 미래

2008년, 비트코인이 처음 등장했을 때 사기라 말하는 사람이 많았습니다. 2017년 이더리움 등장 역시 거품이라는 입장이 강했습니다. 이런 분위기 속에서 전 2018년 초 팬텀Fantom, FTM이라는 가상자산에 초기 멤버로 투자했습니다. 하지만 당시 금융업계의 부정적인 반응으로 원금 수준에서 투자금을 회수했습니다.

이후 팬텀이 코빗, 게이트아이오, 바이낸스, FTX, 코인베이스 등 많은 가상자산 거래소에 상장되는 등 가파른 성장세를 보며 후회하기도 했습니다. 하지만 웹 3.0을 접한 좋은 경험이었다고 생각했고 그때부터 본격적으로 블록체인과 가상자산 관련 전문가들과 투자자들을 만났습니다. 그 과정에서 웹 3.0이 미래의 새로운 패러다임이 될 것이라 확신했습니다.

실제 2021년이 되자 웹 3.0 기업들이 큰 성장세를 보이고 벤처투자의 붐 역시 활발히 일어났습니다. 웹 3.0은 단지 1~2년을 지켜보고 확신한 미래가 아닙니다. 한때 가상자산 시장에 겨울이 불어 닥치고 다시 봄이 찾아오면서 조금씩 존재감을 드러냈습니다. 그리고 갖은 풍파를 헤치고 성장하는 기업들을 만날 수 있었습니다. 하지만 최근 테라·루나 폭락 사태로 후오비를 비롯해 바이낸스, 빗썸 등 국내외 가상자산 거래소 상당수가 거래를 중단하는 초유의 사태가 발생하기도 했습니다. 이로 인해 웹 3.0 산업 전체가 충격을 받고 투자자들에게는 큰 고통을 주는 등 큰 피해가 발생했지만, 이 또한 비가 온 뒤 땅이 굳는다는 속담처럼 앞으로 웹 3.0 기술이 한층 더 발전하는 계기가 됐다고 생각합니다. 웹 3.0 시장은 아직 초기 단계입니다. 그동안 웹의 전환기에서 많은 거품이 일어났듯 웹 3.0 시장 역시 여러 시행착오를 거쳐 반드시 한 단계 더 성장하는 수준 높은 경쟁력을 지닐 것이라 생각합니다.

『웹 3.0 라이브씬』은 『한국의 SNS 부자들』, 『AI 퍼스트』에 이어 세 번째로 발간한 책입니다. 지금까지 그래왔듯 이 책 역시 웹 3.0 산업을 직접 찾아 들은 현장의 목소리를 생생하게 전달하기 위해 시작했습니다. 서점에는 블록체인, 비트코인, 이더리움, NFT 등 웹 3.0 기술에 대한 이론서가 많이 나왔습니다. 하지만 웹 3.0 기술이 실제 기업 현장에서는 어떻게 활용되고 있는지에 대한 책은 찾기 힘듭니다. 그래서 언제나 그렇듯 '현장이 답'이라는 제 모토를 독자들에게 그대로 전달하기 위해 웹 3.0 산업 현장을 열심히 찾아 다녔습니다.

이렇게 웹 3.0 분야에서 열심히 노력하는 기업들은 물론 컨퍼런스, 공청회, 세미나, 좌담회, 강연 등 웹 3.0 주제를 다룬 모든 자리에 참석하며 웹 3.0에 대한 정보와 다양한 의견들에 귀를 기울였습니다. 웹 3.0 분야에 대한 심층 분석으로 고려대학교, 연세대학교에서 강의도 하며 웹 3.0에 대한 생생한 현장 이야기를 학생들에게도 빠르게 전달했고 웹 3.0 산업 확장을 위해 최선을 다해 노력했습니다.

뉴스나 건너 들은 얘기가 아닙니다. 그동안 실제 발로 뛰어다니며 웹 3.0의 거대한 혁신의 파도를 몸소 경험했습니다. 특히 디지털 네이티브라 할 수 있는 젠지Gen-Z, Z세대들은 NFT와 메타버스, 가상 자산 거래 등 웹 3.0을 일상에서 실제 활용하고 있으며, 이를 계기로 취업도 웹 3.0 산업으로 대거 이동하는 추세입니다.

해킹이나 사기 등 위험 요소도 많은 것이 사실입니다. 해킹 피해 금액만 2018년 약 4조 원에서 2021년 약 8조 원으로 2배 이상 상승했습니다. 특히 2022년 2월, 이더리움의 가장 강력한 경쟁자인 솔라나 랩스의 크로스체인 브리지 서비스인 웜홀에서 3,900억 원 규모의 자금이 해킹을 당하는 사례가 발생했습니다. 대표적인 P2E 게임 엑시인피니티 역시 해킹으로 7,700억 원 규모의 피해를 보았고, 테라 폭락 사태 역시 많은 이들에게 손실과 불안감을 키웠습니다.

하지만 웹 3.0이 왜 시작됐는지를 잘 이해하면 블록체인이 만들어가고 있는 대대적인 탈중앙화 변화는 단순히 투기와 유행에서 끝나지 않을 거란 것을 알 수 있습니다. 지금도 여전히 많은 개발자들과 창업자들이 이 탈중앙화라는 웹 3.0의 정신을 공감하고 새로운 거대한 시장에서 경쟁력을 가진 글로벌 프로젝트를 만들기 위해서 노력을 하고 있습니다. 이를 믿고 응원한다면 한국이 세계 무대에서 경쟁력을 확보할 수 있다고 확신합니다.

실제 인터뷰를 통해, 웹 3.0 기업들 역시 하루가 다르게 변화하는 웹 3.0의 흐름 속에서 흔들리지 않고 세계적인 경쟁력을 갖추기 위해 고군분투한다는 것을 알 수 있었습니다. 폭발적으로 성장하는 이 시기에 작은 한국 시장에 갇혔던 수많은 IT 창업가와 개발자들이 비로소 세계 시장에 나가서 경쟁할 수 있는 좋은 기회와 환경이 다가왔습니다.

지금 우리는 어쩌면 인류 역사에서 중요하게 기억될 전환점 위에 서 있을지도 모릅니다. 웹 3.0이라는 전환의 문을 열고 나가는가 마는가의 선택은 여러분의 몫으로 남기겠습니다. 제 역할은 독자 여러분께 웹 3.0 기업들이 쌓아 놓은 가능성의 문을 보여주는 것입니다.

마지막으로 바쁜 와중에도 웹 3.0 산업의 발전을 위해 인터뷰에 응해주신 각 기업 대표님들에게 다시 한번 감사의 말을 전합니다. 책이 나오기까지 많은 응원을 아끼지 않은 가족, 그리고 함께 인터뷰를 다니며 팀워크를 단단히 다진 웹 3.0 라이브씬 연구원과 출판사 관계자분들에게도 다시 한번 감사를 드립니다.

2022년 6월
서 재 영

웹 3.0 라이브씬

초판 1쇄 인쇄   2022년 7월 6일
초판 1쇄 발행   2022년 7월 13일

지은이 서재영
펴낸이 하인숙

기획총괄 김현종
책임편집 이선일
디자인 표지 강수진 본문 더블디앤스튜디오

펴낸곳 ㈜더블북코리아
출판등록 2009년 4월 13일 제2009-000020호
주소 서울시 양천구 목동서로 77 현대월드타워 1713호
전화 02-2061-0765 **팩스** 02-2061-0766
블로그 https://blog.naver.com/doublebook
인스타그램 @doublebook_pub
포스트 post.naver.com/doublebook
페이스북 www.facebook.com/doublebook1
이메일 doublebook@naver.com